**Die 7 größten Irrtümer
über Frauen, die denken**

Beatrix Langner

# Die 7 größten Irrtümer über Frauen, die denken

Ein Bericht

 Matthes & Seitz Berlin

Die Frau wird Unbekanntes finden!
Werden die Welten ihres Denkens
sich von den unseren unterscheiden?
*Arthur Rimbaud*, 1871

Die Gewohnheit oder die Tradition ist ein Vampyr,
der an der Brust der Menschheit ruht
und ihr das beste Lebensblut fortsaugt.
*Hedwig Dohm*, 1875

He's the universal soldier
and he really is to blame
His orders come from far away no more …
*Buffy Sainte-Marie*, 1965

Wer sich in das Gebiet der Geschlechterpsychen hineinwagt,
steht immer im Krieg.
*anonymer Blogger*, 2015

# Inhalt

# Vorbericht: Irren ist menschlich

Wenn Frauen und Männer über dasselbe sprechen, sprechen sie nicht immer über das Gleiche. Männer haben aus ihrer Sicht, und wir haben vorläufig keine andere, Staaten, Reiche und Religionen, Götter, Wissenschaften, Techniken und Künste geschaffen. Sie haben dafür gesorgt, dass ihre Schöpfungen auf Tontafeln, Sandsteinsäulen, Tierhäuten und in Büchern verewigt wurden. Daher wissen wir so ziemlich alles darüber, wie Männer die Welt sehen – und was wäre die Männerwelt ohne Frauen. Um ihre Überlegenheit über das schöne, das andere, das schwache oder meinetwegen das missverstandene, das unterlegene Geschlecht, *the inferior sex*, zu beweisen, haben sie Kriege geführt, Staaten gegründet, Schiffe und Raketen gebaut und Sinfonien komponiert. Als Göttinnen und Bestien, als Huren und Heilige haben sie uns dämonisiert, gefürchtet, verehrt und geliebt. Sie haben uns das Wort entzogen und zu Gebärmüttern, Ammen und Hausfrauen domestiziert, in Marmor gemeißelt, in Öl gemalt, in Gold gewogen, in Tragödien und Romanen als unsterbliche Heldinnen gefeiert. Wir sind ihre Träume, wir beherrschen ihre Fantasie und ihre Gedanken.

Was Frauen allenfalls dagegenhalten können, ist eine ganz andere Geschichte. In dieser anderen Geschichte erscheint das weibliche Geschlecht als Opfer männlicher Allmacht: politisch entmachtet, juristisch entrechtet, unter männliche Vormundschaft gestellt und roher Gewalt ausgesetzt, tödlicher Gebärsklaverei unterworfen, moralisch denunziert, sexuell ausgebeutet und erniedrigt, ferngehalten von den Machtzentralen der Politik und den Säulenhallen der Kunst. Frauen, die denken, waren in dieser *man-made world* nicht vorgesehen. Anders lässt sich kaum erklären, wie noch die einfältigsten Vorstellungen über weibliche Geisteskraft die glänzendsten Perioden der europäischen Philosophie – Hellenismus, Renaissance, Aufklärung – unbeschadet passieren und in die Moderne einwandern konnten, wo sie sich im Innern der Sprachen fortpflanzten. Im Spiegel des kollektiven Gedächtnisses ist das ewig Weibliche die hautfarbene Intarsie im Wimmelbild der Welt: Mutter, Muse, Heilige. Noch im Lächeln der Mona Lisa spielt die liebliche Ergebenheit der heidnischen Leda und die heitere Demut der biblischen Anna Selbdritt.

Auf dem Bild eines unbekannten Malers aus dem 17. Jahrhundert ist eine junge Frau zu sehen, reich gekleidet im Stil des Frühbarocks. Sie lächelt den Betrachter offen an. In der rechten Hand hält sie einen Handspiegel, der ihr Gesicht noch einmal im Dreiviertelprofil zeigt, in der linken eine Kugel, auf der ein Dreieck schwebt. Ihr Name ist Prudentia, die Klugheit, Schutzherrin der Geometrie. Ein anderes Gemälde, Bernardo Strozzis Allegorie der Mathematik, zeigt eine lichtumflossene Frauengestalt hinter einem alten Mann, der, halb im Schatten, in der Hand einen Zirkel führt. Zwischen ihnen, verborgen im Dunkel des Hintergrunds, ist der muskulöse Arm eines Mannes zu erkennen. Dreierlei, berichtet das Bild, braucht die Kunst des Denkens: männliche Kraft, Weisheit und Liebe. Als Allegorien der sieben freien Künste – Grammatik, Rhetorik, Dialektik, Arithmetik, Musik, Geometrie und Astronomie – schmücken sieben leichtbekleidete Frauenkörper das Portal der 1576 gegründeten deutschen Universität Helmstedt. Die Universität von Bologna, die erste in Europa, erhielt im Mittelalter den Namen der »nährenden Mutter«, *alma mater studiorum*. Die Dame *universitas* war (in der griechischen und lateinischen Sprache) die Mutter der universitären Idee. Und schließlich vertritt das Weibliche, als allegorische Gattin in der »göttlichen Ehe« zwischen Fürst und Volk, den absolutistischen Staatsgedanken. Die britische Nation verehrt ihre Britannia, die amerikanische ihre Miss Liberty, die französische ihre Marianne. Ähnliche ikonografische Motive finden sich in allen europäischen Staatsallegorien des 17. und 18. Jahrhunderts. Delacroix lässt die Freiheit als halbnackte Kriegerin, Vermeer die Malkunst als sittsames Mädchen auftreten. Frau Welt, Regina Ecclesia und Synagoge, Justitia und Phronesia regierten gemeinsam das mittelalterliche Reich der Gedanken. Frau Fama, das Gerücht, hat schon Hesiod »eine Art Göttin« genannt; bei Vergil zeigt sie sich als klatschsüchtige Nachbarin, in Chaucers *House of Fame* als launische Grundherrin, die Literatenruhm willkürlich verteilt. Und natürlich, auch das Glück ist eine Frau und muss, wie Machiavelli riet, wie eine Frau behandelt werden: »und es ist notwendig, wenn man sie beherrschen will, sie zu schlagen und zu stoßen«.

An der Spitze der edlen Frauenpyramide standen die Tugenden des Geistes: Prudentia, das moralisch besonnene Handeln, Sapientia, durch Bücherstudium erworbenes Wissen, Sophia, die angeborene Weisheit. Prudentia wurde mit Spiegel und Fernrohr dargestellt, Sophia mit Buch und Schreibgriffel, Sapientia als Verkörperung politischer Vernunft mit Fernrohr und Schriftrolle. Zusammen mit Justitia (Gerechtigkeit), Temperantia (Geduld) und Fortitudo (Tapferkeit) führt sie die vier platonischen Kardinaltugenden (*virtutes principales*) an. Der Schweizer Maler Joseph Werner d. J. stellte 1682 die »Bernia« als Allegorie der Republik in Gesellschaft von Prudentia und Justitia inmitten des Großen Rats im Berner Stadtparlament dar – wo vorher und bis ans Ende des 20. Jahrhunderts keine lebende Schweizerin je gesehen wurde. Überall thronen Frauenfiguren als Karyatiden und Torhüterinnen an den Pforten der Macht, nirgends finden sie Einlass.

Und so treiben in postmodernen Gesellschaften des 21. Jahrhunderts uralte Ideenbilder, Ressentiments und Archetypen weiter ihr Unwesen, die während vier Jahrtausenden europäischer Kulturgeschichte in Umlauf gesetzt wurden. Sicher, es ist längst nicht mehr opportun, Frauen zu unterdrücken und von den Universitäten fernzuhalten. Es ist aber keineswegs unüblich, sie mit wirtschaftsliberalen oder sexistischen Argumenten als Konkurrentinnen zu verdrängen. Unter dem Sturm öffentlicher Entrüstung musste der Biochemiker und Medizin-Nobelpreisträger Timothy Hunt seinen Lehrauftrag am Londoner University College zurückgeben, nachdem er Frauen als emotionale Störfaktoren in Forschungslaboren bezeichnet hatte.

9

Aber selbst wenn es wahr sein sollte, dass Männer nicht nur die Pyramiden, den Nationalsozialismus, die Krawatte und die Atombombe geschaffen haben, sondern auch die *Encyclopedia Britannica*, den Rasenmäher, den Kontrapunkt und viele andere angenehme und nützliche Dinge, bleibt doch die Frage: Wer hat den »Mythos Mann« geschaffen? Sind seine Schöpfungen *ex nihilo* wie Gottes Welt aufgestiegen aus der kosmischen Ursuppe? Ist der Mann per definitionem Gott, nur weil Gott dem Vernehmen nach Mann ist? Durch welche Tricks hat man uns glauben lassen, es gebe nur eine Vernunft, obwohl es doch nachweislich mindestens zwei Geschlechter gibt? Welcher vernünftige Grund ließe sich also denken, dass den Frauen viertausend Jahre lang das erste Menschenrecht verweigert wurde: das Recht, sich ihrer eigenen Verstandeskräfte zu freien Zwecken zu bedienen?

Natürlich, es hat immer Frauen gegeben, die Reiche regierten, philosophische Werke schrieben, Mondeklipsen berechneten. Viele hat der Schleier des Schweigens verschluckt, andere blieben im Gedächtnis als Töchter der Götter, Mütter der Philosophen, Schwestern der Helden oder Zauberinnen, die nicht durch vernünftiges Denken, sondern durch geheimnisvolle Künste an ihr Wissen gekommen sind. Statt selbst zu denken, begnügte sich die Mehrheit damit, als Leserinnen, Bewunderinnen, Musen, Assistentinnen und Schülerinnen am Wissen der Männer zu partizipieren. Statt männlichen Überlegenheitswahn mittels ihres eigenen Intellekts zu schlagen, lasen sie sich durch die Bibliotheken ihrer Brüder und Väter. Statt Hochstapler mit galanten Komplimenten niederzumachen, profilierten sie sich als Kratzbürsten, verkleideten sich als Amazonen und Gotteskriegerinnen, träumten von der Wiedererrichtung mutterrechtlicher Gemeinschaften und bauten ihre Harems zu feministischen Trutzburgen aus. Wieder andere beherrschten ihre Herren, indem sie ihr einziges Kapital, ihren Körper, als Tauschobjekt investierten.

Mit einem Wort: Frauen haben an ihrer eigenen Unterdrückungsgeschichte mitgeschrieben, und einige tun es immer noch, indem sie sich dem Urteil der Männer unterwarfen, wie Helena dem Schiedsspruch des Paris. Als Musen, Göttinnen und Gattinnen haben sie mit ihnen Unterdrückungsgemeinschaften gebildet, von denen die bekannteste die Ehe ist. Sie haben der Entmündigung ihres angeborenen Verstandes im Tausch gegen ihre Macht über den männlichen Eros zugestimmt.

Was für ein fataler Irrtum zu glauben, Männer seien klüger als Frauen, falls sich herausstellen sollte, dass der Mythos männlicher Überlegenheit nichts anderes ist als ein ausgeklügeltes System von Ressentiments, Irr- und Aberglauben und tiefverwurzelten Vorurteilen, das sich mittels rigider politischer Herrschaft des einen über das andere Geschlecht durchsetzen konnte. Was für ein Desaster, wenn die »Tyrannei des Mannes in unserer Gesellschaft« (Kate Millett) sich am Ende als ein plumper Denkfehler herausstellen würde, ein lächerlicher Fehltritt in der geistigen Evolution des *homo sapiens*.

Aber wo anfangen? Die Geschichte dieses Denkfehlers ist wahrscheinlich so alt wie unsere Gattungsgeschichte und die Zahl der Irrtümer inzwischen so groß, dass jeder Versuch ihrer Widerlegung von vornherein zum Scheitern verurteilt ist. Denn die Chronik des geschlechtlichen Irrsinns folgt anderen Regeln als die offizielle Ideengeschichte. Sie erschafft in den Köpfen immer neue fantastische Fraktale, surreale Panoramen aus herumwirbelnden Traumsplittern, die sich wie von Geisterhand zu neuen, größeren Gebilden zusammensetzen, monströsen Mischwesen aus Hybris, Machtgier und Dummheit, die wie Sphinxe aus den vorsintflutlichen Sedimenten des Aberglaubens und der Ressentiments wachsen, wo der Mensch noch nicht ganz Mensch ist, sondern Mann oder Frau, Vulva oder Phallus, wo am Baum der Erkenntnis noch Paradiesäpfel statt Genomcodes und Algorithmen wachsen, im Halbschatten Paradoxien blühen und in wissenschaftliche Meinungen verpuppte Dogmen wie Metastasen im moosigen Untergrund wuchern.

Der folgende Forschungsbericht aus den Grenzregionen des sogenannt gesunden Menschenverstandes gibt nicht vor, unparteiisch zu sein, schon gar nicht objektiv. Niemand kann aus seiner Haut. Irren ist menschlich, wusste schon Augustinus vor rund eintausendsechshundert Jahren, doch teuflisch, aus Leidenschaft am Irrtum festzuhalten. Und welches Thema wäre wohl mit mehr Leidenschaften und Affekten behaftet als der Sexus. Daher werde ich mich hier nicht nur auf die ältesten Irrtümer beschränken, sondern auch nur die näher betrachten können, die eine schwerwiegende Beleidigung der menschlichen Vernunft darstellen, und unter diesen wiederum nur die, die sich bis in unser Jahrhundert behauptet haben. So kam ich auf die Zahl Sieben. Pythagoras nannte sie die Zahl des menschlichen Verstandes. Sicher, nur dumpfe Ignoranten wagen es heute noch, sich öffentlich als Sexisten oder Frauenfeinde zu erkennen zu geben oder die intellektuellen Fähigkeiten von Frauen ernsthaft in Zweifel zu ziehen. Aber wir irren uns ja im Allgemeinen nicht, weil wir die Wahrheit nicht kennen, sondern weil wir ihr mit fertigen Phrasen und Vor-Urteilen allzu gern vorgreifen.

Ganz gleich also, ob Irrtümer ein unvermeidlicher Teil der Wahrheit sind, wie die meisten modernen Philosophen meinen, oder Ausdruck der unvollkommenen menschlichen Natur, wie Augustinus annahm: Sie lassen sich so wenig durch Argumente aus der Welt schaffen, wie sie das Vorrecht nur eines Geschlechts sind. Warum sonst hat es so lange gedauert, bis sich die Akzeptanz der Wahrheit durchgesetzt hat, dass die Erde keine Scheibe im Zentrum des Universums ist? Die strategische Entmündigung von weiblichem Denken hat sich seit der griechischen Antike den jeweilig vorherrschenden Denkräumen – der Philosophie, der Naturforschung, den Künsten, Rechtssystemen, Universitäten, Staatslehren – geschmeidig angepasst, ohne auch nur eine Handbreit männlicher Macht preiszugeben, das heißt struktureller und institutionalisierter Macht. Die Grenzen der intellektuellen Autarkie wurden Frauen in jedem Zeitalter und in jedem Kulturkreis anders gezogen. Gleich blieb nur der vorgeschriebene Ort der Weiblichkeit: jenseits einer Vernunft, deren höchste Bedrohung Weib hieß.

Um Frauen von der Macht des Denkens fernzuhalten, genügte es aber noch lange nicht, die Vernunft ungleich auf zwei Geschlechter zu verteilen. Zunächst mussten die Frauen in einer langwierigen ontologischen Operation, die allein schon mehrere Jahrtausende in Anspruch nahm, gespalten werden in die geistige und die leibliche

Frau, *femina* und *mulier*, Göttin und Gattin. Zweitens musste »die Natur« erfunden werden, damit sich an dem denkfernen Ort vaginaler Geburtsschlünde das mythische Frauenreich gründen ließ. Aus dem simplen Vorwand, Frauen verlören ihre natürliche Weiblichkeit, sobald sie sich mit Angelegenheiten der Politik und Wissenschaften befassen, flochten Dichter und Denker schließlich die lieblichen Blumenfesseln ritterlicher Galanterie, mit denen sie die Gefängnisse ihrer Herzdamen schmückten. Und endlich brachten die Entdeckung des modernen Sexuallebens und die politische Frauenemanzipation im 20. Jahrhundert die Krise einer Männlichkeit zum Vorschein, deren erektile Potenz die physiologischen Grenzen des Wachstums nur noch mittels kultureller Penisverlängerung überwinden konnte. Die Träume der geteilten Vernunft sind zum Albtraum eines verzweifelt überforderten Geschlechts geworden, das seiner Herrschaft nicht mehr froh wird.

Fangen wir an.

# Frauen, die denken, sind Männer

*Das Blut der Zeit*

Die rotierende Bewegung ist das Zeichen der neuen Zeit. Die alte Erde scheint sich schneller zu drehen. Dampfmaschinen werden von Elektromotoren verdrängt. Wasserpropeller zerwühlen Ozeane und Flüsse. Im Bergbau, auf den Meeren arbeiten Turbinen, Pumpen, Gebläse. Maschinen erschaffen den neuen Menschen, den Menschen des 20. Jahrhunderts. Sein Idealtypus ist der Ingenieur, »der wissende Priester der Maschine« (Oswald Spengler). Die Macht der Maschinen ruht in ihrer Gleichförmigkeit. Eine ist wie die andere, damit sie rentabel sind. Danach werden die Menschen gemacht, einer und eine wie die andern, Zellkörper, die sich zu sozialen Riesenorganismen verklumpen. Wasser, Kohle, Elektrizität, das ist das Blut der neuen Zeit, der Stoff, aus dem die Zukunft ist. Stampfend, zischend, zitternd, dröhnend setzen die Maschinen die neue Zeit in Bewegung. Und wie die Maschinen, so ihre Erfinder, von gleicher Bauart. Das Hergestellte zieht die Macht über die Hersteller an sich. *Time is money.* Immer schneller pulst, schießt das Blut der Zeit durch die Wirtschaftsarterien Europas. Immer feiner wird die Bewegung im Innern der Maschinen ausgetüftelt, immer listiger greifen die Maschinen ins Leben der Gemeinschaften. Überall stampfen sie im selben Rhythmus, von Amerika bis Europa. Ventile, Kolben, Hebel, Stangen, Zylinder beginnen ihr reibungsloses Spiel mit den Massen, die in die Fabriken fluten und wieder ausgestoßen werden im Rhythmus der Maschinen. Denn alle leben vom Blut der neuen Zeit. »Sieh, die Maschine:/ wie sie sich wälzt und rächt/ und uns entstellt und schwächt.« (Rainer Maria Rilke, *Sonette an Orpheus*)

Doch im Innern dieser seelenlosen Industriekolosse schlägt das Herz der Humanität. Es ist ein Frauenherz. Es schlägt unermüdlich für Mann, Kinder, Seele, Caritas. Die Publizistin Margarete Susman war überzeugt: »Die Frauenbewegung in ihrem letzten und tiefsten Sinne wäre darum erst dann erfüllt, wenn sie sich selber aufhöbe – wenn sie über den Umweg durch die entgöttlichte Welt des männlichen Geistes hinweg, die Welt ›neu im Göttlichen zu gründen‹ unternähme, das im Wesen der Seele liegt.« So las man es schon 1834 in Gustav Herloßsohns *Damen-Conversationslexikon* unter dem Stichwort »Geschlechtscharakter, weiblicher«: »Ein Körper – steht die irdische Schöpfung da, dessen Haupt der Mann, dessen Herz das Weib ist.« Dem Weiblichen ist das Seelenreich reserviert. In ihm ruht der deutsche Nationalcharakter in seinen reinsten Zügen; »die deutschen Frauen sind es, deren Charakter dem Normalwesen, dem Typus des Weibes, am nächsten steht. […] Der deutschen Frau ist der deutsche Mann wie angegossen. Nur der Deutsche […] ist geeignet für häusliches Leben, für häusliches Glück«. Der Mann, sagt das Herz, ist sachlich, abstrakt, risikofreudig, kämpferisch, zielorientiert, die Frau persönlich, intuitiv, fürsorglich, ausgleichend, ganzheitlich, fühlend. Ihre kognitiven Fähigkeiten sind nicht nennenswert, die des Mannes sind in erster Linie Abstraktionsvermögen und Objektivität des Urteils. Und so pocht es hundert Jahre später noch immer in Doris Bischof-Köhlers Manifest natürlicher Weiblichkeit (*Von Natur aus anders*).

Nietzsche, der mehr als einen tiefen Zug aus den Amphoren antiker Weisheit nahm, hatte schon 1883 mit verstellter Stimme gepredigt: »Der Mann soll zum Kriege erzogen werden und das Weib zur Erholung des Kriegers: alles andre ist Torheit.« Zarathustra, der Kriegerpriester der Perser, wurde zum Sprachrohr einer ganzen Generation von Männern, die mit Gottvertrauen und Kaisertreue in den Krieg ziehen sollte. Deutschland braucht Männer, ganze Kerle, Patrioten. Seit Langem sind die Vorbereitungen spürbar. Der Kaiser rüstet seine Kriegsschiffe auf, Preußen arbeitet mit der Aushebung von Landwehrbataillonen in seinen Provinzen an der »Heeresvermehrung«. Nur vereinzelt erheben bürgerliche Frauen wie Bertha von

Suttner und Rosa Mayreder das Wort gegen den Krieg und seine anlaufende Maschinerie: die Schwerindustrie, die Krupp'schen Waffenschmieden, die Ausbeutung der proletarischen Massen, den nationalen Egoismus der verfeindeten europäischen Staaten. »Das überspannte Nationalbewusstsein gehört zu jenen ideellen Faktoren«, schrieb Mayreder rückblickend, »die den Krieg [...] in der Seele des einzelnen am wirksamsten unterstützen.«

Der alte Leviathan, das Ungeheuer der totalitären Staatsmacht, erhebt sein Maschinenhaupt. Am 28. Juli 1914 erklärt die österreichisch-ungarische Monarchie dem Königreich Serbien den Krieg. Vorgeschobener Kriegsgrund: die Ermordung des österreichischen Erzherzogspaars Franz Ferdinand und Sophie Chotek durch serbische Rebellen in Sarajevo. Nur Monate später ist das Blut der Zeit echtes Blut, Blut von fünf Millionen Menschen, vergossen auf den europäischen Schlachtfeldern. Mit Kriegsausbruch wird der Volkskörper zum Schauplatz des Geschlechterkampfs. Mathilde Ludendorff möchte dem »arischen Mann« die »arische Frau« an die Seite stellen. Und sogleich sind es die »Frauenbewegungs-Jüdinnen«, die man des Verrats an deutschen Werten beschuldigt, Frauen wie Hedwig Dohm und Rosa Luxemburg. Im Juli 1915 wird Clara Zundel-Zetkin, Mitglied des Frauensekretariats der II. Internationale, in Stuttgart verhaftet. Sie zeichnete verantwortlich für ein Antikriegsflugblatt an die »Frauen des arbeitenden Volkes« zur Vorbereitung einer Frauenkonferenz in Bern. Rosa Luxemburg, ideologischer Kopf des kommunistischen Spartakusbundes, sitzt seit elf Monaten wegen Aufwiegelung zur Kriegsdienstverweigerung in einem Berliner Zuchthaus, während die Amerikanerin Jane Addams (1931 erhielt sie den Friedensnobelpreis) und die deutsche Suffragette und promovierte Juristin Anita Augspurg in Den Haag den ersten internationalen Frauenfriedenskongress zusammenrufen, an dem mehr als achthundert Aktivistinnen der Friedensbewegung teilnehmen. Die 1919 in Zürich gegründete Nachfolgeorganisation, Women's International League for Peace and Freedom (WILPF) ist als älteste internationale Frauenorganisation bis heute tätig.

Dass eine synkretistische Geschichtsschreibung unter den ge-

gebenen Umständen nicht mehr nur vom Mann her erzählt werden konnte, leuchtete selbst Oswald Spengler ein, dem apokalyptischen Posaunisten abendländischer Kulturdekadenz. Also teilte er die Geschichte in zwei parallele Stränge. »Weiblich ist die erste, die ewige, mütterliche, pflanzenhafte – die Pflanze selbst hat immer etwas Weibliches –, die kulturlose Geschichte der Folge von Generationen, die sich nie ändert«. Die Metapher der Pflanzenfrau war nicht einmal seine eigene Erfindung; er hatte sie bequem Hegels Begründung des »objektiven Geistes« in dessen *Grundlinien der Philosophie des Rechts* entnehmen können. Dieser »kulturlosen Geschichte« der Frauen stellte Spengler nun die »zweite Geschichte« gegenüber, »die eigentliche männliche, die politische und soziale; sie ist bewusster, freier, bewegter. Sie reicht tief in die Anfänge der Tierwelt zurück und empfängt in den Lebensläufen der hohen Kulturen ihre höchste sinnbildliche und welthistorische Gestalt«. Und so lautete sein Urteil kurz und bündig: »Der Mann macht Geschichte, das Weib ist Geschichte.« Der Krieg, der »Vater« der Staatengeschichte, verschlingt seine eigenen Geschöpfe oder, für Hobbygärtner: Die Söhne der Pflanzenfrauen sind der Kompost der Weltgeschichte. »Deshalb verachtet das Weib diese andre Geschichte, die Politik des Mannes, die sie nie versteht, von der sie nur weiß, daß sie ihr die Söhne raubt.« (Spengler, *Der Untergang des Abendlandes*)

### Kampfzone Gehirn

Dabei hätte es mit ein bisschen Glück das Jahrhundert der Frauen werden können. Ihre politische Emanzipation nahm mit den spektakulären Straßenaktionen britischer Suffragetten und den Sozialistinnen der II. Internationale mächtig Fahrt auf. Liberalbürgerliche Frauenrechtlerinnen zogen in den publizistischen Kampf gegen männlichen »Intellektualismus«. Universitäten öffneten ihre Türen für das Frauenstudium. So wie die 1858 in Wien geborene Kulturphilosophin Rosa Mayreder kamen immer mehr Frauen zu der Überzeugung, das Gehirn sei ein autonomes »Organ«, für dessen ordentliche Funktion es unerheblich sei, ob es in einem männlichen oder weiblichen Körper stecke.

Die Kampfzone war abgesteckt: rund tausend Gramm Nervenzellen und Wasser in einer knöchernen Kapsel. Der Widerstand war erheblich. Professoren- und Doktorentitel wurden mobilisiert. Der Leipziger Nervenarzt Paul Möbius brauchte nur dreißig Seiten, um seine ärztliche Konfession unter die Leute zu bringen, nach welcher Frauen im Gegensatz zu Männern schöpferische Geisteskraft fehle. Auf keinem Gebiet sei je eine zu nennenswerten Leistungen imstande gewesen. »Sie kann sozusagen nicht Meister werden, denn Meister ist, wer was erdacht.« Seine Flugschrift »Über den physiologischen Schwachsinn des Weibes« wurde – und wird merkwürdigerweise noch immer – als wissenschaftliche Meinungsäußerung durchaus ernst genommen. Für die sozialdemokratische Publizistin Oda Olberg war sie ein Witz, eine unfreiwillige Parodie männlicher Selbstüberschätzung. Frau Natur habe es nun einmal so gewollt, höhnte sie, dass ein gewisses Maß an Schwachsinn nötig ist, damit die »Urinstincte« zur Brutpflege geweckt werden. Im selben Jahr rüsteten Hedwig Dohm (*Die Antifeministen*) und Oda Olberg (*Das Weib und der Intellektualismus*) zum ultimativen Verteidigungsschlag weiblicher Vernunft- und Bürgerrechte gegen »Altgläubige«, »Herrenrechtler«, »praktische Egoisten« und minnigliche »Ritter« alter Schule (Dohm). Die Frauenfrage ließ sich längst nicht mehr trennen von der sozialen Frage. Frauen hatten sozusagen zwei Emanzipationen zugleich vor sich: die soziale und die intellektuelle. Aus sozialer Sicht war Mutterschaft in erster Linie das Problem massenhafter Verelendung. »Reduction der Nachkommenschaft«, also Geburtenbeschränkung, hielt Olberg für unumgänglich, um das Leben der Arbeiterinnen zu verbessern. Wenn das Weib wirklich geistig dem Mann inferior oder sogar schwachsinnig sei, hielt sie dem Leipziger Nervenarzt entgegen, sei es ethisch mehr als gerechtfertigt, es vom Gebären minderwertiger Brut abzuhalten. In den Zwanzigerjahren forderte Olberg, unterdessen eine der prominentesten Aktivistinnen des linken Feminismus, von den europäischen Regierungen die Aufhebung des Abtreibungsverbots und Legalisierung der Geburtenkontrolle, genauso wie Margaret Sanger, Eleanor Roosevelt und ihre Mitstreiterinnen in den USA. In Deutschland landeten ihre Bücher auf der Schwarzen Liste der Nationalsozialisten; sie selbst floh ins Exil nach Buenos Aires. Sie hatte das Allerheiligste der faschistischen Doktrin angegriffen, die Mutterschaft.

Ein anderes Kaliber als der Professor Möbius war da schon Otto Weininger, ein dreiundzwanzigjähriger Medizinstudent, der seine geistesgeschichtliche Dissertation über »Eros und Psyche« unter Möbius' medizinischer Mentorschaft überarbeitete und 1903 unter dem Titel *Geschlecht und Charakter* drucken ließ. Frauen beurteilte er, wie Juden, nach rassenphysiologischen Merkmalen. Im vierten Kapitel versuchte er sich an dem methodologisch äußerst dilettantischen Beweis, dass Frauen keinerlei Anlage zu »Begabung und Genialität« aufwiesen. Der Vergleich des »arischen Mannes« und der »arischen Frau« erwies für Weininger eindeutig, dass Frauen das sexualisierte, naturgeile, un-geistige Geschlecht seien. So klar es auch manchem zeitgenössischen Leser war, dass Weininger, jüdischer Herkunft, seine latente Homophilie *und* sein Jüdischsein bekämpfte, indem er nicht die geringste Abweichung von Krafft-Ebings normativer Sexualität (W = Weib und M = Mann) gelten ließ, so fand seine xenophobe Rassenpsychologie als Beitrag zur Geschlechterforschung in wissenschaftlichen Kreisen doch viel Beachtung. Theodor Lessing nannte ihn anerkennend eine »herakleitische Natur«. In Beethovens Sterbehaus nahm sich Weininger, als der erhoffte Ruhm nach Erscheinen seines 600-Seiten-Wälzers auf sich warten ließ, noch im selben Jahr das Leben, ein Märtyrer im Dienst des männlichen Genies, als dessen Künder und Genealoge er sich verstanden hatte.

Die Leipziger Psychiatrieschule, prominent vertreten durch Paul Flechsig, der 1877 den ersten Lehrstuhl für Psychiatrie innehatte, stand mit ihrer eugenischen und biologistischen Ausrichtung in deutlichem Gegensatz zu anderen zeitgenössischen Theorien der Nervenheilkunde. In Wien hatten die Neurophysiologen Sigmund Freud und Josef Breuer gerade eine völlig neue Methode zur Durchleuchtung der menschlichen Seele entwickelt. Schon in ihrer Namensgebung gab Breuers Lehre zu verstehen, dass die Seele, wie jedes Körperteil, zerlegt, studiert und analysiert werden könne. Die »Psychoanalyse« versprach, Nerven- und Geisteskrankheiten anhand körperlicher Symptome zu erkennen und zu heilen. Freuds psychoanalytische Neurosenlehre stützte sich auf ein männlich codiertes Modell von Sexualität, das auf den mythischen Priapos zurückgriff, das phallische Urbild männlicher Zeugungskraft. »Die Trieblehre ist sozusagen unsere Mythologie; die Triebe sind mythische Wesen, großartig in ihrer Unbestimmtheit«. Nach seiner Theorie unbewusster Triebstrukturen funktionieren weibliche und männliche Seelen prinzipiell gleich. Allerdings drücke sich das Fehlen des männlichen Glieds, das bei der Frau nur rudimentär als Klitoris erhalten blieb, im unbewussten Seelenleben der Frauen durch Nervenschwäche, Ohnmachten und Hysterie aus. Der Zwang, ihre männlich-väterlichen Seelenteile zu verdrängen, um auch sexuell zur vollständigen Frau zu werden, schwäche ihr weibliches Selbstwertgefühl. Sobald sich die Patientin diesen Sachverhalt bewusst mache, finde sie zu geistig-seelischer Gesundheit zurück. Sie werde dann mit Freuden ihre angestammte soziale Stellung als Mutter und Gattin einnehmen. »Die Frauen vertreten die Interessen der Familie und des Sexuallebens; die Kulturarbeit ist immer mehr Sache der Männer geworden.« (*Das Unbehagen in der Kultur*)

### Körper sucht Kopf

Wenn das geschlechtliche Schicksal der Frauen unabänderlich niedergelegt ist im weiblichen Körper, dann wäre die Lösung doch eigentlich ganz einfach. Warum nicht diesem geistigen »Fallobst« (Ellen Key), dieser »chthonischen Maschine« (Camille Paglia) einen männlichen Kopf zum Denken aufschrauben, wie Annie LeBrun 1977 vorgeschlagen hat. »Man braucht nicht weit zurückzublicken«, behauptete die französische Kunsthistorikerin, »um zu sehen, wie sich die Geschichte der weiblichen Revolte als Epos eines Körpers auf der Suche nach einem Kopf abzeichnet, den man beharrlich abschlagen wollte und immer noch abschlagen will.« (*Lachez-tout/ Lasst alles fahren*).

Aber wie sollte das gehen? Die Köpfe waren doch da – blitzgescheite, gut gefüllte Frauenköpfe. Als problematischer erwies sich, dass sich in dieser Geschichte Kopf und Körper der Frau beständig duellieren. Schon vor zweitausendvierhundert Jahren mussten sich Frauen als Männer verkleiden, um deren Freiheiten und Privilegien zu genießen, wie es von Agnodike berichtet wurde, der ersten öffentlich praktizierenden Frauenärztin im perikleischen Athen, oder von Axiothea von Phleius, einer von zwei namentlich bekannten Schülerinnen in Platons Akademie. Es ist gar nicht so abwegig anzunehmen, dass Platon in dem Dialog über die Liebe (*Symposion*) diese oder seine andere Schülerin Lasthenia als Diotima portraitiert hat, die wie Lasthenia aus Mantineia stammt. 348 v. Chr. setzten die beiden Mädchen ihr Studium unter Speusippos' Leitung fort, eines Neffen von Platon. Diotimas Rede über die geistige Zeugungskraft des Eros hatte als Gründungsmanifest der klassisch-romantischen Kunstphilosophie tiefen Nachhall in poetischen Jünglingsseelen. Jedoch beruht ihre Deutung im männlich-sokratischen Sinn, worauf Wilhelm Schmid hingewiesen hat, lediglich auf »einer Umkehrung der Geschlechtlichkeit, die beinahe an die merkwürdige Geschlechtsumwandlung der skythischen Männer denken läßt, von der in einer hippokratischen Schrift berichtet wird«. Denn das griechische Wort *tokos*, das Diotima benutzt, bedeute nicht Zeugung, sondern Geburt bzw. Schwangerschaft. Im Schönen zeugen (*tokos en kalo*) heiße also richtig gelesen: im Schönen gebären. (Vgl. Wilhelm Schmid)

Für die Schamlosigkeit, einen »männlichen« Beruf auszuüben, musste sich noch die Dramatikerin Aphra Behn, die eine Generation nach Shakespeare wirkte, öffentlich rechtfertigen. Sie tat es mit den stolzen Worten, sie fordere nichts als das Privileg für ihren männlichen Teil, den Dichter in ihr. Doch ebendieses Privileg war nicht leicht zu haben. Samuel Richardson, einer der meistgelesenen Romanautoren seiner Zeit, gab seinen Leserinnen zu verstehen, dass zwar die Seelen der Menschen gleich beschaffen sein mögen, aber die Maschinen seien es nun einmal nicht, in denen sie wohnen (*The*

*History of Sir Charles Grandison*). Umstandsloser hat sich Nietzsche geäußert. Frauen, die sich mit Wissenschaft beschäftigen, nannte er »Mann-Weiber«. »Wenn ein Weib gelehrte Neigungen hat, so ist gewöhnlich mit ihrer Geschlechtlichkeit etwas nicht in Ordnung.« (*Jenseits von Gut und Böse*)

Männliche Camouflage mittels Pseudonymen war bis ins 20. Jahrhundert ein beliebtes Verfahren – nicht um Autorinnen vor dem Misserfolg ihrer Bücher zu schützen, sondern die Bücher vor dem Geschlecht ihrer Autorinnen. Die Brontë-Schwestern Charlotte, Anne und Emily (Currer Bell, Acton Bell, Ellis Bell), Mary Ann Evans (George Eliot), Amantine-Lucile-Aurore Dupin (George Sand) betrieben ihre florierenden Romanunternehmen unter männlichen Decknamen. Jane Austen war mit sich und ihrem Geschlecht immerhin so weit im Reinen, dass sie ihre Romane unter dem Synonym *by a lady* drucken ließ. Rosa Mayreder nannte sich Franz Arnold, Lou Andreas-Salomé trat zuweilen als Henri Lou auf. Martin Bubers Frau Paula schrieb unter dem Pseudonym Georg Munk. Stefan George untersagte Autorinnen ausdrücklich den Gebrauch weiblicher Namen in seinen *Blättern für die Kunst*.

Es war Sigmund Freud, der schlüssig bewiesen haben wollte, warum Frauen und Genie eine Ungleichung darstellen. Nach seiner Theorie des unbewussten sexuellen Trieblebens verharren Frauen – als physiologisch verstümmelte Männer – ihr Leben lang in seelischer Abhängigkeit von ihren Vätern, ohne aus dem verdrängten Vaterkonflikt, wie die Söhne, ein autoritäres »Über-Ich« ausbilden zu können. Die Vatertöchter des Patriarchats haben gewissermaßen nur die Wahl – ein Schluss, der Freud selbst überrascht haben dürfte – zwischen der echt weiblichen Frau, die unter ihrer Inferiorität in einer männlich dominierten Gesellschaft leidet, und der asexuellen Frau, in deren Seelenleben sich männliche (intellektuelle) und weibliche (sexuelle) Anteile ungesund durchmischt haben.

Zweifellos war Freud selbstkritisch genug zu erkennen, dass er, was die weibliche Psyche anging, sich selbst in die Theoriefalle lief. Zwang er ihr doch einen lebenslangen Kampf zwischen Seele, Geist und Körper auf, den nur einer gewinnen konnte: der Psychiater. In

Scharen eilten Patientinnen, die Probleme mit ihrer unvollständig entwickelten Weiblichkeit zu haben vorgaben, in seine Praxis in der Wiener Berggasse. Und so zog sich der Vater der Psychoanalyse 1932 in der Vorlesung über »Die Weiblichkeit« mit einem derben Herrenwitz aus der Affäre. Zwar sei es richtig zu meinen, dass Frauen unfähig sind »zu den Entdeckungen und Erfindungen der Kulturgeschichte, aber vielleicht haben sie doch eine Kulturtechnik erfunden, die des Flechtens und Webens«. Den Weg dazu habe ihnen die Natur mit ihrer »Genitalbehaarung« gewiesen. Natürlich! Jeder Witzbold muss einsehen, dass der weibliche Drang zu Handarbeiten ein schätzenswerter Beitrag zur Menschheitsgeschichte ist, wie schon Odysseus' unermüdlich webende Gattin Penelope bei Homer bewies und Mollys wild verknäuelter *woman's speech* im Schlusskapitel von James Joyces Epochenroman *Ulysses* bestätigt.

Statt mit ihrem Schamhaar zu spielen, verfielen Virginia Woolf und Victoria Ocampo auf eine andere Idee. Sie gründeten eigene Verlage, um geistige Unabhängigkeit zu erlangen. 1933 eröffnete Ocampo ihren Verlag *Sur* (Süden), der Übersetzungen moderner amerikanischer und europäischer Literatur von William Faulkner, Virginia Woolf, Samuel Beckett, Jean Genet für argentinische Leser herausbrachte. Sie korrespondierte mit Virginia Woolf und besuchte sie und ihre Hogarth Press 1934 in London. 1977 wurde Ocampo als erste Frau in die Academia Argentina de letras aufgenommen. Auf dem südamerikanischen Kontinent machte sie sich wenig Freunde, denn als Bewunderin der europäischen Moderne schrieb sie auf Französisch. Pablo Neruda verhöhnte sie als »Madame Charmante«, die argentinischen Viehzüchtern auf Französisch Metaphysik beibringen wolle. Umso rascher wuchs ihr Ruhm als »Amazone der Pampa« (Hermann Graf Keyserling) und »Gioconda des Südens« (José Ortega y Gasset) in Europa. Eine juristische Körperschaft wie ein Verlag bot einen gewissen Schutz gegen intellektuellen Machismo, nicht aber gegen billige Komplimente. Ihr erster Förderer, der Spanier Ortega y Gasset, versah ihr Debüt, eine danteske Fantasie (*Von Francesca an Beatrice*), 1927 mit einer galanten Einführung. »Sie sind, verehrte Frau, ein Spiegel der Weiblichkeit.« Frauen waren in seinen Augen dazu geschaffen, als Zauber und Illusion des Mannes angebetet zu werden; dafür brauchten sie weder Wahlrecht noch Doktorgrad. Die junge Dichterin zählte er großmütig zu den »genialen Weibern« und Musen, in denen »unter dem Hauch einer schöpferischen Sensibilität ein neues Mannsideal aufkeimt.« Als sie aber mit gleicher Münze zurückgab und in einem Essay bemerkte, Ortega sei Mann und Spanier aus Instinkt, und »so gesellen sich zu den Fatalitäten seines Geschlechts die seiner Nationalität«, zeigte sich dieser tief gekränkt. Trotzdem führten die beiden Schriftsteller ihren transatlantischen *gender trouble* bis zu Ortegas Tod 1957 fort. Vielleicht war es Ortegas hinreißendes Lächeln, das über alle Abgründe *seines* männlichen Chauvinismus und *ihrer* Zerrissenheit zwischen Europa und dem Süden hinweg die beiden mehr als dreißig Jahre in einer engen literarischen Freundschaft verband.

## Corpus callosum

Um dem »Manntum« seine Daseinsberechtigung zu sichern, musste die älteste, uneinnehmbare phallische Festung verteidigt werden, die Macht des Geistes. Freud und Nietzsche waren keineswegs allein mit der Behauptung, Wissenschaft sei »männlich«. Auch der Soziologe Georg Simmel hielt es für utopisch, dass Frauen je eine »andere Kultur« hervorbringen könnten als die bestehende patriarchale Ordnung. Als Ehemann einer Wissenschaftlerin und als Kulturphilosoph war er indessen klug genug, sich nicht in die misogynen Kriegstänze deutscher Medizinalräte und Rassenkundler einzureihen. »Führte die neu erstrebte Bewegungsfreiheit der Frau zu einer Objektivation des weiblichen Wesens, wie die bisherige Kultur eine solche des männlichen Wesens ist, und nicht zu inhaltsgleichen Wiederholungen der letzteren durch die Frauen (den spezifischen Wert hiervon diskutiere ich nicht) – so wäre damit freilich ein neuer Weltteil der Kultur entdeckt.«

Und wenn dieser unbekannte Weltteil gar nicht außerhalb der bestehenden Kultur, sondern im menschlichen Hirn selbst zu suchen wäre? Zu dieser Hypothese konnte sich die Neurophysiologie bis heute nicht durchringen. Für die populäre Meinung, Männer denken mit der linken, Frauen mit der rechten Hirnhälfte, gibt es keinerlei belastbare Beweise. Warum Frauen anders denken als Männer und Männer anders als Frauen, darüber entscheiden nach neuesten Theorien Gene und Hormone: dieselben Schaltkreise, aber unterschiedliche Verdrahtungen. Biochemische Steuerungsmechanismen halten das neurobiologische Gleichgewicht im jeweiligen Gehirn stabil, berauben uns aber zugleich der Illusion, unser Ich sei Herrin im Oberstübchen. Die Pharmaindustrie fördert solche Theorien durch großzügige Forschungsgelder und bietet schnelle chemische Hilfe für dysregulierte Gehirne.

An der ETH Lausanne wird seit Jahren an einem kompletten Computermodell des menschlichen Gehirns gearbeitet. Weibliche und männliche Gehirne unterscheiden sich demnach lediglich in ihrer funktionellen Anatomie. Die Frage, »wie das Geschlecht ins Gehirn kommt«, soll nun durch technische Verfahren des *brainimaging* zu beantworten sein. Die digitale Vermessung und Darstellung neurozerebraler Schaltkreise mittels Computertomografie hat den Beweis geliefert, dass Nervenzellen und Synapsen in der Hirnrinde (Cortex) Strukturen und Funktionen bilden, die nicht ein für alle Male festgelegt sind. Die Plastizität solcher Verbindungen garantiert, dass das Gehirn strukturell »lernt«. Neue Verbindungen stabilisieren sich durch Wiederholung, unbenutzte werden deaktiviert.

1981 erhielt Roger Sperry für sein Verfahren des *split brain* den Medizinnobelpreis. Er hatte bei Epilepsiepatienten das Corpus callosum durchtrennt und bewiesen, dass halbierte Gehirne auch nur halb denken können. Die eine Hälfte weiß also nicht, was die andere gerade denkt. Beispielsweise zum Sprechen brauchen wir aber beide Gehirnhälften. Das Broca-Areal in der linken Hemisphäre ist, als Teil des Sprachverarbeitungszentrums, zuständig für Lautbildung, Artikulation und grammatikalische Sequenz. Im Rechtshirn wiederum liegen die Bereiche, die für Intonation und affektive Färbung aktiviert werden. Komplexe bildhafte Ausdrücke werden rechts verstanden, abstrakte Begriffe links. Wenn nicht jeder rechtshirndominante Mensch ein Dichter wie Rilke und nicht jeder Linkshirntyp ein Genie wie Einstein wird, dann darum, weil Kreativität (rechts) und Abstraktionsvermögen (links), Intuition (rechts) und analytisch-logisches Denken (links), Sprache (links) und Musikalität (rechts) über den Gehirnbalken miteinander ins Gespräch kommen müssen. Frauen, so fanden die Forscher in Lausanne heraus, benutzen über diese Hirnbrücke im Innern des Neocortex, das Corpus callosum, beide Hälften statistisch häufiger als Männer.

Laut Autopsiebefund von Dr. Rapp über Friedrich Hölderlin, ausgestellt am 11. Juni 1843, war der Hirnbalken bei dem Verstorbenen ungewöhnlich stark ausgebildet und mit der Umgebung wuchernd verwachsen; darunter befand sich eine mäßige Wasseransammlung. Friedrich Hölderlins Gehirn war gewissermaßen weiblich. Keine Pont Neuf, keine Tower- und keine Brooklyn Bridge hat je so hektischen Verkehr gesehen wie das Hölderlin'sche Corpus callosum. Ein Gewimmel von hin- und herströmenden pythagoreischen, Schelling'schen und Hegel'schen Quisquilien, Systementwürfen, pindarischen, sophokleischen Reimschemata und Silbenmaßen, revolutionären Kassibern, Wäscherechnungen, Liebesbriefen, französischen, lateinischen und griechischen Grammatiken, württembergischen Regierungsbulletins kam sich in diesem Gehirn ständig in die Quere. Psychiater diagnostizierten dem Dichter, als er noch als zahlender Gast im Turmzimmer des Tübinger Schreinermeisters Zimmer lebte, unheilbare Schizophrenie. Nach heutigem Wissensstand würde das durch den Autopsiebefund allerdings nicht bestätigt.

Was mit dem Menschen geschieht, »wenn das Wort den Körper ergreift und tödtet«, hat Hölderlin in den Anmerkungen zu Sophokles' Antigone-Tragödie erklärt. Nicht als Idee, sondern als aktiven Widerstand begreift er die Größe der Tat, durch die Antigone, Tochter des fluchbeladenen Ödipus, König von Theben, ihr Leben verliert. Gegen das Verbot der Stadtväter hat sie ihren Bruder Polyneikes, der im Bruderzwist um die Macht im Staat zum Staatsfeind wurde, mit eigenen Händen begraben. Doch erst ihre Verteidigungsrede vor dem grausamen König Kreon macht sie in Hölderlins Lesart zur Heldin. Mit der öffentlichen Ergreifung der Sprache hat sie sich nicht nur gegen die Gesetze des Stadtstaates aufgelehnt, nach denen der Verschwörer Polyneikes von den üblichen Totenehren auszuschließen ist; vor allem beruft sie sich auf ihre Redefreiheit im Namen eines älteren Rechts, des (göttlichen) Gesetzes der Blutsverwandtschaft. Das bringt ihre Richter fast um den Verstand: »Das hieße ja: nicht ich bin Mann, nein, sie ist Mann / Wenn die da solche Macht sich anmaßt ungestraft.« Das Machtwort des Staates steht gegen die Macht des Worts.

Die Historikerin Sarah B. Pomeroy hat darauf hingewiesen, dass es im Altgriechischen kein Wort für »tapfer/mutig« gibt. Synonym wurde dafür das Adjektiv »männlich« verwendet. Indem Sophokles Antigone mutig nennt, charakterisiert er sie als männliche Frau. Ein männlicher Geist in einem weiblichen Körper, das galt als widernatürlich, als Chimäre. Treten doch schon bei Altmeister Aischylos die Thebanerinnen als Jammerliesen und geschwätzige Klageweiber auf. Aristoteles strich es in seiner *Poetik* den Dichtern als schweren Kunstfehler an, eine weibliche Figur auf der Bühne überhaupt als tapfer oder klug darzustellen, da dies männliche Attribute waren. Als Naturforscher wie als Chef des philosophischen Peripatos meinte er auch den Grund dafür herausgefunden zu haben. Frauen sah er als eine Art zoologische Missbildung der Natur an, da deren »Samenflüssigkeit«, für die Aristoteles das Menstruationsblut hielt, unrein sei. Nur Männer können männliche Kinder zeugen, Frauen jedoch nur weibliche, also minderwertige. Frauen sind demzufolge unreife Männer, können also auch nicht mutig sein, denn sie taugen nicht als Krieger. »Nicht die Frau, die Mutter heißt, erzeugt das Kind«, ließ Aischylos den Gott Apollon verkünden, »Erzeuger ist, wer sie befruchtet.« Bis ins 18. Jahrhundert hielt sich unter Medizinern die andere Theorie, nach der männliche Kinder aus dem linken Hoden, weibliche aus dem rechten gezeugt werden.

Sechs Monate nach dem Tod der Geliebten Suzette Gontard, die er im *Hyperion* als Diotima verklärt hatte, schloss Hölderlin im Dezember 1802 die Nachdichtungen der beiden Tragödien des Sophokles ab, *Ödipus Tyrann* und *Antigone*, und zugleich seine Dichterwerkstatt. Die Abhandlung über Antigone war sein letztes Wort. Das war seine Weise zu trauern, »daß nirgends ein / Unsterbliches mehr am Himmel zu sehn ist oder / Auf grüner Erde, was ist diß?«

Nichts von alledem wusste mehr Hölderlins Jugendfreund Hegel, als er Antigone in den Berliner Vorlesungen zur Ästhetik eine der erhabensten Gestalten aller Zeiten nannte. An der Frau, für die der Mensch zuerst Mensch ist und dann Bürger, lobte er das moralische Ideal schwesterlicher Liebe und erhob es weit über eheliche und Gattenliebe zum ethischen Normativ von Weiblichkeit. In Hegels Lesart ist Antigones Verhalten nicht die »männliche« Tat einer mutigen Frau, sondern das passive Sühneopfer für den Fluch des Hauses Kadmos. Hegel sieht im antiken Drama Ideen kämpfen und sterben, Hölderlin eine Frau aus Fleisch und Blut, die im Namen der »Natur« gegen von Männern gemachte Gesetze kämpft.

Nun hatte Hegel aber wirklich eine Schwester, Christiane Luise, drei Jahre jünger als er. Halten wir uns ihr Leben vor Augen, so erscheint Hegels Lob der Antigone als der »herrlichsten Gestalt, die je auf Erden erschienen« sei, nicht mehr so verwunderlich. Als junges Mädchen sympathisierte Christiane mit den französischen Revolutionären und ihren schwäbischen Anhängern, zu denen auch ihr Bruder und dessen Tübinger Studienfreunde Schelling und Hölderlin gehörten. Es heißt sogar, Christiane Hegel habe selbst geheime Billets an französische Agenten übermittelt. Dem Antigone-Ideal ihres Bruders, häuslicher Demut und selbstloser Aufopferung, mochte sie sich nicht beugen. Mit achtundzwanzig Jahren nahm sie eine Stelle als Erzieherin in einer freiherrlichen Familie in Jagsthausen an und blieb dort bis 1814. Nach ihrer Entlassung wurde sie krank. Erregungszustände wechselten mit tiefer Erschöpfung (heute würde man wohl an Hyperthyreose denken). Sie wurde zu ihrem Cousin nach Aalen gebracht, der sie 1820 in die Irrenanstalt Zwiefalten einweisen ließ. Die Diagnose lautete auf »stillen melancholischen Wahnsinn«, also Depression. Als sicheres Symptom von Geistesverwirrung wurde ihre wiederholte Äußerung gedeutet, sie fühle sich wie ein Paket, das verschnürt und auf die Post getragen werde wie ein willenloses Ding.

Klarer hätte sie ihre ausweglose Lebenssituation als alternde Frau ohne bürgerliche Rechte, ohne Einkommen nicht ausdrücken können. Nach zweijährigem Aufenthalt kehrte sie nach Stuttgart zurück; als Sprachlehrerin für Französisch verdiente sie sich ein paar Taler, die kaum zum Leben reichten. Statt sie zu unterstützen, ließ ihr Bruder, der ewigen Klagen und Anklagen überdrüssig, sie entmündigen. Auf ihre Briefe antwortete er selten, widerwillig und kurz. Ihre Krankheit nannte er Hysterie. Im Februar 1832 ertränkte sich Christiane Hegel in der Nagold, 58 Jahre alt.

Man kann Antigones Verhalten als Ausdruck des sittlichen Widerstands gegen attisches Kriegsrecht bewundern, wie Hegel und Romain Rolland. Es ist aber auch möglich, es wie Hölderlin und Christiane Hegel empathisch am eigenen Leib zu erleiden, »daß nirgends ein / Unsterbliches mehr am Himmel zu sehn ist«. Feministische Philosophinnen neigen mehr zu der Hegel'schen Variante. Luce Irigaray sieht in ihr ein Symbol politischer Freiheit, Judith Butler unterstellt libidinöses Begehren nach dem Bruder und verweist auf die inzestuösen Verwicklungen im Hause Ödipus, schlägt aber ebenfalls nicht moralische, sondern soziologische Paradigmen wie »Anerkennung« und »Fremdheit« vor, um in dem Konflikt zwischen altem Naturrecht, Kriegspolitik und sexueller Normativität ein Grundmodell weiblicher Existenz ausfindig zu machen. Doch auch ohne Sophokles zu »gendern« wird klar, warum sich Hölderlin, der Mann, in Antigone wiedererkennen konnte: In Antigone tritt das personifizierte Feindbild »Frau« als Bedrohung autokratischer Systeme auf, die sich, wie Antigones Verlobter Haimon zu ihrer Verteidigung vorbringt, unter dem Vorwand des Rechts als männliche Tyrannis erweisen. »Staat ist das nicht mehr, was nur einem Mann gehört.« Den gerechten Staat, der Menschen- und Bürgerrechte gleich achtet, müsste man sich demnach wohl als eine Art Corpus callosum der politischen Vernunft vorstellen. Dass es auch als Brückenmetapher für den Transfer zwischen weiblichem und männlichem Denken brauchbar wäre, dafür bieten die alten Tragödiendichter leider viel zu schwache Argumente.

René Descartes, Seigneur du Perron, hatte mit fünfundzwanzig Jahren einen Traum. Er sehnte sich danach herauszufinden, wie sich Wahrheit und Irrtum sicher unterscheiden lassen. Geboren 1596 in La Haye, ließ der Jesuit, studierte Jurist und schließlich Soldat der katholischen Liga das Kriegshandwerk hinter sich und zog sich in ein stilles Dorf in den Niederlanden zurück, um sich in weniger als zehn Jahren das Wissen seiner Zeit – Medizin, Mathematik, Physik, Metaphysik – anzueignen. Wonach er suchte, war eine verlässliche Lehre des richtigen Denkens. Auf drei schmalen philosophischen Abhandlungen, erschienen zwischen 1637 und 1649, ruht die Architektur seines Denkens. In der ersten, dem *Discours de la méthode*, teilt er die Welt wie einen Apfel in zwei Hälften: die erhaben schweigende *res extensa* der Natur und die *res cogitans*, die denkende Substanz der nach Erkenntnis suchenden menschlichen Vernunft.

Nicht mehr Gott, nicht die Metaphysik und nicht der Glauben, sondern der Denkende selbst fordert in einer vernünftig geordneten Welt für sich selbst die höchste Autorität. In goldenen Buchstaben steht seither über dem Portikus der neuzeitlichen Philosophie der Hauptsatz des skeptischen Rationalismus: »Ich denke, also bin ich.« Dieses denkende Ich-Ding, »das zweifelt, einsieht, bejaht, verneint, will, nicht will, das auch bildlich vorstellt und empfindet«, war der Hebel, der die mittelalterliche Welt aus den theologischen Angeln heben sollte.

Wer bin ich aber, wenn ich beispielsweise in demselben Jahr, in dem Descartes seinen Traum des widerspruchsfreien Denkens träumte, als Frau auf die Welt gekommen bin? Joseph Glanville, einer der Propagandisten der neuen Wissenschaft und Sekretär der Royal Society, hielt für ausgeschlossen, dass Frauen vernünftig denken können. Eindringlich warnte er vor der »Eva in uns«, die durch allerlei Affekte und Leidenschaften den »objektiven Geist« der Wissenschaften verunreinige. Doch da kannte er die Gräfin von Newcastle schlecht, Margaret Cavendish, die Glanville in einen philosophischen Briefwechsel verwickelte, bei dem er eindeutig den

Kürzeren zog. Sie besaß ein hübsches kleines Gesicht und mädchenhafte Anmut. Als sie noch sehr jung war, hatte die Herzogin einmal den berühmten Descartes bei einem Diner in Paris getroffen und keinen sehr günstigen Eindruck von dem kleinen schwarzhaarigen Franzosen gewonnen, der mürrisch vor sich hin starrte und an den Tischgesprächen keinerlei Anteil nahm. 1623 als Tochter eines englischen Landlords geboren, war sie als Hoffräulein am katholischen Hof der Stuarts während des Bürgerkriegs ins Exil nach Paris vertrieben worden. Mit zweiundzwanzig heiratete sie dort den dreißig Jahre älteren William Cavendish. Dieser führte in Paris (und später in Rotterdam) zusammen mit seinem Bruder einen philosophischen Zirkel, in dem über atomistische Philosophie und neue Physik disputiert wurde. Prominente Denker wie Thomas Hobbes, Martin Mersenne, Pierre Gassendi und zuweilen auch Descartes wurden zum Cavendish circle eingeladen.

Ohne ausdrücklich eingeladen worden zu sein, veröffentlichte Mrs. Cavendish 1655 selbst eine philosophische Abhandlung unter dem unverfänglichen Titel *Philosophical and Physical Opinions*. Alle nötigen Kenntnisse brachte sie sich selbst aus Büchern bei. Nach der Rückkehr aus dem Exil setzte ihr »denkendes Ich« die Arbeit mit fünf weiteren Untersuchungen und einigen literarischen Versuchen in England unbeirrt fort.

1666 erschien *The Description of a New World, Called the Blazing World* (*Die gleissende Welt*) im Druck, eine gewitzte Parodie auf Francis Bacons *New Atlantis* (1627), randvoll mit spöttischen Invektiven gegen die Wissenschaftswelt ihrer Zeit, die heute noch dem Vergleich mit den satirischen Utopien eines Voltaire und Cyrano de Bergerac glänzend standhält. Eine junge Dame wird darin von einem Kaufmann geraubt und auf ein Schiff entführt. Als das Schiff im Sturm zerschellt, gelangt sie als einzige Überlebende in ein fremdes Inselreich. Auf jeder der Inseln wohnen andere fabelhafte Geschöpfe: Bären-, Fuchs-, Vogel-, Wurm- und Fischmenschen. Alle sprechen eine einzige Sprache, glauben, wie in Bacons Idealstaat, an einen einzigen Gott, den Christengott, und haben nur eine einzige Wissenschaft, den Tempel Salomonis. Die Monarchie gilt als beste, weil

»göttliche Regierungsform«. Ihre Hauptstadt heißt Paradies. Es gibt weder Juden noch Moslems. Frauen und Kinder werden in ihren Häusern eingesperrt, weil sie nach allgemeiner Ansicht draußen nur Unruhe stiften. Die Bewohner »leben in dauerhaftem Frieden und Glück, ohne Kriege in der Fremde oder Rebellionen zu Haus zu kennen«.

In diesem Multiversum herrscht ein Kaiser. Er verliebt sich nach bewährtem Rezept in die fremde Schiffbrüchige und macht sie zu seiner Gemahlin und Kaiserin. Doch das genügt ihr nicht. Da sie nun unbeschränkte Macht besitzt, gründet sie Schulen und gelehrte Gesellschaften für Experimental-Philosophen (Empiristen), Astronomen, Naturphilosophen, Chemiker, Ärzte, Politiker, Mathematiker, Redner und Architekten. Bei einer Prüfung ihrer Akademisten bekommt sie allerlei Unsinn über die Beschaffenheit der Elemente, des Lichts oder der Sonnenstäubchen zu hören. Schnee halten sie für ein Gemisch aus Feuer und Wasser, und »niemand sagte, die Sonne sei ein runder flüssiger Körper mit einer schnellen Kreisbewegung«. Mit den neuen Teleskopen können sie nicht umgehen. Ihre Mikroskope taugen nichts, weil sie nur kleine Dinge vergrößern können, aber nicht so große wie Elefanten.

Schließlich wird die Kaiserin der gelehrten Streitereien und Hirngespinste der »Papageien-Männer« (*parrot men*) und zitatejagenden »Dohlen-Elster-Männer« (*jackdaw-magpie-men*) müde. Sie selbst ist überzeugt, dass es »nur ein universelles Prinzip der Natur gibt, nämlich selbst-bewegte Materie, welche die einzige Ursache aller Naturkäfte ist«. Weil aber im ganzen Inselreich niemand ihre Ansichten teilt, wünscht sie nichts sehnlicher als eine verwandte Seele. Sogleich erscheint ihr das »denkende Ich« der Herzogin von Newcastle, »die vielleicht nicht zu den gebildetsten, redegewandtesten, witzigsten und sinnreichsten Autoren gehört, aber sie beherrscht einen einfachen, vernünftigen Stil« sowie Sinn und Verstand. Die beiden Damen machen sich gemeinsam ans Erschaffen schönerer, klügerer Welten. Nach einem Gedankenausflug in das England des Jahres 16** rüstet die Kaiserin ein mächtiges Heer aus, um Englands Feinde zu besiegen, die das Land unterdessen in einen Krieg gerissen haben. Mit ihrem Sieg und dem ewigen Frieden endet das Buch.

»Die gleißende Welt« ist ein Männerstaat, die Welt der Colleges, Akademien und Gelehrtengesellschaften, wie sie zu jener Zeit in London, Berlin, Paris und Oxford gegründet wurden, die Welt der Pedanten, Zitatendiebe und gelehrigen Parvenus, der Titeljäger und Ämterschieber. Samuel Pepys, der Stimmenrekorder des jakobinischen England, hat in seinen Tagebüchern den Tag im Mai 1667 festgehalten, an dem die Herzogin von Cavendish bei einer der Sitzungen in der Royal Society als »Crossdresser« in einem fantastischen, selbstentworfenen Gewand erschien, halb römische Toga und halb weiblicher Chiton. Vor dem Gebäude hatte sich ein Menschenauflauf gebildet. Drinnen war Englands Geisteselite versammelt, dekoriert mit gewaltigen weißen Lockenperücken, roten Kappen und Biretten und violetten, scharlachfarbenen, schwarzen oder blauen Doktorenmänteln. Vortragen durfte der Gast nichts, nur zuhören. Pepys erklärte sie nach dem Vorfall schlicht für verrückt; ihm glaubte man. Seitdem kennt England die denklustige Herzogin, wenn überhaupt noch, als »mad Magde«, ein extravagantes Monstrum aus männlicher Denkkraft und weiblicher Exzentrik.

Die amerikanische Schriftstellerin Siri Hustvedt hat in ihrem gleichbetitelten Roman Cavendishs »Gleißende Welt« in das New York des 21. Jahrhunderts versetzt. Die Erzählerin ist Neurobiologin, die Heldin Harriet »Harry« Burden eine reiche Witwe, die sich nie aus dem Schatten ihres promisken, bisexuellen Gatten, eines einflussreichen Kunstsammlers, gelöst hat. Ihren Misserfolg als Künstlerin erklärt sie sich daraus, dass sie eine Frau ist und ihr daher im männlich dominierten Kunstbetrieb a priori die Rolle eines Parias zufällt. Also nimmt sie den Kampf gegen den Sexismus auf. Sie schleust ihre Installationen unter den Namen zweitklassiger Künstler, die sie dafür bezahlt und rücksichtslos ausnutzt, in den Kunstmarkt. Immer schärfer zeichnet sich unter der »natürlichen Maske« ihrer eleganten Weiblichkeit ein aggressiver, narzisstischer, egomaner Charakter ab, eine »Medea, rasend vor Rachsucht«, wie einer ihrer Kritiker anmerkt. Der Erfolg scheint ihr Recht zu geben. Galeristen reißen sich um ihre surrealen Objekte und feiern »den« Künstler. Als Harriet-Harry schließlich ihre Identität aufdeckt, um ihren Triumph in einem gloriosen Coming-out zu genießen, glaubt ihr niemand. Bloßgestellt als Lügnerin, als Künstlerin verlassen von ihren männlichen Masken, als Frau gedemütigt, stirbt die Heldin verkannt und vergessen, wie sie gelebt hat: eine Episode mehr in der misslungenen Geschichte des Feminismus, wie ein anderer männlicher Kommentator in dem Buch zynisch feststellt. »Harriet Burden ist der letzte Schrei in einer ehrwürdigen Tradition: Frauen als Opfer einer ›phallozentrischen‹ Welt, die ihre Größe niedertrampelt.«

### Wissen Macht Männer

In der europäischen Wissenschaftsgeschichte herrscht von jeher strikte Geschlechtertrennung. Aber war Bacon ein Frauenfeind, nur weil er einem jungen Mann in einem unveröffentlichten Brief einmal empfohlen hatte, die Naturwissenschaften »wie eine keusche Ehe« zu betreiben, wie Evelyn Fox Keller insinuiert? War Descartes ein chauvinistisches Monster, wie Luce Irigaray höhnte? »Es bleibt, daß ›ich‹ denke. Denkt er.« Postum wurden die Gründerfiguren des Rationalismus von feministischen Wissenschaftshistorikerinnen der Siebzigerjahre als Vordenker des Antifeminimus inkriminiert. Wer hat eigentlich etwas davon, die alten Denker in Geiselhaft zu nehmen, im Austausch gegen Judith Butlers universalistische feministische Subjekte, die niemand je mit eigenen Augen gesehen hat? Vielleicht tun wir den »Vätern« der wissenschaftlichen Moderne zu viel Ehre an, wenn wir sie als Täterfiguren einer androzentrischen Wissenschaftsgeschichte an den Pranger stellen. Die Selbstgewissheit eines Denkens, das sich allein auf die Autorität der Vernunft berief, war den Jahrhunderten der Entdeckungen brauchbar, als Männer sich anschickten, die Welt zu beschreiben, zu vermessen und in barem Geld aufzuwiegen. Denken wir uns dieses ominöse cartesianische Cogito aber nur für einen Moment als einen dicklichen Mann mit fleischiger Nase, der im Schein der Wachslichter Hunde seziert, geben wir ihm Krankheiten, Freunde, eine Geliebte, eine Tochter, Gewohnheiten, Vorlieben und Abneigungen und stellen um ihn herum die niederländische Landschaft seines Exils in wechselnden Jahreszeiten, dann wird aus der kalten denkenden Substanz eine prächtig ausgedehnte Substanz, aus einem frostigen Philosophen ein Mann aus Fleisch und Blut, aus dem Idol des abendländischen Rationalismus ein winziger bewegter Punkt am Zeithorizont des 17. Jahrhunderts, der sich in der niederländischen Tiefebene auflöst.

Descartes war gewiss kein Frauenfeind. Er liebte es, mit Königin Christina von Schweden bei einer guten Flasche Wein philosophische Gespräche zu führen. Sein Briefwechsel mit Elisabeth von der Pfalz, 1643 begonnen, drehte sich vorwiegend um die Kritik der Gräfin an seinem Leib-Seele-Dualismus. Der intellektuelle Dialog fand unbehindert von Geschlechtergrenzen, in der Einsamkeit stiller Studierzimmer statt: im Philosophenmantel er, im Hauskleid sie.

Unter weiblichen Lesern hatte Descartes viele Anhängerinnen. Zu ihnen zählte auch Mary Lee Lady Chudleigh, die die scholastische Lebensfremdheit von Oxford und Cambridge ebenso offen verspottete wie die Herzogin von Newcastle. Dort werde nur totes Wissen aus toten Sprachen gelehrt, schrieb sie, während die *Fellows* nicht die geringste Ahnung hätten, wie das *lunch* auf ihre Teller komme. Mary Astell, von der im nächsten Kapitel noch die Rede sein wird, versicherte standhaft, Denken sei ein Naturrecht und ein Vermögen, das allen Menschen gleich zugemessen ist. Giuseppa Eleonora Barbapiccola verteidigte 1722 das »philosophierende Frauenzimmer« im Vorwort zu ihrer italienischen Übersetzung der *Principia philosophiae* von Descartes, der ersten überhaupt. Dagegen behauptete 1739 eine gewisse »Sophia, a Person of Quality« sogar, alle Männer seien Cartesianer. In drei kämpferischen Abhandlungen verteidigte sie energisch »Womens Superior Excellence over Men«, die geistige Überlegenheit weiblicher Vernunft (*mind*), und stellte ausführlich ihre Gründe dar, warum Frauen zu allen »männlichen« Berufen, einschließlich General, Bischof, Richter, Arzt und Diplomat, genauso geeignet seien wie Männer. Die anonyme Verfasserin machte auch das feministische Manifest des Franzosen Poulain de la Barre in einer englischen Übersetzung bekannt. Zur selben Zeit attackierte Lady Mary Wortley Montagu in ihrem kämpferischen

Frauenjournal *The Nonsense of Common-Sense* mit scharfen Worten die männliche Wissensmacht – was sie zur aussichtsreichsten Kandidatin für »Sophias« bis heute unaufgedeckte Identität macht und möglicherweise auch der Anlass des Zerwürfnisses mit ihrem langjährigen Freund war, dem Dichter Alexander Pope.

Was man Descartes, Bacon & Co allenfalls vorwerfen kann, ist deren unübersehbare Gier nach Ruhm, öffentlichem Einfluss und lukrativen Ämtern, die sich selbst über moralische Skrupel hinwegzusetzen wusste. Francis Bacon hatte Rechtswissenschaften am Grays Inn studiert, war Mitglied im Unterhaus und brachte es 1613 unter King James I. zum Generalanwalt der Krone. In dieser Position war er verantwortlich für zahlreiche Todesurteile gegen Dissidenten, unter denen auch Sir Walter Raleigh war, der in Ungnade gefallene Dichter, königliche Marinekapitän und Exfavorit von Queen Elizabeth I. Auch als Wissenschaftstheoretiker ließ Bacon keinen Zweifel an seiner politischen Loyalität. Sein Wahlspruch *natura parendo vincitur* (Die Natur durch gehorchen besiegen) war gewissermaßen der wissenschaftspolitische Ausdruck britischer Kolonialpolitik in Nordamerika. Naturwissenschaftliche Entdeckungen und Forschungen fasste Bacon als interventionistische Win-win-Situation auf: »Menschliches Wissen und menschliche Macht sind eines; denn wo die Ursache nicht bekannt ist, kann die Wirkung nicht hervorgerufen werden. Will man der Natur befehlen, so muß man ihr gehorchen, und was im Überlegen als Ursache gilt, gilt im Tun als Regel.« (*Novum Organum Scientiarum*) Alchemistische Sekten wie die »Rosencreutzer«, bei deren »chymischen Hochzeiten« der Elemente das Volk auf Jahrmärkten zusammenlief, und kabbalistische Hexenmeister wie Robert Fludd und John Dee, Astronom und Leibarzt der Queen, die mit allerlei pseudowissenschaftlichen Kunststücken geheimes Wissen vortäuschten, bekämpfte Bacon mit allen ihm zu Gebote stehenden Mitteln. Durch Experiment und Beobachtung statt durch windige Taschenspielertricks und Geisterbeschwörungen sollten der Natur ihre Geheimnisse entrissen werden.

Demnach kann man Bacon allenfalls als geschickten Plagiator und Befürworter einer Wissenspraxis dingfest machen, die sich bedingungslos in den Dienst der absoluten Monarchie stellte. Bacon war Politiker und Schriftsteller, kein Naturforscher. Als solcher bediente er sich ungeniert des Bücherwissens aus zweiter Hand. Wie Experten herausgefunden haben, hat seine *Scientia Nova*, der Programmentwurf einer neuen Wissenschaftsära, deutliche Anleihen bei seinem Namensvetter Roger Bacon gemacht, vor allem bei dessen Theorie der Idola, der Irrtümer des Denkens. Auch Montaignes stilistische Handschrift ist in seinen Abhandlungen deutlich erkennbar; dessen *Essais* könnte Bacon, noch bevor sie ins Englische übersetzt waren, aus einer französischen Ausgabe von 1595 kennengelernt haben, die von Montaignes Wahltochter Marie de Gournay herausgegeben worden war. Und zu seinem utopischen Projekt *Atlantis* ließ er sich gewiss auch von dem satirisierenden Bischof von Exeter, Joseph Hall, und dessen Fantasiewelt einer *Mundus Alter* von 1609 anregen.

Für Margaret Cavendish waren Plagiate besonders verachtenswerte (männliche) Untugenden; »lieber als andere zu imitieren, würde ich mich selbst imitieren lassen; denn mein Wesen ist so, dass ich lieber schlechter in meiner Einzigartigkeit erscheine als besser à la mode« (*Die gleissende Welt*). Jedoch so wenig die Schöpfungen der exzentrischen Herzogin als *Empowerment* für weibliche Identitätskonstrukte der Gegenwart verwendbar sind (wie Siri Hustvedts Roman mit viel Witz beweist), so wenig spricht Bacons biologisches Geschlecht für oder gegen seine Reputation als Wissenschaftspropagandist. Ohnehin streiten sich die Gelehrten über die erotische Ausrichtung seiner Männlichkeit. Bacons Mutter Anne Cooke genoss den Ruf einer der gebildetsten Frauen ihrer Zeit und wurde von ihm verehrt. Seine sexuelle Vorliebe für schöne junge Pagen war bekannt. Magnus Hirschfeld suchte in englischen Archiven nach Beweisen, dass Bacon aktiv in den geheimen homosexuellen Zirkeln um Robert Devereux, Earl of Essex, im elisabethanischen London verkehrte. Bacon blieb sein Leben lang unverheiratet, bis er als Greis ein vierzehnjähriges Mädchen ehelichte – gewiss nicht zum Zweck der Fortpflanzung.

Mit der Behauptung, dass Vernunft geschlechtslos sei (Poulain de la Barre), etablierte sich im aufgeklärten Jahrhundert die Philosophie als puritanisches Gegenprojekt zu den galanten Exzessen und »gefährlichen Liebschaften« höfischer Kreise, die sich ihren Ennui durch erotische Fantasien und Schäferspiele vertrieben, je elitärer, desto ausschweifender. Denklust wurde gewissermaßen salonfähig. Mag auch die Liebesaffäre philosophierender Frauen mit dem cartesianischen Rationalismus Anekdote geblieben sein – leidenschaftlich, kurz und folgenlos –, so griffen doch Frauen wie die kluge Königin, die exzentrische Herzogin, die deutsche Pfalzgräfin begierig nach den Krücken des Rationalismus, die die cartesianische Egologie (Edmund Husserl) ihnen bot, um ihre eigene *libido sciendi* (Pierre Bourdieu) auszuleben. Lang und überaus erfolgreich war dagegen die Geschichte der höchsten britischen Gelehrtengesellschaft. 1662/63 offiziell durch König Charles II. anerkannt, hatte die Royal Society of London for Improving Natural Knowledge zwölf Gründungsmitglieder, darunter der kopernikanische Astronom John Wilkins und der Erbauer der St. Pauls Cathedral, Christopher Wren. In der mehr als 350-jährigen Geschichte der Royal Society spürte der Historiker Richard Holmes sechzig weibliche *original fellows* auf – allerdings keine einzige vor 1945. Als die Astronomin und Physikerin Caroline Herschel 1788 gleich zwei unbekannte Kometen entdeckte, nahm die Society davon nicht die geringste Notiz. Als die Paläontologin Mary Anning 1821 als Erste den Plesiosaurus beschrieb, ebenso wenig. Doch als Katalysatoren, als kritische Beobachterinnen und Multiplikatorinnen des Wissens waren Wissenschaftsautorinnen eine unübersehbare Minderheit, die bedeutenden Einfluss auf die öffentliche Aufklärung nahm – wir müssten uns nur die Mühe machen, sie wahrzunehmen. Da gab es Jane Marcet, die das erste populärwissenschaftliche Lehrbuch der Chemie in Form eines Dialogs zwischen drei Frauen verfasste. Es gab Alice Bodington, die Darwins Evolutionstheorie in aller Öffentlichkeit gegen seine christlichen Gegner verteidigte, Margaret Huggins, die in der Spektroskopie und die Mathematikerin und Erfinderin Hertha Marks Ayrton, die in der Elektrizitätsforschung beachtliche Resultate vorlegten. Es gab Anna Laetitia Aikin, eine Freundin des Chemikers Joseph Priestley, die nach einem nächtlichen Spaziergang durch Priestleys Labor das erste überlieferte Manifest gegen Tierversuche an einen der Glaskästen mit Versuchsmäusen heftete, betitelt »The mouses petition«, mit der inständigen Bitte, doch auch die Bedürfnisse der Geschöpfe ernst zu nehmen, die ihre Leben für den Nachweis des gasförmigen Sauerstoffs opferten. Als Anna Barbauld wurde sie später mit naturphilosophischen Dichtungen im Stil des Lukrez und Plinius bekannt. Die Schriftstellerin Jane Loudon erfand in ihrem utopischen Roman *The mummy!* 1827 sogar beheizte Straßen und den öffentlichen Linienverkehr mittels Heißluftballons. Nicht zu vergessen Mary Shelley, die Tochter der politischen Aktivistin Mary Wollstonecraft, deren alchemistischer Schauerroman über den Wissenschaftler Victor Frankenstein von Humphry Davys Experimenten zur morphischen Potenz chemischer Elemente angeregt worden sein soll, was geübtes naturwissenschaftliches Denken voraussetzt. Und auch die zu Lebzeiten als »Queen of Sciences« bewunderte Mary Fairfax Somerville fehlt in den Annalen der Royal Society, obwohl sie es war, die die komplizierten astronomisch-mathematischen Hypothesen der Planetentheorie von Pierre-Simon Laplace (*Abhandlung über die Himmelsmechanik*) einer breiten Öffentlichkeit erklärte. Somerville war es auch, die 1834 die erste interdisziplinäre Wissenschaftsgeschichte *On the Connection oft the Physical Sciences* vorlegte. Neben Caroline Herschel wurde sie als eines der beiden einzigen weiblichen Ehrenmitglieder der britischen Royal Astronomical Society geehrt.


*Denklust*


Voltaire hat ein unverwüstliches Bonmot in die Welt gesetzt, als er über seine Freundin Émilie du Châtelet nach deren Tod 1749 sagte, sie sei ein großer Mann gewesen, dessen einziger Fehler es war, eine Frau zu sein. Was Voltaire an seiner Geliebten so linkisch lobte, dass er seinen eigenen Denkfehler übersah, war nicht so sehr die Ebenbürtigkeit ihres »männlichen« Intellekts (der stand außer Frage), sondern die Freiheiten, die sie sich als Frau nahm. Die schöne Marquise lebte, worüber de la Mettrie in seinem epikureischen Manifest »L'Art de jouir« zwei Jahre nach ihrem Tod anonym schrieb – und ohne die Marquise vermutlich nicht geschrieben hätte: dass die höchste Lebenskunst in der Paarung der Lust des Denkens mit der »göttlichen Wollust« des Körpers liege. Die puritanische Strenge der britischen Denkerinnen war ihr fremd. Sie liebte üppige und lange Diners, Glücksspiele, knifflige mathematische Gleichungen – und Männer. Gabrielle Émilie Le Tonnelier de Breteuil, Marquise du Châstelet-Laumont, hatte mit achtzehn Jahren einen königlichen Hofbeamten geheiratet und war mit ihm in die burgundische Provinz gezogen. Sie bekam drei Kinder und begann, wie jede Aristokratin mit gutem Verstand, sich mit dem Übersetzen schöngeistiger Werke die Langeweile ihrer ländlichen Verbannung zu vertreiben, während die Kinder unter der Obhut von Ammen und Dienstleuten aufwuchsen. Während der Marquis du Châstelet seinen politischen Geschäften in Paris nachging, reiste die intellektuelle Prominenz aus Paris an, um die geistreich schöne Dame zu besichtigen. Der Herzog de Richelieu, Mitglied der Académie Française, brachte den Mathematiker Maupertuis mit, der Madames Leidenschaft für mathematische Probleme entflammte, was um 1730 in erster Linie bedeutete, die Bücher von Leibniz, Newton und Descartes zu verstehen. Schließlich erschien eines Tages auch Jean-François Arouet, der sich Voltaire nannte, ein landesweit berüchtigter Schöngeist, Atheist und politischer Aufwiegler. Die Herzogin bot dem haftrichterlich gesuchten Dissidenten Asyl in ihrem Château in Cirey, dazu Labor, Bibliothek, Studierzimmer und ihre Liebe. Zehn Jahre lang waren sie das klügste, vielleicht das attraktivste Paar Frankreichs. Voltaire ließ sich von dem nüchternen Forschergeist der Herzogin zum Jünger der Newton'schen Physik bekehren, wovon sie mit Sicherheit mehr verstand als er, und setzte sich in der dörflichen Abgeschiedenheit von Cirey an eine Abhandlung über die »Elemente der Philosophie Newtons«. Auf die alljährliche Preisfrage der Pariser Académie des sciences sandte die Marquise 1737 ihre »Dissertation sur la nature et la propagation du feu« (Abhandlung über die Natur des Feuers) ein. Mitbewerber waren Kapazitäten wie der Schweizer Mathematiker Leonhard Euler und Voltaire selbst. Ihr Beitrag wurde zwar nicht prämiert, aber später auf Kosten der Akademie gedruckt. Im Jahr darauf nahm sie sich eine wissenschaftlich kommentierte Übersetzung von Newtons Hauptwerk *Philosophiae Naturalis Principia Mathematica* ins Französische vor. Für diese bedeutende textkritische, mathematische und editorische Leistung wurde Châtelet 1746 zum Mitglied der Akademie der Wissenschaften zu Bologna ernannt, die als einzige europäische Akademie Frauen offenstand.

Genau zweihundertsechsundsiebzig Jahre nach Erscheinen der *Institutions de physique* hat Andrea Reichenberger, eine deutsche Wissenschaftshistorikerin, »die revolutionäre und heuristische Sprengkraft« dieses ersten (nicht in der Gelehrtensprache, sondern auf Französisch verfassten) Grundlagenwerks über die Mechanik einer gründlichen Prüfung unterzogen. Die intellektuelle Leistung dieses Werks ist nach ihrer Ansicht schwer zu überschätzen: nicht nur hat Châtelet den methodologischen Widerspruch zwischen den beiden konkurrierenden mathematisch-physikalischen Axiomen – Leibniz' Kraftbegriff und Newtons Begriff der Bewegung – schlüssig analysiert und nach Lösungswegen gesucht. Sie entwarf auch eine neue »Architektur des Wissens«, um die den Erkenntnisfortschritt hemmende Trennung von Erfahrungswissen und Verstandeswissen in einem neuen System der Wissenschaften zu überwinden (das dann der Deutsche Kant in Angriff nehmen wird). Ihr »männlicher Verstand« ließ sich von Akademien, wissenschaftlichen Dogmen und preisgekrönten Geistern nicht einschüchtern. Allein der »Fehler«, eine Frau zu sein, kostete sie das Leben und machte Schluss mit ihrem Denken. In der Nacht des 3. September 1749 brachte Émilie du Châtelet ein Mädchen zur Welt, das Kind eines ihrer Liebhaber. Eine Woche später starb sie an Kindbettfieber. Ihrem biologischen Schicksal blieb jede Frau unterworfen, die sich nicht zugunsten ihrer intellektuellen Leidenschaften für ein asexuelles, zölibatäres Leben entschied. In Mailand veröffentlichte 1748 die dreißigjährige Maria Gaetana Agnesi ihre *Instituzioni analitiche ad uso della gioventù italiana* (*Lehrbuch der Analysis für die italienische Jugend*), erschienen im selben Jahr wie Leonhard Eulers *Handbuch der Analysis*. Das

Rechnen mit Differenzial- und Integralgleichungen war gerade erst erfunden worden. Auch Agnesi war Mitglied der Akademie zu Bologna und wurde kurz darauf, mit ausdrücklicher Genehmigung des Papstes, zur Professorin an der Universität Bologna ernannt, wo schon die Physikerin Laura Bassi seit einigen Jahren in hohem akademischen Ruhm stand. Vier Jahre nach Bassi verteidigte Agnesi vor dem akademischen Senat in dialogischer Form ihre 191 Thesen zu den *Propositiones philosophicae*. Gegenüber der verheirateten, doch kinderlosen Bassi und der freizügigen Madame du Châtelet hatte Signorina Agnesi allerdings einen entscheidenden Bonus: Sie war Jungfrau und blieb es. Ihre Mutter hatte einundzwanzig Kinder zur Welt gebracht. Agnesi suchte einen anderen weiblichen Lebensweg: Sie wollte ins Kloster. Erst nachdem ihr Vater, die eigentliche treibende Kraft ihres wissenschaftlichen Ehrgeizes, starb, durfte sie als »Gottes Mathematikerin« bis zu ihrem Tod 1799 ein frommes Leben im Dienst der Armen- und Krankenfürsorge führen.

Weibliche Lebenswege waren damals im Allgemeinen recht kurz, begrenzt durch den Radius der ihnen angewiesenen väterlichen oder ehelichen Wohnsitze, wovon noch die viktorianische Romanliteratur unzählige anschauliche Beispiele gibt, und die unzureichende medizinische Kenntnis des weiblichen Körpers. Eine der Denkerinnen, die aus ihrer fatalen Abhängigkeit von der monogamen Lebensweise hinreichend geistiges Kapital zu ziehen wussten, war Damaris Cudworth Masham. Mit Mitte zwanzig heiratete die Tochter des Dekans des Christ Church College in Cambridge einen ältlichen Witwer mit acht Kindern, blieb selbst ohne Nachkommen und verfasste stattdessen mehrere theosophische Schriften im Sinne der frühaufklärerischen Vernunftreligion – selbstverständlich daheim in ihrem Salon in Cambridge, ohne je eins der Colleges von innen gesehen zu haben. Der Philosoph John Locke, seinerzeit noch Student am Christ Church, fühlte sich von den geistigen Vorzügen der Dame dermaßen angezogen, dass er – sechs Jahre nach ihrer Hochzeit mit Sir Masham – für den Rest seines Lebens mitsamt seiner umfangreichen Bibliothek in ihr Haus zog, als Dritter im Ehebund und überzeugendes Exempel dafür, wie fortschrittlich sich der englische Neoplatonismus auf weibliche Lebens- und Liebesprojekte auswirken konnte.

Zur selben Zeit dachte in London Anne Finch Conway über die Einheit des Universums nach. Aufgewachsen in den hallenden Sälen und Gängen von Kensington Palace, war auch sie durch einen Stiefbruder mit der neuplatonischen Philosophie in Berührung gekommen, hatte sich günstig mit einem wohlhabenden Earl verheiratet und Henry More, Fellow am Christ Church, als philosophischen Tutor gewonnen. Ihre Kränklichkeit schützte sie vor der weiblichen Pflicht zum Kinderkriegen, und so fand Viscountess Conway genug Zeit für gelehrte Korrespondenzen und philosophische Gedankenflüge. Während der deutsche Universalist Leibniz noch mit der Erfindung einer Rechenmaschine, der Reform des deutschen Münzwesens, der Verbesserung der Bergwerke, der Geometrie des Festungsbaus und etlichen anderen weltbewegenden Projekten beschäftigt war, entwickelte Lady Conway in der Abhandlung *The Principles of the Most Ancient and Modern Philosophy* (1690 anonym auf Lateinisch erschienen) zielstrebig ihre eigenen Ansichten, wie Gott und Schöpfung, Leib und Seele, die kleinsten und die größten Dinge mittels der »Bewegung« kleinster Einheiten des lebendigen Geistes, der »Monaden«, als kosmische Einheit zusammengedacht werden können. Sie war da auf etwas gestoßen, das der »Kette der Wesen« und den fensterlosen kleinen Denkdämonen der Leibniz'schen Erkenntnistheorie, die mehr als ein Jahrzehnt später das Licht der Wissenschaftswelt erblicken würden, verblüffend ähnlich sah. Doch lebte Lady Conway nicht lange genug, um die Veröffentlichung ihres Werks oder gar den Triumph, als kongeniale Vordenkerin des großen Leibniz wiederentdeckt zu werden, noch zu erleben.

Unsterblichkeit war keine Marge weiblicher Existenz. Dass Frauen überhaupt philosophieren können, hielt auch die Mehrzahl aufgeklärter Männer des 18. Jahrhunderts noch für eine absurde Behauptung. Ein dichtes Netz wissenschaftspolitischer Institutionen, Zeitschriften, universitärer Titulaturen, Hierarchien, Gutachterkommissionen und Lehrstühle sorgte dafür, dass dies auch noch lange so blieb. Voltaires gekrönter Freund, Friedrich II. von Preußen, war schon als Jüngling überzeugt, dass »die Weyber keine Menschen« seien, ausgenommen eine: seine Schwester Wilhelmine, Markgräfin zu Bayreuth. »Europa zählt Dich zu den größten Männern, das ist meine Philosophie«, schrieb er ihr einmal.

### Crossdresser

Natürlich blieb die grassierende Damenphilosophie in der Gelehrtengemeinschaft nicht unbemerkt. Francesco Algarotti, wie Voltaire ein Tischgast und Favorit des philosophierenden Königs von Preußen, brachte 1737 einen »Newton für Damen« heraus, nachdem er einige Male Gast bei Madame du Châtelet in Cirey gewesen war. Den italienischen Beau hatte der Ehrgeiz gepackt, die Newtonmania der Damen – er korrespondierte auch mit der Professoressa Laura Bassi in Bologna – gewinnbringend für die eigene Karriere zu nutzen. In der barocken Satire *Der Kongreß von Cythera* verweist er ein paar Jahre später mit fadem Witz die gelehrten Frauen zurück auf ihr Kerngeschäft, die Liebeskunst. Der Mathematiker Maupertuis, ebenfalls ein alter Bekannter der Marquise, antwortete auf Algarottis schwülstige Unverschämtheiten mit einer eleganten Verteidigung der *femmes savantes* von Anne Conway bis zu Émilie du Châtelet unter dem allerdings nicht weniger geschmacklosen Titel *Vénus physique*. Maupertuis' Verteidigung weiblichen Denkens stellte, ganz im Sinne des postmodernen Gender-Mainstreaming, ein sexualpolitisches Programm mit beträchtlichem Skandalpotenzial dar. Denn nicht nur denkende Damen, auch jede vom bipolaren Geschlechterdualismus abweichende Form sexueller Praktiken und Vorlieben, von Homo- und Bisexualität bis zu Androgynität und Hermaphroditismus, wollte Maupertuis gleichermaßen respektiert sehen.

Man muss sicher nicht so weit gehen zu behaupten, die homoerotisch besetzten Symposien in Sanssouci hätten den *gender trouble* erfunden, wie Ursula Pia Jauch meint. Vielmehr pflegten die flötenspielenden Herren der philosophischen Tafelrunde eine männliche Denkkultur mit hedonistischen Zügen, die deutlich frauenfeindlich war und auf antike Traditionen zurückgriff, die an den italienischen Akademien der Renaissance wiederbelebt worden waren: An den Fürstenhöfen und in den großen Städten sah man um die Mitte des 16. Jahrhunderts am helllichten Tage junge Männer mit Make-up und Ohrringen in kostbaren Kleidern auf hohen Absätzen durch Straßen und Parks flanieren. Henri III. aus dem Haus Valois, genannt der »Prinz von Sodom«, kannte keine größere Freude als schöne Kleider. 1575 wurde er König von Frankreich. Seine Mignons waren in ganz Europa bekannt, hermaphroditische Höflinge, die sich kleideten und schminkten wie Frauen, in der Öffentlichkeit aber als militärische Haudegen und Aufschneider randalierten. Die Päderastie verbreitete sich epidemisch vom französischen Königshof über das westliche Europa. Im königlichen Schloss gab es bald mehr Transvestiten als »echte« Frauen. Sie hatten eigene Vorzimmer, zu denen Frauen der Zutritt verboten war, und belagerten die Gärten des Louvre, an dessen Portalen sich ein informeller erotischer Großmarkt für Freier gebildet hatte, streng beobachtet von der Pariser Polizei. 1605 hat ein gewisser Thomas Artus die Schwulenszene von Paris in dem Buch *L'isle des Hermaphrodites* in allen Einzelheiten festgehalten.

Die Ära des höfischen Hermaphroditismus in Frankreich endete mit dem Thronwechsel zu dem Bourbonen Henri IV. Aber immer häufiger fielen in den Niederlanden und den rechtsrheinischen deutschen Fürstentümern nun weibliche Transvestiten auf, »Crossdresser« – sofern sie entdeckt wurden. Als Männer verkleidete Frauen heuerten als Matrosen auf Handelsschiffen der Ostindischen Compagnie oder als Soldaten im Kriegsdienst an. Sie reisten um die Welt, schufteten in den Kolonien auf Plantagen oder als Frachtarbeiter in den großen Seehäfen. Ihre Beweggründe waren alles andere als hedonistisch. Die blanke Not um das tägliche Brot trieb sie in Männerberufe. Die meisten von ihnen waren Waisen oder kamen aus den allerärmsten Familien und sicherten sich so eine riskante, doch oft die einzige Möglichkeit des Lebensunterhalts. Manche heirateten Frauen, aber nicht alle hatten es auf homosexuelle Praktiken abgesehen. In französischen Romanen und Pseudomemoiren des

17. und 18. Jahrhundert waren »Amazonen« und »femmes fortes« à la mode. Ein Witzbold spottete, in der royalistischen Armee unter Louis XV. gebe es so viele verkleidete Frauen, dass man doch gleich ein Frauenregiment einrichten könne.

Die Grenzen des Geschlechts waren also noch keineswegs so starr und unpassierbar wie im fernen 19. Jahrhundert. Allerdings war es für Frauen viel komplizierter, ihre Anatomie in einem männlichen Lebensentwurf unterzubringen. In London lebte unter der Regierung von George III. eine Deutsche, die zwar nicht auf den ersten Blick als Hermaphrodit erkennbar war, jedoch durch ihre soziale Rolle als behoste Frau in einem männlichen Beruf auffiel. Bewaffnet mit einem riesigen Regenschirm, einer Hucke voller Bücher, dem blauen Dreispitz auf dem Kopf und dem langen Soldatenmantel, dessen Taschen ebenfalls mit Büchern vollgestopft waren, verbrachte sie die meiste Zeit an ihrem Lieblingsplatz in Furnival's Inn Coffee-House, wo sie unglaubliche Portionen Fleisch und Bier verzehrt haben soll. Sie war um 1770, mit ungefähr dreißig Jahren, in Männerkleidern nach England gekommen und bestritt ihren Unterhalt als »bookseller« (als solcher taucht ihr Name in den Auktionslisten von Sotheby's auf) und Sprachlehrer für Deutsch, Italienisch und Französisch. Sie war ein Londoner Original, eine Legende. Manche glaubten zu wissen, sie sei eine illegitime Tochter von Friedrich II. von Preußen, andere hielten einen Bayreuther Architekten namens Grahn für ihren Vater (gemeint war Johann Friedrich Grahl/Grael, der 1740 jung starb, nachdem er die Tochter eines Berliner Ratmanns geheiratet hatte). Die Schriftstellerin Mary Pilkington widmete »Miss Grahn« 1804, zwei Jahre nach deren Tod, eine Kurzbiografie als einer von mehr als dreihundert »celebrated female characters« aller Zeiten und Nationen, »who have distinguished themselves by their talents and virtues«. In Männerkleidern soll sich die junge Theodora einst eine Stelle als Privatsekretär des Philanthropen Johann von Basedow erschlichen haben, bis sie entlarvt wurde, worauf sie sich durch die Flucht nach England der gerichtlichen Anklage entzogen habe. In London nannte sie sich Chevalier John Theodora de Verdion oder Doktor John, nach ihrer Großmutter mütterlicherseits, Johanna Loysa Verdion. Ob Miss Verdion mit dem thüringischen Buchhändler und Verfasser von Trivialromanen Otto Bernhard Verdion verwandt war, ist mir nicht bekannt.

Zur gleichen Zeit sah man in der Londoner City häufig ein niedliches Frauenzimmer spazieren gehen, dessen kleine runde Augen von pompösen Federhüten und zierlichen Sonnenschirmchen beschattet wurden. Unter der aufwändigen Camouflage verbarg sich ein gewisser Charles d'Eon, ein in höchsten diplomatischen Kreisen aktiver Geheimagent des französischen Königs Louis XV., der jahrelang in St. Petersburg, Wien und London abwechselnd als Mann oder Frau auftrat. Letzteres gelang ihm so überzeugend, dass sein Dienstherr nicht den geringsten Zweifel hatte, dass sein bester Spion eine Frau war. Er verbot Mademoiselle, sich jemals wieder als Mann in der Öffentlichkeit zu zeigen. Bis heute streiten Transgenderexperten, was er oder sie nun wirklich war. Doch mit dem Ende der royalistischen Herrschaft in Frankreich kamen auch für Charles-Charlotte, der/die seit 1784 im Londoner Exil lebte, schwere Zeiten. Er verlor seine königliche Pension und musste als Fechtlehrer/in Geld verdienen – worin er ebenso Meisterin war wie in Wortduellen. Im Juli 1789 reiste La Chevalière eilends nach Paris, gerade noch rechtzeitig, um die Bastille in Flammen zu sehen. Bei den neuen Herren vom Revolutionsrat stellte sie sich als Amazone der Revolution und »Witwe der Geheimnisse Ludwigs XV.« vor. Der Rekrutierung eines Frauenbataillons widmete Mademoiselle d'Eon nun ihr ganzes diplomatisches Geschick und sah sich selbst schon als Ritterin im Orden der Bartlosen an der Spitze der politischen Frauenbefreiung.

Wenn Frauen fechten, kämpfen, schießen, Segel setzen, monatelange Schiffsreisen und Fußmärsche durch Wüsten und Gebirge ertragen, als Conquistadoras fremde Länder erobern und mathematische Gleichungen lösen konnten wie die Männer, was machte es dann noch für einen Unterschied, dass sie auch Kinder gebären und säugen können?

Gemäß der galenischen und aristotelischen Lehre wurde der weibliche Körper seit der Antike als minderwertige Abweichung des männlichen angesehen. Nach der biblischen Genesis waren beide *ein* Fleisch. Der Mann galt als Standardmodell der Schöpfung und erster Statthalter seines Schöpfers auf Erden. Je besser Befruchtungs- und Geburtsvorgang sowie die weiblichen Fortpflanzungsorgane erforscht wurden, umso mehr verdichtete sich in der europäischen Neuzeit der Verdacht, dass der weibliche Körper eine eigene, vom männlichen grundlegend verschiedene Lebensform darstelle. Der amerikanische Sexualhistoriker Thomas Laqueur nannte den medizinisch-naturwissenschaftlichen Paradigmenwechsel vom galenischen »Ein-Körper-Modell« zur weiblichen Biologie »The making of sex«. In der Doktrin der »Minderwertigkeit« drückte sich der Dualismus zwischen Leib und Geist in der philosophischen Tradition des Platonismus dergestalt aus, dass es für ausgeschlossen galt, mit einem weiblichen Körper (männlich) denken zu können. Die Geschlechtshierarchie war also unmittelbarer Ausdruck der Leib-Geist-Dualität. 1756 versetzte Antonio Contis postum erschienenes Buch *Letter on the physical makeup of the female mind* der grassierenden Damenphilosophie einen herben Stoß. Der venezianische Naturforscher hatte Blutdruck, Muskulatur, Blutgefäßsystem und Anatomie von Frauen gründlich untersucht und fand die galenische Annahme bestätigt, das bei ihnen der »Nervensaft« träger fließe, was ihre »kalte Natur« erkläre und die zerebrale Aufmerksamkeit (ein Begriff aus der sensualistischen Wahrnehmungstheorie) herabsetze, die zu außergewöhnlichen intellektuellen Leistungen nötig sei.

Waren weibliche Organe und Blutkreislauf, die das Gehirn versorgen, minderwertig, so mussten es zwangsläufig auch dessen Produkte sein. Auf Contis Untersuchungen stützte sich auch der Bologneser Mediziner Petronio Ignazio Zecchini. Seine anatomisch-physiologischen Studien des weiblichen Körpers (*Della dialettica delle donne ridotta al suo vero principio*) fasste er 1771 in die griffige Formel des »denkenden Uterus«. Nach Laqueurs Zwei-Körper-

Theorie wurde nun das primäre Organ der Frau, die Gebärmutter, aus männlicher Sicht dem primären Organ des Mannes, dem Gehirn, entgegengestellt. Dass auch Frauen in der oberen Körperregion über dergleichen verfügen und es wie die Männer überwiegend zum Denken benutzen, fiel gegenüber der überwältigenden Beweiskraft ihrer genitalen Andersheit nicht ins Gewicht. Damit lag das männliche Primat des Geistes ganz klar auf der Hand. Durch den Etagenwechsel konnte das weibliche Gehirn nur als inferiorer Ersatz des männlichen infrage kommen.

Bologna hatte neben seiner frauenoffenen Akademie aber noch eine größere Sensation zu bieten: die Pathologin, Honorarprofessorin, Anatomin und Plastinatorin Anna Morandi Mazzolini und ihre Sammlung. Ihre medizinisch-anatomischen Modelle wurden als Kunstwerke bewundert, ihre Plastinate für ihre Präzision bestaunt. Ihre ersten zwanzig Arbeiten waren Darstellungen von Eierstöcken und Gebärmüttern im graviden Zustand, die ein Medizinprofessor für die Ausbildung von Hebammen bestellt hatte. Es war das erste Mal, dass das Innere des weiblichen Körpers dreidimensional betrachtet werden konnte. Die öffentlichen Leichenöffnungen waren touristische Attraktionen für Gelehrte aus ganz Europa. Ihretwegen hatte der Papst das seit fünfhundert Jahren geltende Verbot medizinischer Vivisektionen aufgehoben. Von 1755 bis zu ihrem Tod trug Mazzolini eine einmalige Sammlung anatomischer Artefakte zusammen und beschrieb sie selbst in einem *Catalogo dei preparati anatomici*. Die Sammlung wurde 1777 im Palazzo Poggi der wissenschaftlichen Öffentlichkeit zugänglich gemacht. Als Signora Mazzolini ihr plastisches Werk mit ihrer eigenen Portraitbüste krönte, stellte sie sich selbst reich geschmückt mit Perlen und Brokat in der ganzen Pracht ihrer reifen weiblichen Schönheit dar. In ihren Händen präsentiert sie stolz eine geöffnete Schädelkapsel mit dem freiliegenden Gehirn. Das war ihre ironische Antwort auf die Anfeindungen und akademischen Lächerlichkeiten von Medizinern wie Signore Zecchini. Der denkende Uterus war ganz offensichtlich nicht so dumm, von sich selbst so zu denken, wie Männer denken, dass es Frauen tun.

Als erotisches Objekt des Begehrens bleibt die Frau das Zauberwesen, das Diderot so unwiderstehlich beschrieben hat. »Wer über die Frauen schreibt, ... der muss seine Feder in den Regenbogen tauchen und den Staub von Schmetterlingsflügeln über jede Zeile streuen«. Unter den leuchtendsten Köpfen der französischen Aufklärung war Denis Diderot wohl der einzige, dessen Realitätssinn dem eklatanten Widerspruch zwischen weiblicher Selbsterfahrung und männlichem Begehren gewachsen war. Die gelehrten Dreistigkeiten der medizinischen Zunft und ihrer Theorie des »uterus pensante« quittierte er in ironischer Paraphrase als Männerfantasien: »Die Frau ist in ihrem Inneren mit einem Organ versehen, das empfänglich ist für schreckliche Krämpfe. Dieses Organ beherrscht sie und ruft in ihrer Phantasie schreckliche Hirngespinste aller Art hervor.«

An der vertrackten Dialektik seines Essays »Über die Frauen« haben sich Feministinnen die Zähne stumpfgebissen. Dabei liegt die Sache doch ganz einfach. Diderot war ein Mann. Er dachte, fühlte und schrieb wie ein Mann. Als Liebhaber, Gatte und Vater war er sich der Macht der Gefühle über das rationale Denken bewusst. Er kannte mächtige Frauen wie die russische Zarin Katharina, mit der er, wie sie selbst berichtet hat, »von Mann zu Mann« über philosophische Gegenstände disputierte. Er kannte die sexuelle, die mystische, die sentimentale, die hysterische, die misshandelte, die unterdrückte und die genial begabte Frau – und vergaß dabei niemals den eigenen männlichen Blick. Als einer der Herausgeber der *Encyclopédie ou Dictionnaire raisonné des sciences, des arts et des métiers* wusste er, dass die Aufspaltung des Sexus in Vernunft und Körperlichkeit wissenschaftlicher Unsinn ist. Unter dem Stichwort *femme* wird darin 1756 zum ersten Mal zwischen dem naturgeschichtlichen Begriff der Frau (*femelle*) als Menschenweibchen, der anthropologischen Frau, der Frau als Gattin, als moralphilosophischem Subjekt und als Rechtsperson unterschieden. Die naturwissenschaftliche Unterlage dafür lieferte Louis Jean-Marie Daubentons Entdeckung, dass die Sexualorgane im Embryonalstadium bei beiden Geschlechtern gleich angelegt sind und sich bei weiblichen Individuen erst im

Lauf der Ontogenese differenzieren – eine solide entwicklungsbiologische Grundlage künftiger Geschlechterforschung, ohne auf das ideologische »Ein-Körper-Modell« zugreifen zu müssen.

Und so verdient der Satz, mit dem der Verfasser des Enzyklopädie-Artikels »femme« den Absatz über die moralische (psychologische) Frau einleitet, für seine entwaffnende Selbstkritik größten Respekt: »Frau – das Wort allein berührt die Seele, und der Philosoph, der noch nachzudenken glaubt, ist bald nur noch ein Mann, der begehrt, oder ein Liebhaber, der träumt.«

Zu den edelsten Verteidigern weiblicher Denkkraft zählten neben Diderot der Libertin und Erotomane Giacomo Casanova und der portugiesische Gelehrte Benito Jerónimo Feijoo, ein sanftmütiger Benediktinermönch, dessen einziger weltlicher Ehrgeiz sich in dem Vorsatz zu erkennen gab, die Welt von falschen Vorurteilen, Heucheleien und Irrtümern zu befreien, und zwar von allen auf einmal. Was umso bemerkenswerter war, als Feijoos Lebenswerk dem französischen Enzyklopädie-Projekt um einige Jahrzehnte zuvorgekommen war. Das gewaltige Ein-Mann-Unternehmen eines *Teatro Critico Universal* (*Kritisches Welttheater*) wurde von der spanischen Inquisition argwöhnisch überwacht und brachte Feijoo für einige Zeit hinter Gitter. Der erste Band erschien bereits 1726, der letzte 1740. In dem herrschenden Vorurteil, Frauen seien Männern geistig unterlegen, sah er einen der schlimmsten Irrtümer in der Geschichte der Menschheit. »Es waren die Männer«, betonte er, »die jene Bücher schrieben, in denen der Verstand der Frauen als höchst inferior verurteilt wird. Hätten aber die Frauen diese Bücher geschrieben, so wären wir die Unterlegenen!« Der redliche Feijoo erwies sich als aufmerksamer Leser von Frauen geschriebener Bücher, und so bediente er sich in seiner *Richtigstellung der gemeinen Irrtümer* selbstverständlich der Worte einer klugen Frau, die dasselbe mit denselben Worten schon vor ihm gesagt hatte, nämlich Christine de Pizan im *Buch von der Stadt der Frauen*. Die Männer hatten sich offenbar in den verflossenen drei Jahrhunderten so wenig geändert wie die Irrtümer.

Die Erkenntnis, dass geschlechtliche Identität nicht angeboren, sondern sozial »gemacht« ist, gehört keineswegs dem späten 20. Jahrhundert allein. Im ersten Jahr der Revolution, dem letzten der französischen Monarchie, stellte der Marquis de Condorcet, ein Mann in den besten Jahren, Mitglied mehrerer gelehrter Akademien, liberaler Advokat, Gatte einer schönen und klugen jungen Frau und Mitglied des Revolutionsrates, die entscheidende Frage, die Millionen Französinnen beschäftigte. »Warum soll eine Klasse von Menschen, weil sie schwanger werden können und sich vorübergehend nicht wohl fühlen, nicht Rechte ausüben, die man denjenigen niemals verweigern würde, die jeden Winter unter Gicht leiden?« Seit vier Jahren war Condorcet mit der Schriftstellerin Sophie de Grouchy verheiratet. Gemeinsam verfassten sie den Appell »Sur l'admission des femmes au droit de cité« (Über die Zulassung der Frauen zum Bürgerrecht). Doch sie fanden kein Gehör – nicht vor dem alten und nicht vor dem neuen Regime. Im Sommer 1789 hatte König Louis XVI. die Nationalversammlung einberufen. Die Stimmen von zwölf Millionen Franzosen, die der Frauen nämlich, waren nicht gezählt, ihre Forderungen nicht registriert worden. In den ausgelegten *Cahiers*, die der Versammlung vorgelegt werden sollten, reichten ihre Vorschläge vom Zugang zu Beruf und Bildung bis zur Legalisierung unehelicher Kinder. Eine Dame des ersten Standes trug sich mit der Bemerkung ein, Frauen könnten keinesfalls von Männern im Parlament vertreten werden, da gleiche Interessen stets von Gleichdenkenden vorgetragen werden, also adlige von Adligen, priesterliche vom Klerus. »Folglich können Frauen nur von Frauen vertreten werden.«

Viele Aktivistinnen der Revolution trugen Männerhosen zum Zeichen ihrer Zugehörigkeit zu den *Sansculottes*, dem »hosenlosen« dritten Stand, und die phrygische rote Mütze. Ihr Idol war Anne-Josèphe Terwagne, eine Belgierin. Schön und großgewachsen, französisierte sie ihren Nachnamen in Théroigne de Méricourt und erschien in den politischen Clubs stets in Reithosen und Stiefeln. Im

Mai 1790 wurde sie auf einer Reise nach Liège von österreichischer Geheimpolizei verhaftet und unter dem Vorwurf der Spionage in einem Tiroler Gefängnis inhaftiert. Die Anklageschrift bezeichnete sie als subversive »Pythia«. Erst im Herbst 1791 kam sie frei und kehrte nach Paris zurück. In den jakobinischen Clubs feierte man sie bei ihrer Rückkehr als »Amazone der Freiheit«. Sie forderte die Bewaffnung von Frauen – unterdessen stand Frankreich im Krieg mit der royalistischen Koalition – und nahm selbst die Aufstellung eines Frauenheers in die Hand. Zum Verhängnis wurde ihr ein charakterloser kleiner Schurke, François-Louis Suleau, ein royalistischer Journalist, der seit Längerem sexistische Verleumdungen über sie in Umlauf brachte. Am 15. Mai 1792 wurde sie im Tuileriengarten von einer Gruppe Frauen angegriffen, überwältigt und lebensgefährlich misshandelt. Halbnackt und schwer verletzt brachte man sie ins Hôpital de la Salpétrière. Sie überlebte und wurde nach einem Jahr in die Irrenanstalt überführt, die sie erst dreiundzwanzig Jahre später – als Leiche – wieder verließ.

Eine andere Aktivistin, Louise-Félicité Guynement de Kéralio, eine junge Schriftstellerin und Journalistin aus der Bretagne und Freundin von Condorcets Frau Sophie, hatte sich die Revolutionäre durch eine propagandistische Schrift über *Die Verbrechen der Königinnen von Frankreich* gewogen gemacht. Sie erschien 1791 unter dem Pseudonym R. Prudhomme und brachte die öffentliche Meinung endgültig gegen Königin Marie-Antoinette auf, die im Kerker auf ihre Hinrichtung wartete. Mit vierundzwanzig hatte Kéralio den ersten Roman veröffentlicht, *Adelaide ou les memoires de la marquise de \** und danach eine Biografie der britischen Königin Elizabeth I. Das Frauenbild ihrer Jugendwerke war vernichtend – als Mütter dümmlich-naiv, als Herrscherinnen verbrecherisch. Kéralio sah sich keineswegs als Amazone oder Vertreterin revolutionierender Weiblichkeit, sondern als Streiterin für alle Franzosen. Einen Monat nach der Erstürmung der Bastille gründete sie *Le Journal d'État et du Citoyen*, eine von zahllosen antifeudalistischen Flugschriften. Ihre Artikel zeichnete sie als *soeur Louise Robert*, wie sie nach der Eheschließung mit einem Pariser Juristen hieß. Ihrer Ansicht nach sollten Frauen in der Öffentlichkeit nicht als geschlechtliche, sondern als politische Personen wahrgenommen werden.

War Kéralio-Robert nun eine mutige Vorkämpferin der Frauenrechte oder eine *revolutionaire sexiste*, die sich in ihren frauenkritischen Büchern den Standpunkt der Männer zu eigen machte, wie feministische Historikerinnen wie Carla Alison Hesse ihr vorwerfen (*The other Enlightenment*)? Sie war die Tochter der Schriftstellerin Marie-Françoise Abeille und eines Redakteurs des *Journal des savants*. Ihr Onkel, Comte Auguste Guy Guynement de Kéralio, hatte sich gemeinsam mit dem Abbé Condillac dem Experiment einer aufgeklärten Fürstenerziehung verschrieben. Es war gescheitert. Erbprinz Ferdinand de Parma, der hoffnungsvolle Bourbonensprössling und Enkel von Louis XV., zeigte nach Beendigung des Versuchs den Verstand eines Kindes und die Triebhaftigkeit eines Schafsbocks. »Noch trauriger aber war vielleicht die verlorene Hoffnung auf die Macht der Vernunft, an die die Enzyklopädisten so gerne hatten glauben wollen.« (Élisabeth Badinter).

Sie war so verloren nicht. Ferdinands Schwester Isabella, die spätere Gattin des österreichischen Kaisers Joseph II., zeigte, ganz ohne priesterliches und aufklärerisch-pädagogisches Zutun, beachtliche Begabungen für Mathematik und Philosophie. Nein, Louise-Felicité Keralio-Robert war keine Renegatin der Weiblichkeit. Sie war allenfalls so pragmatisch, dem konservativen Frauenbild der Männer der jakobinischen Terreur nicht öffentlich zu widersprechen. Immerhin ersparte sie sich ein Schicksal wie das von Marie-Olympe de Gouges, Anne-Josèphe Terwagne oder Lucile Desmoulins (der Heldin in Georg Büchners Drama *Dantons Tod*). Sie hatte verstanden, dass die Ohrfeige, die der Henker dem Kopf von Marats Mörderin Charlotte Corday verpasste, nicht der Girondistin, sondern der Frau galt, die gewagt hatte, sich in die Politik zu mischen.

Schriftstellerinnen der Revolutionszeit wie Germaine de Staël oder Olympe de Gouges, so gegensätzlich ihre politischen Ansichten waren, nutzten die entstehenden Strukturen der bürgerlichen Öffentlichkeit, um ihren weiblichen Handlungsraum zu erweitern. Aber Staël war im Exil, und Marie-Olympe de Gouges starb am

3. November 1793 unter der Guillotine mitten in Paris, nachdem sie zwei Jahre zuvor Condorcets Appell mit einer eigenen »Erklärung der Frauen- und Bürgerrechte« unterstützt hatte, die der National-versammlung zur Abstimmung vorlag. Ihr kämpferisches Manifest enthielt siebzehn Paragraphen. Das Revolutionstribunal war lediglich gewillt, den zehnten in sarkastischer Verkehrung zu erfüllen: die Gleichheit von Frauen und Männern nicht nur auf der Rednertribüne, sondern auch auf dem Schafott.

Als Dramatikerin hatte Olympe de Gouges genau so wenig Rück-sicht auf die öffentliche Meinung genommen wie als politische Akti-vistin. Unverblümt verachtete sie die Pariser Salonkultur als Heuche-lei. Schöne, reiche oder kluge Frauen wie Madame de Maintenon alias Francoise Scarron oder Marie-Thérèse Geoffrin beschuldigte sie öffentlich, sich als Feigenblätter weiblicher Unbedeutendheit kaufen zu lassen. Mit dem Théâtre Français trug sie einen jahre-langen Rechtsstreit um die Aufführung eines ihrer Stücke aus, das die Sklaverei in den französischen Kolonien anprangerte. Doch das Fallbeil sprach das Urteil auch über diese Frau. Ihre Stücke wurden öffentlich verbrannt. Die öffentliche Meinung verweigerte de Gouges, was sie selbst einem Freigeist wie Rousseau zubilligte: Respekt vor intellektuellem Mut und literarischem Genie. Ein Jahr nach ihrer Hinrichtung kam auch Condorcet unter fragwürdigen Umständen ums Leben.

Ein erster Schritt, die Dissidentinnen der holden Weiblichkeit zur Vernunft zu bringen, war das Gesetz vom 17. November 1800 (26. Brumaire des Revolutionsjahres IX). Es verbot Frauen, sich ohne schriftliches »Gesundheitszeugnis der Polizeipräfektur« wie Männer anzuziehen. Delacroix malte die Revolutionärin, wie sie sich Männer wünschten: als Amazone mit nackten Brüsten, flammend vor wilder Entschlossenheit. Erst 2013 wurde das Verbot, in der Öffentlichkeit Hosen zu tragen, von der französischen National-versammlung aufgehoben. Man hielt dieses Gesetz über zweihun-dert Jahre lang für unwichtig genug, um es nicht in allen Unehren zu beerdigen.

Ein Gesetz, das Frauen als Gefahr für die öffentliche Ordnung inkriminierte, sobald sie nicht als Frauen erkennbar waren, sich wie Männer kleideten oder wie Männer dachten, war keineswegs nur ein Nebenschauplatz der großen Revolution. Das alte monarchistische Regime bezog seine Legitimation aus dem Naturrecht, nach dem alle Menschen von Geburt ungleich sind. Die junge Republik bezog die ihre aus dem Glauben an die Macht der Vernunft, nach der alle Menschen vor dem Gesetz gleich sind. Die Säulen des neuen Staates waren abstrakte Ideen: Freiheit, Gleichheit, Brüderlichkeit. Aus welchem anderen Grund misstrauten die Tugendterroristen um Robespierre, Marat und Danton dieser Vernunft, sobald es um die Rechte von Frauen ging, wenn nicht aus der archaischen Furcht vor der weiblichen »Natur«?

Nicht wenig mochte dazu ein Mann beigetragen haben, der seit 1777 in Gefängnissen saß, Donatien-Alphonse-François, Marquis de Sade, der »das anstößigste Werk« geschrieben hat, wie Blanchot meinte, »das jemals geschrieben wurde.« Hartnäckig hielt sich das Gerücht, bei der Erstürmung der Bastille, des Pariser Hauptgefängnisses, sei das Manuskript seines Romans *Die 120 Tage von Sodom* gestohlen worden. Kurz zuvor hatte man den Marquis aus seiner Zelle evakuiert, wo er seit fünfeinhalb Jahren gelebt und drei Romane nebst einigen Theaterstücken verfasst hatte, um ihn im Irrenhaus von Charenton in Sicherheit zu bringen. De Sade solidarisierte sich mit der Revolution und kam frei. Während der jakobinischen Terreur ließ ihn Robespierre jedoch wieder einsperren. In Folge wechselte er die Gefängnisse wie die Hosen. Im Dezember 1793 saß er schließlich erneut im Pariser Gefängnis Les Madelonnettes ein. Ein halbes Jahr später, im Sommer 1794, wird Mord als politisches Mittel legitimiert. Der Blutrausch der Terreur ist der Triumph der Gewalt und des Bösen als politische Tugend.

Beide – Robespierre wie de Sade – vergöttern die Freiheit als höchstes Ideal und legitimieren das Böse als Mittel: der eine im Namen der Gesetze, der andre im Namen der Natur. »Die Herrschaft der Gesetze,« glaubte de Sade, »ist der Anarchie unterlegen.« Der Körper wird zum politischen Schlachtfeld; sexualisierte Staatsmeta-

phern durchziehen seine Beschreibungen stundenlanger Gewalt-
orgien. Gleichheit vor dem Gesetz führt nach seiner Ansicht in
die anarchische Herrschaft des ungebremsten Egoismus. Jeder tut
das, was ihm die höchste Lust verschafft, und sei es auf Kosten der
Schmerzen und qualvollen Tode anderer. Unter der dünnen Decke
der Aufklärung tobt sich das Dämonische der Natur in sexuellen
Exzessen aus, deren Grausamkeit heidnische Mysterienspiele und
Blutopferrituale wie Kinder beim Fröschequälen erscheinen lassen.
In schier unerschöpflichen Variationen verbinden sich Gestaltungs-
und Machttrieb der Geschlechtsnatur zu immer neuen grotesken
Geschlechtsmolekülketten, amorphen Gebilden aus verklumpten
Menschenleibern. Libertins beiderlei Geschlechts, Sodomiten, Les-
bierinnen, Hermaphroditen baden in Strömen von Blut, Schweiß,
Kot, Urin, Sperma und Schleimhautsekreten. Die Natur ist nicht
länger die gütige Mutter, zu der sie Rousseau romantisiert hat. Unter
den geschminkten Larven des »galanten Jahrhunderts« mit seinen
sentimentalen Porzellanfigürchen und verlogenen Liebschaften zieht
de Sade die kreatürliche, unbeherrschbare, natürliche Natur hervor,
die keine Moral, keine Prinzipien und darum keine Verbrechen kennt.
Der Mensch der Revolte ist in seinen Augen ein mordlüsternes,
grausames, nur auf seinen eigenen Vorteil bedachtes, asoziales Tier.

Die Französinnen von der Gleichheit vor dem Gesetz auszuschließen, bedeutete also nichts anderes, als sie erneut dem alten
Naturrecht zu unterwerfen, das abzulösen die junge Republik gerade
angetreten war. Geschlechtertrennung ist Herrschaftsdenken. Mit
de Sade fällt die aufgeklärte Vernunft zurück ins längst überwunden
geglaubte Dunkel des Irrglaubens: die Dämonisierung der sexuellen
Frau als Göttin, Furie und Femme fatale.

# Frauen, die denken, sind göttlich

## *Die Phantome von Oxford*

Wie eng die Grenzen unserer vielgelobten Vernunft gesetzt und wie leicht sie zu überwinden sind, erlebte ich vor ein paar Jahren auf einer Reise nach England. Es war an einem Dienstag im Spätsommer, ich erinnere mich genau. Ein frischer südenglischer Morgen zog, in rosiges Licht gehüllt, über dem Universitätsstädtchen Oxford auf, das, zwischen sanfte Hügelwellen gebettet, gerade erwachte. Ich war mit dem Frühzug aus London Paddington gekommen und zerrte, übernächtigt und hungrig, meinen Rollkoffer über die Magdalen Bridge. Vor mir erschien das Tor zum Mekka der europäischen Gelehrtenwelt, Magdalen College mit seinem mächtigen rechteckigen Turm und den acht gotischen Spitzen darauf. Die ganze Straßenflucht der High Street war von dorischen, korinthischen, ionischen Säulen gesäumt. Jedes College – All Souls, University, St. Albans – verbarg hinter prachtvollen Fassaden grüne Innenhöfe, eingefasst von den zweistöckigen Wohngebäuden für die Fellows und den Speisesälen, Bibliotheken und Chapels. Den Eingang zum Queen's College, im 14. Jahrhundert unter Edward III. erbaut und zu Ehren seiner Gattin Philippa benannt, bewachen Jupiter und Apollo in Gesellschaft der allegorischen Figuren der Mathematik, Geografie, Religion und Medizin. Ich bog in den Seitenweg zum Christ Church College ein, zeigte dem Portier meine Reservierung und wurde eingelassen. Nachdem ich das Gepäck im Zimmer abgestellt hatte – es erinnerte mit seiner sparsamen Möblierung an eine Klosterzelle –, ging ich über den Hof zur *Hall*, um zu frühstücken.

Zu dieser Stunde, es war gegen sieben, waren die dunklen langen Tische mit den gelben Lampenschirmchen leer. Die Studenten waren noch in den Sommerferien. Der wie ein Kirchenschiff gestreckte Raum mit seiner dunklen Holzvertäfelung, das Kreuzgewölbe der Decke, mein leerer Magen, die vor Müdigkeit brennenden Augen; das alles versetzte mich in einen Zustand erhabener Zeitentrückung. Von der Wand gegenüber der Fensterfront, durch die sakrales Dämmerlicht in die Halle sickerte, sah eine lange Reihe gedunkelter Portraits ehrwürdiger alter Herren in gepuderten Lockenperücken auf mich herab. Nachdem ich mich mit Tee und Eiern gestärkt hatte, beschloss ich, einen Spaziergang durch das Städtchen zu machen. Ich überquerte die Queen's Lane, vorbei an St. Peter's Church, der einstigen Universitätskirche, allmählich füllten sich die Straßen mit gut gekleideten, überwiegend jungen Menschen. Einige hatten schwarze Taschen mit Laptops unter dem Arm geklemmt. Hinter der gotischen St.-Mary-Kirche erhob sich die Rotunde der Radcliffe Camera mit ihrer Kuppel.

Vom Radcliffe Square ging ich hinüber zur Bodleian Library, meinem Arbeitsplatz für die kommenden fünf Tage. Ich hoffte, in diesem gigantischen Bücherkolumbarium etwas über den Mann herauszufinden, der Shakespeares Stücke geschrieben hat. Jedes Buch, das in den letzten vierhundert Jahren in England gedruckt wurde, hat hier Hausrecht. Dazu noch all die Handschriften, Inkunabeln, Papyri aus den Sammlungen berühmter Gelehrter, insgesamt sind es 13 Millionen. So kommen auf jeden Einheimischen in diesem Babylon des Nordens rund 86 Bücher.

Der Tunnel, der seit den Dreißigerjahren die Radcliffe Camera mit der Old Bod verbindet, führt unter der Broad Street hindurch und ist erst vor ein paar Jahren auf zwei Ebenen zu modernen Lesesälen mit Freihandbereichen ausgebaut worden. Eine metallisch glänzende Röhre lag vor mir, die an ein fantastisches Raumschiff denken ließ. Ursprünglich diente der Tunnel dem Transport der Bücher auf einem Förderband zwischen den beiden Bibliotheken und enthielt außerdem eine Buchhandlung.

Nach ein paar Metern veränderte sich auf einmal die Luft, ein leichter Druck presste mir das Trommelfell zusammen, die Farben verblassten zu Grautönen, wie in einer windstillen Vollmondnacht, wenn jedes Ding scharfe, doch unkörperliche Schatten wirft, oder wie auf einer verblassten Fotografie. Der Gladstone Link saugte mich ein wie ein unterirdischer Zeittunnel, über den das morgendliche Leben in Oxford hinwegtrieb. Mich umflutete weißes Licht. Blaue und rote Lichtbänder kreuzten über meinem Kopf und zerschnitten wie Vektoren den Raum, der sich unversehens vor mir öffnete. Mich befiel die ungeheuer plastische Empfindung, genau im Schnittpunkt unendlich vieler unterirdischer Quadranten zu stehen, deren Wände allerdings nicht, wie Borges sie in seiner sechseckigen Bibliothek von Babel beschrieben hat, aus symmetrischen Regalen von gleicher Höhe und Breite bestanden, sondern aus lebendigen, atmenden Menschenleibern, durch labyrinthisch verschlungene, unsichtbare Kräfte miteinander verbunden, ein Strudel aus Körpern wie in einem internationalen Flughafen im Hochsommer. Deutlich erkannte ich eine dickleibige Geschichte der englischen Könige, umringt von Journalisten in eng anliegenden Pantalons; dahinter glitt ein schmaler Band elisabethanischer Sonette vorbei, den italienischen Kurzdolch im Gürtel, gefolgt von einem Trupp verschwitzter Shakespeare-Biografien; ein eleganter lateinischer Kommentar zu Pausanias' *Beschreibung Griechenlands* schob eine magere Magisterarbeit im roten Mantel vor sich her. Ihnen folgten Modeschriftsteller im Pelz, Sokratesse in gefältelten Chitones, schmalhüftige Schreiber mit Papyrusrollen unterm Arm, puritanische Prediger mit runden Hüten, Alchemisten und Astrologen mit Fernrohren und Mischkrügen, Höflinge, die unterwürfige Elogen auf kleinen silbernen Tabletts trugen, kleinwüchsige Epigonen, hochgetürmte Zitate balancierend, und jonglierende Feuilletonisten.

Wie geblendet starrte ich auf die unterirdische Landschaft aus blauen Polstersitzgruppen, Tischen und roten Plastikstühlen, auf denen sich junge Männer und Frauen bewegungslos über mondlichtschimmernde Monitore beugten, während zwischen ihnen, ohne dass es einer von ihnen zu bemerken schien, in endloser Reihe die verkörperten Geister vorüberzogen. Kein Zweifel, ich befand mich im Großhirn der abendländischen Kultur, und dieses Großhirn war eindeutig männlich. Eine schwankende Phalanx von Glatzen, Römerköpfen, Tonsuren, Puderperücken und Nackenzöpfen, von langen, kurzen, gestutzten, rasierten, Kinn-Backen-Lippen-Vollbärten aus aller Herren Länder und Zeiten bewegte sich durch Raum und Zeit.

Die geheime Ordnung, die alle diese Geister zusammenzwang, Abgesandte einer archivierten Avantgarde des Wissens, erschien mir wie der Inbegriff des unendlichen und totalen Buchs, in dem – einem alten Glauben nach – sämtliche Geheimnisse zwischen Himmel und Erde niedergelegt sind. Ich stellte mir vor, wie der Schöpfer dieser lebendigen Bibliothek dafür gesorgt hatte, dass die verfeindetsten Autoren jeweils in verschiedenen Quadranten untergebracht waren, sodass er, um nicht Unlust oder gar tödlichen Hass zwischen den Büchern zu schüren, es sorgfältig vermieden hatte, Franzosen neben Engländer, Byronianer neben Wagnerianer, Thomas Carlyle neben Friedrich Nietzsche oder Jonathan Swift neben Sir William Temple zu stellen. In dem Bereich, in dem ich mich gerade befand – es war, glaube ich, die Abteilung Geschichte und Literatur Englands –, war es friedlich. Aber nur ein paar Meter weiter herrschte unbeschreiblicher Tumult; mehrere Geister wälzten sich auf dem Boden wie in Swifts *Bücherschlacht*, stürzten übereinander, würgten sich oder hieben mit spitzen Schiefergriffeln und Federkielen aufeinander ein, während andere die Kämpfenden durch pantomimische Zurufe anfeuerten. Ein sonores Murmeln und Summen in allen Sprachen der Welt erfüllte den Lesesaal, nicht lauter als das Rauschen einer Klimaanlage.

Mir war schwindlig. Kopflos flüchtete ich zum Lift. Als ich wieder auf der Straße stand, sah ich Oxford, die »Stadt der träumenden Turmspitzen«, mit anderen Augen. War ich einer feministischen Erleuchtung teilhaftig geworden? Einer Vision, einer Epiphanie? Auf einmal erschien mir dieses akademische Disneyland mit seinen gotischen Zinnen und klosterähnlichen Höfen bedrohlich und voller Magie wie Lewis Carrolls Wunderland; die Türme erigierte Symbole der Wissensmacht, die Zinnen Minarette einer geheimen Vernunftreligion, die Colleges gigantische Samendrüsen des Weltgeists, die sakrale Kuppel von Radcliffe Camera der Petersdom männlicher Suprematie, Christ Church Hall mit seiner zeitgedunkelten Portraitgalerie die Kommandozentrale des Androzentrismus und Gladstone Link der Kaninchenbau am Brunnen der Weisheit.

Am Abend saß ich am Addison's Walk auf einer Bank und sann jener morgendlichen Erscheinung nach. Einzelne Sonnenstrahlenbündel pfeilten schräg durch die Baumkronen; im Wasser des Cherwell dunkelten ihre Spiegelbilder der anbrechenden Nacht voraus. Ich sah auf meine ausgestreckten Beine, die, wie nicht zu mir gehörend, in schwarzen Jeans steckten. Nicht eine einzige Sekunde war mir je in den Sinn gekommen, dass alle die wunderbaren Werke des Geistes, die ich im Laufe meines Lebens gelesen habe, nicht speziell für mich geschrieben sein könnten. Zwar würde ich nicht lange genug leben, um alle 13 Millionen Bücher zu lesen, in denen vielleicht die Antwort zu finden war auf die Frage, ob Denken tatsächlich männlich ist. Aber wie sah es unter meiner eigenen Schädeldecke aus? Ist mein Geist androgyn, obwohl ich doch ohne Frage eine Frau bin?

Ein, zwei Meter entfernt lief eine lange dünne Dame im schmalen Rock vorbei; ihre energischen kleinen Schritte hinterließen Mulden in dem raschelnden Kies. Von Zeit zu Zeit blieb sie stehen, um etwas in ihr Notizbuch zu schreiben. Um ein vollkommenes Werk hervorzubringen, hatte sie gerade notiert, müsse der Künstler jede seelische Schlacke, jede fremde, unverarbeitete Materie aus sich herausstoßen. Es kam mir in diesem Moment völlig natürlich vor, dass ich wusste, was sie schrieb, und auch, dass sie vorhin von dem Pedell von Christ Church College mit dem höflichen Hinweis hinausgewiesen worden war, Frauen hätten ohne schriftliche Erlaubnis eines der Fellows keinen Zutritt. Später, zurück in London, wird sie für sich allein in ihrem Zimmer die folgenden Sätze in ihre Remington tippen: »Der Grund«, stand da, »warum wir vielleicht so wenig von Shakespeare wissen – verglichen mit Donne oder Ben Jonson oder Milton – ist, daß uns sein Murren, seine Bosheiten und Antipathien verborgen sind. Wir werden von keiner ›Enthüllung‹ aufgehalten, die uns an den Autor erinnert.«

»Ich weiß nicht genau, welche Enthüllungen Sie sich verspre-
chen,« rief ich laut und sprang auf die Dame zu, »aber ich vermute,
dass es mit Ihnen selbst zu tun hat; mit einer gewissen Neigung zum
Puritanismus vielleicht?«

Sie drehte den Kopf über die Schulter und sah mit einem knappen Lächeln zu mir herüber.

»Habe ich das Vergnügen, Sie zu kennen?«, fragte sie leicht spöt-
tisch. Ihre Stimme war dunkel und ein bisschen rau.

»Ich glaube nicht«, erwiderte ich, »dass Sie alle Ihre Leser kennen. Aber dieser Wunsch, ganz Werk zu werden, alles Persönliche zu
tilgen aus Sprache, Stil, Form, das ist doch ganz natürlich bei einer
Autorin, die sich das Recht zur Autorschaft erst erkämpfen muss.
Immerhin leben Sie im Jahr 1929.«

»Ich werde Ihnen nicht widersprechen«, entgegnete sie kühl.

»Und darum rühmen Sie an Shakespeare genau das«, fuhr ich
schnell fort, »was der Welt seit vierhundert Jahren ein Rätsel ist: das
spurlose Verschwinden des Dichters in seinem Werk.«

»Ganz richtig«, sagte sie. »Wenn jemals ein menschliches Wesen
sein Werk vollständig ausdrückte, so war es Shakespeare«.

»Aber geht das nicht ein bisschen weit, Werk und Autor vollkommen zu verschmelzen, wie man das aus Trivialbiografien
kennt?«

»Man muss sehr weit gehen«, war ihre knappe Antwort.

»Wenn dieser Mann – es war doch wohl ein Mann«, insistierte
ich tapfer, »wenn also dieser Mann nun aber andere Gründe gehabt
hätte, seine Seufzer zu verschweigen, als eine Dame des frühen
20. Jahrhunderts?«

»Nennen Sie sie mir!«

Sie zog aus ihrer Rocktasche ein silbernes Zigarettenetui und
klappte es auf.

»Rauchen Sie?«

Wir rauchten schweigend.

»Also gut«, fing ich an. »Etwa das Vergnügen, über die Herren
und Damen der besseren Gesellschaft herzuziehen, ihnen öffentlich
Eselsköpfe aufzusetzen, ohne zur Verantwortung gezogen werden zu

können. Nach Belieben seine Nationalität, seine Identität, ja sogar sein Geschlecht zu wechseln.«

Die dünne Dame scharrte nachdenklich mit der Spitze ihres Schuhs im Kies. »… weil es fatal ist, schlicht und einfach nur ein Mann zu sein oder eine Frau.«

»Genau«, sagte ich erfreut. »Ich habe mal einen Roman gelesen, aus dem ich mehr gelernt habe als aus hundert wissenschaftlichen Monografien, ja ich würde zwanzig Jahrgänge der *Shakespeare review* dafür hergeben …«

»Was ist das für ein Roman?«

»… die Hauptfigur heißt Orlando«, erklärte ich, »wie der Held in Shakespeares Komödie *Wie es euch gefällt*. Sie wissen schon, Orlando verliebt sich in Rosalind, die Tochter des Herzogs Friedrich, und wird verbannt. Rosalind verkleidet sich als Mann und folgt ihm ins Exil. Aber in dem Roman ist Orlando zuerst ein Mann, dann ein Mädchen, dann wieder ein Mann und genießt so durch mehrere Jahrhunderte alle Vorzüge beider Geschlechter.«

»Ich stimme Ihnen zu«, sagte Mrs. Virginia Woolf, »das ist ein schöner Einfall.«

Sie wirkte auf einmal zerstreut, wie tief in Gedanken versunken.

»All diese Spiele mit dem Geschlechtertausch bei Shakespeare«, setzte ich hinzu, »waren natürlich noch viel reizvoller dadurch, dass damals junge Männer die Mädchenrollen spielten, fast noch Knaben. Frauen durften ja nicht …«

»Das ist bekannt«, erwiderte sie ungeduldig. »Und dieser … Orlando … wie hat er Ihnen mehr gefallen, als Mann oder …?«

»Ein Mann wie ein Bildnis«, antwortete ich, »anmutig wie Philip Sidney und geistreich wie Lady …«

Bevor ich meinen Satz beenden konnte, war die Erscheinung so schnell verschwunden, wie sie erschienen war. Von Tom Tower in meinem Rücken schlug es neun Uhr fünf. Der Geist von Oxford zitterte als Mückenschwarm über dem Wasser. Und ich dachte an die Verse von Yeats:

Midnight has come and the great Christ Church bell
And many a lesser bell sound through the room;
And it is All Souls' Night.


## The Ladies Library

Kaum zu glauben, dachte ich, wieder daheim in meiner eigenen
Hausbibliothek, dass dieses romantische Städtchen noch bis vor weniger als fünfzig Jahren ein *hortus conclusus* war, zu dessen innersten
Bezirken weibliche Personen keinen Zutritt hatten, nicht einmal
Köchinnen und Stubenmädchen. Die so oft gerühmte Gelehrten-
republik war eine zölibatäre Männergemeinschaft, klösterlich orga-
nisiert und hierarchisch geführt wie eine Monarchie. Nach Paris, wo
1257 der Kleriker Robert de Sorbon das erste Kollegium gründete,
war Oxford mit den Colleges Balliol, Merton und University eine der
ersten Ausbildungsstätten, die – nach dem Vorbild kirchlicher Ab-
teien – zugleich als Wirtschaftsunternehmen mit ausgedehnten
Landgütern und lehnspflichtigen Dörfern geführt wurden. Die Kleriker ließen hohe Mauern um ihre Lehr- und Wohnhäuser aufziehen,
hatten eigene Chapels und zeigten so, dass die Wissenschaft gegenüber dem städtischen Leben der Handwerker und Kaufleute eine
eigene Welt mit eigenen Gesetzen bildet. Diese Fürsten des Wissens,
Männer wie John Duns Scotus und William von Ockham, waren
keine Gottesmänner im Sinne der mittelalterlichen Scholastik mehr.
Sie beschäftigten sich mit Naturphilosophie, Logik, Mathematik, mit
den Bewegungsgesetzen fester Körper und nahmen es gelassen hin,
gelegentlich mit der römischen Theologie in Konflikt zu geraten. Zu
Religionsfragen entwickelten sie ein taktisches Verhältnis, das bald
darauf als Intellektualismus verteufelt wurde, was insbesondere die
Mertonianer in Oxford meinte, obwohl sie im Grunde Empiristen
waren. Wie es der Doctor mirabilis gelehrt hatte, der höchst erfinde-
rische Roger Bacon, hielten sie Wissen für etwas, das sich als gemessene oder gewogene Substanz in Zahlen und Formeln ausdrücken
ließ, mithin etwas, worin sich mittels mathematischer und logischer

Gesetze und Verfahren die Größe und Kunstfertigkeit des menschlichen Verstandes bewies.

Gut sechshundert Jahre vergingen, bis 1878 das erste Frauencollege in Oxford öffnete, Lady Margaret Hall, dessen Gründer ein gewisser Lord Edward Talbot und seine Frau Lavinia waren. Rektorin für die ersten neun Studentinnen war Elizabeth Wordsworth, eine Großnichte des Dichters William Wordsworth. Zum Jahrhundertende waren es mit Somerville, St. Hugh's, St. Hilda's schon vier Colleges, an denen Frauen studierten. Aber noch einmal ein gutes Jahrhundert musste vergehen, bis 2015 zum ersten Mal in der Geschichte der Oxforder Institution eine College-Präsidentin als *vicechancellor* der Gesamtuniversität nominiert wurde.

In der Parallelgalaxie Cambridge waren Frauen schon ein Jahrzehnt früher eingezogen. Nach dem Cheltenham Ladies' College (1853) waren Newnham und Girton die ersten akademischen Schulen für weibliche Studenten. Allerdings konnten sie keine akademischen Grade erwerben. Als der Senat 1901 nach vierjähriger Beratung endgültig den Antrag der Studentinnen ablehnte, an den akademischen Abschlussprüfungen teilnehmen zu dürfen, feierten Studenten und Fellows mit Fackelumzügen in den Straßen ihren Sieg. Und als 1972 die ersten Dozentinnen ihre Arbeit aufnahmen, setzten die *Dons* zu ihrem Empfang die Flaggen auf Halbmast und legten schwarze Armbinden an zum Zeichen, dass der Untergang der abendländischen Kultur nun nicht mehr aufzuhalten sein würde. Eine bemerkenswert feine Art von Humor selbst im Mutterland der Blaustrümpfe.

Im Londoner *Gentleman's Magazine* war 1787 der Artikel einer Dame abgedruckt worden, die sich Eusebia nennt und darüber nachdenkt, ihr Ankleidezimmer in eine *Ladies Library* zu verwandeln, die nur weibliche Autoren aufnehmen sollte. Und während sie angestrengt überlegt, welche Bücher sie auswählen würde, schläft sie ein. Im Traum erscheint ihr Leonora, eine sehr gebildete Dame der britischen Aristokratie, über die sich der Essayist und Zeitungsmacher Joseph Addison achtzig Jahre zuvor in seiner Wochenzeitung *Spectator* lustig gemacht hatte. Diese Lady, unterdessen eine weißhaarige Greisin, erklärt Eusebia, sie habe so schlechte Erfahrungen mit dem männlichen Geschlecht gemacht, dass sie nicht nur sämtliche Romane, sondern auch alle von Männern geschriebenen Bücher aus ihrer Bibliothek entfernt habe. Der übriggebliebene Bestand konnte sich allerdings sehen lassen. An den Wänden reihten sich die Werke berühmter Malerinnen und Bildhauerinnen: Angelika Kauffmann, Maria Anna Moser, Patience Wright. Es gab Abteilungen für Moral, literarische Kritik, Geschichte und Reiseliteratur. Die Naturwissenschaften waren mit Caroline Herschel und Eliza Cuminge vertreten. Die weitaus größte Abteilung bildeten die Lyrikerinnen, auf dem zweiten Platz folgten Erzählerinnen und Romanautorinnen. Als Dramatikerinnen traten Lady Craven, Mrs. Aphra Behn, Mrs. Hannah Cowley und Mrs. Frances Brooke auf. Besonders stolz war die alte Dame auf ihre Sammlung antiker Autorinnen, deren Glanzstücke zweifellos die lyrischen Fragmente der Sappho, Korinna und die astronomischen Schriften der Hypatia von Alexandria waren. Die Autorinnen des Elisabethanischen Zeitalters, angefangen bei Elizabeth I. und Mary Sidney, waren so zahlreich vertreten, dass sie in persona einen ganzen Saal ausgefüllt hätten. In der Abteilung ausländischer Bücher entdeckte die Besucherin die Spanierinnen Donna Anna de Cervatori, Donna Isabel de Joya, Luisa Sigea, Dona Oliva Subuco de Nantes, Donna Juana de Morella, die Portugiesin Donna Bernarda Ferreyra und die mexikanische Nonne Sor Juana Inés de la Cruz. Frankreich wurde von Susanna de Hubert, Marie de Gournay, Antoinette de la Guardie, Gabriella de Montemart, der Benediktinerin Maria de Blemur, Madame de Montpellier und Madame de Breteuil vertreten. Unter den Italienerinnen fanden sich Dorothea Bucca, Isotta de Nogarola, Catarina di Cibo, Cassandra Fidele, Laura Cereri, Lucretia Marinelli, Lucretia de Cornaro und Giutina Perrot.

Während Eusebia ihre Augen bewundernd über die Buchrücken spazieren lässt, stolpert sie und stößt mit dem Kopf an eine Marmorbüste. Sie stürzt, verliert das Bewusstsein und wacht in ihrem Ankleidezimmer wieder auf. Auf einmal bringt sie es nicht mehr fertig, die Männer auszusortieren, wie sehr sie sich auch der »partiality to my owne sex« bewusst ist. Warum soll sie auf Shakespeare, Milton, Dryden, Swift, Pope & Co verzichten, nur weil sie eine Frau ist, denkt sie. »We are formed for mutual society.«

### Musen im Geschäft

Eben. Feminismus ohne Männer macht irgendwie keinen Spaß. Aber wer weiß, wahrscheinlich war es nur ein Trick und Eusebia in Wirklichkeit gar keine Frau, sondern ein ehrgeiziger Absolvent von Oxford, der sich seine ersten Sporen als freier Autor verdienen wollte und, während er auf der Suche nach einem Verleger um St. Paul's Churchyard herumlungerte, davon träumte, einmal im Haus der Lady Montagu am Portman Square zu einem der Blue-Stocking-Abende eingeladen zu werden. Edmund Burke verkehrte dort, der Schauspieler David Garrick, der Maler Joshua Reynolds, der Schriftsteller Horace Walpole und der Literaturkritiker Samuel Johnson. Lady Elizabeth Montagu, die Hausherrin, hatte sich mit satirischen »Totengesprächen« nach Lukians Vorbild, einem gelehrten Buch über Shakespeare und als Briefschreiberin einen literarischen Namen gemacht. Obwohl Männer und Frauen gleichermaßen an den Assembleen teilnahmen, blieb der Name »Blaustrümpfe« bis heute an den Damen hängen – als abschätziges Spottwort für den puritanischen Geist spitzlippiger Bildungsjüngerinnen. Schuld daran war Hannah More, eine religiöse Dichterin und Mädchenschulgründerin, deren Dichtung *The Bas bleu, or, Conversation* aus ihrer Verachtung frivoler Vergnügungen wie Tanzen und Kartenspielen keinen Hehl und aus den Bluestockings schließlich eine Art Markennamen für Humorlosigkeit gemacht hatte.

Dass es ausgerechnet die Marmorbüste der Mrs. Catherine Macaulay war, die Eusebias Plan einer *Ladies Library* zu Fall brachte, war insofern ein bemerkenswerter Einfall, der auf politischen Verstand schließen ließ. Im Gegensatz zum elitären Dilettantismus der Blaustrümpfe stand Macaulays Name nicht für Damenphilosophie, sondern für handfeste politische Dissidenz. 1763, genau ein

Jahr nach Erscheinen des letzten Bandes von David Humes monarchistischer *History of England*, begann Macaulay mit ihrer auf acht Bände angelegten, ebenfalls *History of England* betitelten kritischen Gegendarstellung. Als Geschichte des englischen Volkes, nicht des Königtums, präsentiert sie eine kühne Korrektur männlicher Herrschaftsmythen, wie wir heute sagen würden. Ebenso furchtlos griff sie in ihren politischen Essays führende Intellektuelle wie Thomas Hobbes, Edmund Burke und Jean-Jacques Rousseau an (Letzterer hielt sich zeitweise als Emigrant in England auf). Sie korrespondierte mit George Washington und unterstützte die Bewegung gegen die Sklaverei in den britischen und französischen Kolonien. Mirabeau sorgte persönlich dafür, dass ihre *Geschichte Englands* 1791 in Frankreich übersetzt und gedruckt wurde. Mary Wollstonecraft lernte von ihr politische Rhetorik, bevor sie selbst 1792 mit *A Vindication of the Rights of Women* zur bekanntesten britischen Frauenrechtlerin wurde. Horace Walpole, im Übrigen einer ihrer zynischsten Gegner, bescheinigte Macaulay, sie verbinde »männliche Kraft mit der Würde eines Philosophen«. Macaulays *Letters on Education* von 1790 verstanden sich nicht, wie der Titel vermuten lässt, in Rousseaus Sinn als praktische Pädagogik, sondern als Programmschrift des aufgeklärten Humanismus nach dem Vorbild der Deutschen Lessing, Kant und Herder. Als Macaulay aber mit fast fünfzig einen fünfundzwanzig Jahre jüngeren Barbiergesellen heiratete, hatte sie mit einem Schlag die Londoner Damenwelt gegen sich, was in ihrem Sündenregister beinahe noch schwerer wog als ihre engen Kontakte zu den französischen Revolutionären und den Anführern des amerikanischen Unabhängigkeitskriegs.

Unumstrittenes Haupt der Blaustrümpfe war die ältere Lady Montagu, Mary Wortley Montagu, bis zu ihrem Tod 1762 eine legendäre Figur in der literarischen Welt, ausgestattet mit einer prächtigen Hakennase, einem sinnlichen Mund, tiefer literarischer Bildung und, wie man rühmte, einem eleganten Prosastil. Als junges Mädchen hatte sie von einer gelehrten Akademie für Frauen geträumt. Die Idee kam von Mary Astell, einer jungen Fabrikantentochter aus Newcastle, die nach London gekommen war, um sich, statt nach einem wohlhabenden Ehemann, nach den reichen Quellen geistiger Bildung umzusehen. In zwei spektakulären Traktaten mit der Ankündigung *A Serious Proposal to the Ladies for the Advancement of their True and Greatest Interests* (*Ernstzunehmender Vorschlag für Damen zur Herausbildung ihrer wahren und größten Interessen*) präsentierte Astell den durchaus anstößigen Gedanken, Frauen sollten nicht die Ehe, sondern ihre Ausbildung zu ihrem Hauptinteresse machen. Richard Steele, Herausgeber der einflussreichen Wochenzeitschrift *The Tatler*, war davon so angetan, dass er ganze Kapitel daraus abschrieb und sie unter dem Titel *The Ladies Library* unter eigenem Namen drucken ließ. Zweifellos tat er Miss Astell damit einen Gefallen, aber mehr noch sich selbst. Während Astells Akademieprojekt nach Jahren kraftraubender Vorbereitung, wobei ihr der Schriftsteller Daniel Defoe publizistisch den Rücken stärkte, an fehlenden Finanziers und dem Einspruch der anglikanischen Kirche scheiterte, wurde Steele ins Französische und Deutsche übersetzt und durfte sich im Ruhm eines frühen Feministen sonnen.

Mit sicherem Gespür für Weiblichkeit und Publizität behaupteten sich mehr als sechzig »Bas-Bleus« über ein Halbjahrhundert gegen männliche Geistesdominanz mitten in London. Zumindest hatten sie nichts dagegen, sich 1778 von Richard Samuel als »Neun Musen« im Tempel Apolls malen zu lassen. Das Gemälde zeigt die zu jener Zeit klügsten Frauen Londons als Göttinnen der Künste und Wissenschaften, in hellenische Chitone gehüllt; darunter die Epiktet-Übersetzerin Elizabeth Carter, die Malerin Angelica Kauffmann, die Dichterin Anna Laetitia Barbauld, die »Königin der Blaustrümpfe« Elizabeth Montagu, die Shakespeare-Editorin und Schriftstellerin Elizabeth Griffith, die Sopranistin Elizabeth Ann Sheridan, Charlotte Lennox, die Herausgeberin der Frauenzeitschrift *The Lady's Museum*, und Catherine Macaulay.

Und so verstand sich der Club, anfangs nach einem Männerkniestrumpf benannt, als Leuchtturm, der den Damen den Weg zu den heiligen Hallen der Denkkunst wies. Doch gingen die Gentlemen nicht so weit, ihnen auch die Türen der Colleges und Universitäten aufzuhalten. Lieber hielt man es mit Rousseau, dessen vielgelesener

Roman *Émile oder Über die Erziehung* die strikte Trennung von weiblicher und männlicher Bildung zum Common Sense erhoben hatte.

Gut zweihundertdreißig Jahre später war für Virginia Woolf das Problem immerhin so weit gelöst, dass eine Frau mit intellektuellen Interessen wenigstens ein Zimmer für sich allein und fünfhundert Pfund im Jahr haben sollte. Es musste ja nicht gleich eine ganze Bibliothek sein. Ein einfaches Zimmer genügte, mit Teetischchen und Divan, ein paar Topfpflanzen und Bildern und einer guten Leselampe. Es versteht sich von selbst, dass für Mrs. Woolf, als Mitglied der viktorianischen *middle class*, an erster Stelle die ökonomische Unabhängigkeit und das politische Wahlrecht nur an zweiter stand. Sie hatte das Glück, in einer Bibliothek aufzuwachsen – der ihres gelehrten Vaters Leslie Stephen – und eine Bibliothek zu heiraten: die ihres gelehrten Mannes Leonard Woolf. Was ihr allenfalls fehlte, um sich als Schriftstellerin einen Namen zu machen, war der Mut, es mit einer Öffentlichkeit aufzunehmen, die noch verschreckt war von den entschlossenen Schnürbrüsten der ersten Suffragetten.

### Göttinnen und Amazonen

Wie auch immer die ersehnten weiblichen Reiche der großen Mütter, Musen, Göttinnen und Prophetinnen beschaffen sein mögen: Sie existieren nur in der Fantasie. Zum Glück hat es immer Frauen gegeben, die die Dialektik von Vergötterung und Unterdrückung durchschaut haben. 1965 erschien in einem amerikanischen Verlag unter dem Pseudonym Helen Diner die Schrift *Mothers and Amazons*. Dahinter verbarg sich die »erste weibliche Kulturgeschichte« der 1874 in Wien geborenen österreichischen Schriftstellerin Bertha Eckstein-Diener. Amerikanische Feministinnen feierten Helen Diner sogleich als lesbische Kultfrau und benannten Studienzentren und eine Zeitschrift nach ihr. Das Original war schon 1932 in einem deutschen Verlag unter dem Autornamen Sir Galahad erschienen. Der Name war Programm. Ein bekanntes Gemälde von G. F. Watts zeigt Galahad, den Sohn des Ritters Lancelot, als androgyne Amazone. Die Tochter eines reichen Wiener Blechfabrikanten war bildschön, sportlichblond. Am Tag ihrer Volljährigkeit, ihrem 24. Geburtstag, hatte sie ihr Elternhaus verlassen, um den Schriftsteller Friedrich Eckstein zu heiraten, dreizehn Jahre älter als sie. Besser gesagt: Auch sie heiratete eine Bibliothek. Eckstein galt in Wien als Universalgelehrter und Polysoph, seine Büchersammlung als enzyklopädische Wunderkammer, die selbst dem Sarkastiker Karl Kraus Respekt abnötigte. In Ecksteins Haus verkehrten Schriftsteller, Universitätsprofessoren, Künstler, Sammler. Arthur Schnitzler, Rudolf Steiner, Hugo von Hofmannsthal hofierten die elegante Hausherrin, die Ecksteins Leidenschaften für Buddhismus, Vegetarismus und anthroposophischen Mystizismus bereitwillig teilte. Bertha braucht zwei Jahre, um hinter dem Bibliomanen den Großsprecher und Möchtegerngelehrten zu erkennen. Sie bringt seinen Sohn Percy zur Welt und verlässt ihn – für Theodor Beer, einen attraktiven Mediziner und Aktfotografen. Der Erbe eines jüdischen Fabrikanten ist reich, unmoralisch und das Gegenteil von Friedrich Eckstein: ein frauenverachtender Nihilist und geistreicher Zyniker. Er wirbt um sie. Sie entzieht sich zunächst, reist durch Europa, belegt Universitätskurse. Alles, um diesen Mann zu vergessen. Zwei stolze, narzisstische Menschen zerfleischen einander jahrelang, von derselben Angst getrieben: dem bohrenden Schmerz der Verachtung. Sie, weil sie sich als Frau, er, weil er sich als Jude gedemütigt fühlt. 1905 wird Theodor Beer in Wien sexueller Übergriffe auf kleine Jungen beschuldigt. Er wird verurteilt; seine bürgerliche Existenz, seine Reputation als Wissenschaftler ist vernichtet. Ein politischer Prozess, eine österreichische Dreyfuß-Affäre, wie man hinsichtlich der antisemitischen Stimmung jener Jahre vermuten darf.

Bei ihrem Tod 1948 umfasste Eckstein-Dieners Werk drei Romane, drei kulturgeschichtliche Essays, einige Dutzend Glossen und Reisereportagen und *Mütter und Amazonen*. Ihr Stil ist angriffslustig, pointiert, geschliffen: ein feuilletonistisches Kreuzfeuer gegen das vollmundige Geschichtspathos eines Oswald Spengler und den professoralen Kathederstil altpreußischer Historiografie. Mit dokumentarischer Detailtreue verarbeitet sie ihre *chronique scandaleuse* mit Beer in dem expressionistisch überhitzten Roman *Die Kegelschnitte Gottes*. Wörtlich übernimmt sie ganze Seiten aus Beers Briefen, stilisiert sich als Opfer männlicher Brutalität und jüdischer »Rechtsmauscheleien«.

Ihr schriftstellerisches Debüt hatte sie 1913 als Sir Galahad mit einer Abhandlung über die minoische Kultur, in der sie im Überschwang der Begeisterung die archäologischen Forschungen des Entdeckers von Knossos, Arthur Evans, mit (heute ungenießbaren) rassekundlichen Hypothesen über eine indoeuropäisch-arische Kulturelite versah. Allerdings: Nicht Göttin, Große Mutter oder Amazone, nur geschichtliches Entstehen, Veralten und Verkalken liest sie aus den Artefakten und Formen versunkener Kulturen. Einmal noch wird Oswald Spenglers Monumentalgeschichtswerk dem männlichen Machtprinzip die Würde des »faustischen Geists« zurückerobern, bevor es in der Anarchie der Zwischenkriegszeit alsbald erlöschen wird. Der Monarchist Spengler sah in der deutschnationalen Geisteselite die rettende geschichtliche Kraft des 20. Jahrhunderts, eine Rolle, die bis 1918 die aristokratische Klasse für sich beansprucht hatte: einen männlich-ritterlichen Geistesadel, dessen verschlissene Titulaturen Großdichter wie Thomas Mann denn auch würdevoll aus zweiter Hand zu tragen lernen.

Andererseits zweifelt Eckstein-Diener nicht am Primat des weiblichen, »matriarchalen« Naturprinzips, wie es der Schweizer Johann Jakob Bachofen in *Das Mutterrecht. Eine Untersuchung über die Gynaikokratie der alten Welt nach ihrer religiösen und rechtlichen Natur* 1861 aus archäologischen und rechtshistorischen Funden abgeleitet hat und damit unfreiwillig eine deutsche Gynophobie ungeahnten Ausmaßes auslösen sollte. Sie hatte aber verstanden, dass die Entthronung des Mannes als Schöpfer der menschheitlichen Kultur nur gelingen kann durch Entzauberung männlicher *und* weiblicher Mythen. Unter die Matriarchats- und Archetypenträume der Psychiater und Mythenforscher ihrer Zeit, von J. J. Bachofen, C. G. Jung bis zu Erich Neumann und Robert Briffault, zog sie einen energischen

Schlussstrich. Von der Rückkehr in mutterrechtliche Reiche hielt sie nichts; noch weniger von Bachofens »Urweibtypus«: »Dieser Typus, halb schicksalhafte Göttin, halb erdhafte Schaffnerin, breit hockend und verwurzelt, ist erloschen oder im Erlöschen begriffen. Er wäre auch in einer nickelblanken Zivilisationsphase aus Zweck und Zahl, wie der unsern, fehl am Ort. Gerade der Mann aber, mag er noch so gegen jede juristisch festgelegte Gynaikokratie bocken, ist es, der heimlich geradezu lechzt nach einer übermächtigen Weibsubstanz.«

Dieners (so könnte man sagen) kritische Dekonstruktion weiblicher Reiche war deutlich von den Arbeiten der britischen Altertumswissenschaftlerin Jane Ellen Harrison inspiriert, deren *Prolegomena to the Study of Greek Religion* 1903 ein ähnliches Schicksal erfuhren wie dreißig Jahre später Dieners weibliche Kulturgeschichte: Sie wurden vergessen trotz aller Verdienste. Als eine der ersten Absolventinnen des Newnham College in Cambridge war Harrison auch die erste Archäologin, die den Korpus der griechischen Götterepen aus anthropologischer Sicht als religiös-rituell konnotierte Kultformen untersucht und so aus dem mythopoetischen Fantasieraum symbolischer Deutung befreit hat. »Wer Solides will«, bestätigte Eckstein-Diener, »gräbt Mythenkerne aus. Mit Schliemann fing es an. Weil seine unverwirrbare Urteilskraft, allem Hohn zum Trotz, homerische Tradition auch historisch ›ernst‹ nahm, fand er die ganze mykenisch-pelasgische Schicht; weil Arthur Evans den König Minos und Dädalus und das Labyrinth ›ernst‹ nahm, legte er im kretischen Formengut einen neuen Kulturkreis bloß.«

Und so verstand sich Eckstein-Dieners »weibliche Kulturgeschichte« von 1932 nicht nur als kraftvolle Polemik gegen bürgerliche Monumentalgeschichtsschreiber, von Jacob Burckhardt über Leopold von Ranke, Heinrich von Treitschke und Johann Gustav Droysen bis zu Oswald Spengler, sondern als kühner Entwurf eines organischen, evolutionistischen, komplementärgeschlechtlichen Geschichtsbegriffs. Die unerschrockene Ritterin schubste männlichen Heroenkult mit reichlich frechen Sprüchen von den Sockeln. Mehr noch fühlte sie sich provoziert von Spenglers pessimistischer Prognose vom Vergehen jeglicher Geschichtlichkeit in einer »menschenlosen Zeit«, einer zeitlosen Menschheit ohne Bindungen an Tradition, Ritus und Archetypen.

Es war der Schock der Moderne, der nietzscheanischen Umwertung aller Werte, der die Intellektuellen von den verlassenen Altären der alten Gottheiten in die Arme einer teleologischen Geschichtsschreibung trieb. Die Geburt eines neuen Menschen wurde erwartet, einer neuen, beseelten Wissenschaft, einer neuen Moral, einer neuen Kunst. Denn worauf gründete der Mythos des großen Mannes, wenn nicht auf der Entmachtung der Götter durch das moderne Ich? Dass sich Spengler mit seinem opus magnum selbst zu den »großen Männern« zählte, verstand sich gewissermaßen von selbst. »Ein Denker ist ein Mensch«, sagt er, »dem es bestimmt war, durch das eigene Schauen und Verstehen die Zeit symbolisch darzustellen. Er hat keine Wahl. Er denkt, wie er denken muß, und wahr ist zuletzt für ihn, was als Bild seiner Welt mit ihm geboren wurde. Es ist das, was er nicht erfindet, sondern in sich entdeckt. Es ist er selbst noch einmal, sein Wesen in Worte gefaßt, der Sinn seiner Persönlichkeit als Lehre geformt, unveränderlich für sein Leben, weil es mit seinem Leben identisch ist.« (*Der Untergang des Abendlandes*)


## Der Mythos des großen Mannes

Aus dem Boden deutscher Marktplätze war er Mitte des 19. Jahrhundert hervorgewachsen, der große Mann, in Stein gemeißelt, in Bronze gegossen. Historismus und Philologie hatten Hochkonjunktur. Die Grenzen zwischen Hermeneutik und Heldenverehrung waren nicht immer sicher zu ziehen, wie die aufblühende Goethe-und-Schiller-Philologie noch heute bezeugt. Die »großen Männer«, »Helden«, »Dichter« erfreuten sich wachsender Beliebtheit als fokussierende Brennspiegel ganzer Zeitalter. »Sie köpfen Könige, beschicken Schlachtfelder, stacheln Nationen zum Zweikampf. Ein gut gelaunter älterer Herr, namens Sokrates, vertreibt sich die Zeit mit Aphorismen, ein ebenso gut gelaunter Landsmann, namens Plato, macht daraus eine Reihe amüsanter Dialoge«, und ein gut gelaunter Aphoristiker, Kulturjournalist, Schauspieler und Schriftsteller namens Egon Friedell zaubert aus den Phiolen seiner Hausbibliothek die Weltgeschichte als »Schöpfung des großen Mannes«.

Die Genealogie des großen Mannes durfte sich auf klassische Vorbilder berufen. Plutarchs Charakterportraits über *Leben und Taten berühmter Griechen und Römer* erklärten anschaulich, wie aus Männern Helden werden. Der britische Historiker Thomas Carlyle, Zeitgenosse und Brieffreund Goethes, lieferte das methodische Werkzeug: »Die Weltgeschichte ist nichts als die Biographie großer Männer.« Selbstverständlich standen die Spezialisten der Buchgelehrsamkeit auf Du und Du mit dem »große Manne«, dem Alleinerben des romantischen Kunstgenies. Ganz England hatte darüber gestritten, ob Künste und Wissenschaften gleichrangige geistige Leistungen hervorbringen, Dichter und Sprach- oder Naturforscher denselben Anspruch auf Unsterblichkeit anmelden dürfen. Die Deutschen, die von jeher mit einem gewissen Neid auf das Land von Milton und Shakespeare schielten, griffen das Thema begierig auf. Allerdings meinte Alexander Gerard, ein Professor am Londoner King's College, der mit seinem 1774 veröffentlichten *Essay on Genius* die Debatte angestoßen hatte, mit dem *man of genius* keineswegs dasselbe wie der Breslauer Professor Christian Garve, der ihn mit dem deutschen Kompositum »Kunstgenie« übersetzte. Indem er Gerards *intellectual power* als urdeutsche »Seelenkraft« missdeutete, verwandelte sich das Genie aus einem geistigen Besitz in die persönliche Eigenschaft seines Besitzers, was den infrage kommenden Kandidatenkreis erheblich erweiterte. Einer der ersten Genieanwärter war der junge Goethe. Jeder verliebte Student durfte sich nun für ein Genie halten, wenn er ein paar Hexameter aufs Papier holperte.

Fünfzig Jahre nach Goethes Tod trat das deutsche Kunstgenie seine letzte klassische Rolle an. Im Morgengrauen der Moderne zelebrierten junge Dichter sie mit neoromantischem Pomp. Sie hießen Hugo von Hofmannsthal, Stefan George, Hermann Graf Keyserling oder Rilke. Das Genie lag ganz im extravaganten Geschmack der *décadence*. Lieber als junges Genie sterben als ein langes, ruhmloses Durchschnittsleben. »Wo aber von dieser neuen irdischen Unsterblichkeit die Rede ist, bezieht sie sich immer auf das männliche Geschlecht.« (Georg Simmel). Friedell intonierte das dionysische Genie mit großem Orchester als sich selbst zerstörenden Wahnsinn, als Naturgewalt, »ein exotisches Monstrum, eine Fleisch gewordene Paradoxie, ein Arsenal von Extravaganzen, Grillen, Perversitäten, ein Narr wie alle anderen, ja noch mehr als alle anderen, weil er mehr Mensch ist als sie, ein pathologisches Original, dem ganzen dunkeln Lebensgewimmel da unten im tiefsten fremd, aber auch seinesgleichen fremd, ja sich selber fremd, ohne die Möglichkeit irgendeiner Brücke zu seiner Umwelt.« (*Das Genie und das Zeitalter*)

Zum andern war es die Wiederentdeckung heidnischer Mythen und Symbolsprachen durch Mythenforscher und Archäologen, die die neoromantischen Gemüter erregte. In Bayreuth stimmten die Wagnerianer, in München die esoterischen Kosmiker, in Heidelberg der Heidegger-Kreis den Chorus der Dionysier an. Ihr Haupt war Karl Wolfskehl, ihre Muse Fanny zu Reventlow, die sich aber ihrer Vergöttlichung wohlweislich als Dandyesse in Hosen entzog. Es war Wolfskehl (der zeitweise in derselben Münchener Pension lebte wie Bertha Eckstein-Diener), der in Bachofens Matriarchatstheorie den Anstoß zu einer geistigen Erneuerung der Gegenwart feierte, die Rückkehr zu den kraftvollen, bilderreichen Naturreligionen. Der »weibliche Bachofen« und der »männliche Nietzsche« (Karl Kerényi) versorgten die Mythomanen mit dämonischen Urkräften und heidnisch-kosmischen Archetypen. Bei seinem Tod hatte Nietzsche einen großen Kreis von Verehrerinnen und Nachahmern hinterlassen, die sich zu Picknicks in Sils-Maria trafen, um sich im Angesicht der erhabenen Gipfel des Oberengadin aus dem *Zarathustra* vorzulesen. Der Mythos war die letzte große Anstrengung der Moderne, Rausch und Vernunft, Dionysisches und Apollinisches, Christentum, Griechentum und Judentum zu versöhnen und den marmorkalten Mannsbildern des antiken Pantheons Leben einzuhauchen. Der große Mann wurde zum Genie heraufgebogen, seine Größe zum Größenwahn, seine Singularität zur Abnormität. »Der große Mann ist der große Solitär: was seine Größe ausmacht, ist gerade dies, daß er ein Unikum, eine Psychose, eine völlig beziehungslose Einmaligkeit darstellt.« (Egon Friedell)

Sobald in einer Kultur nicht mehr zwischen Personen und Sachen unterschieden werde, weht »Gräberwind über den Gefilden des Geistes«, bemerkte ein eher kühler Kopf, der die deutschen Mythomanen aus sicherer Entfernung beobachtete. Fehlen die Köpfe, stelle sich »nach Erreichung einer gewissen Höhe« das Gefühl ein, »es sei keine Person mehr da und das wahre Große gehöre der Vergangenheit an«. Es war der Österreicher Robert Musil, der das Gegenmodell zum »großen Manne« erfand, den »Mann ohne Eigenschaften«, Inbegriff des modernen, selbstentfremdeten, geschichtslosen Rationalisten. Musils Roman, dessen erster Band 1930 erschien, entwirft das satirische Gruppenportrait des deutsch-österreichischen Zeitgeists der Vorkriegszeit. Ulrich, die Hauptfigur, besitzt nicht einmal einen Familiennamen und stellt schon insofern seine Eignung als Antipode des »großen Mannes« unter Beweis, im Roman Arnheim genannt, die Karikatur eines schöngeistigen Schwätzers mit kapitalistischem Unternehmergeist und jüdischem Stammbaum.

## Denkkreise

Der Kult des großen Mannes hatte viele Götzen, aber nur einen Gott. Sein Name war Stefan George. In märchenhaften Gewändern hatte der junge Dichter seine ersten Lesungen absolviert, ein Priester der Schönheit. Seine Magie war theatralisch, sein Gestus besitzergreifend. Zeitlebens umgab er sich mit ephebenhafter Jüngerschaft in Gestalt seiner Bewunderer und Schüler. Den 17-jährigen Gymnasiasten Hugo von Hofmannsthal versetzten die homoerotischen Avancen des Meisters dermaßen in Schrecken, dass er in eine leidenschaftliche Briefaffäre mit der jungen Marie von Gomperz flüchtete – und für den Rest seines Lebens der Weiblichkeit erlegen blieb. Für George dagegen war weiblicher Eros dem homophilen Ideal unendlich unterlegen. »Das weib/ Gebiert das tier/ Der mann schafft mann und weib.« Das Weib ist stets »Die Fremde«, die Verruchte, Dämonin und Hexe, geduldet allenfalls als Gebärerin. »Die weltzeit die wir kennen schuf der geist/ Der immer mann ist«. In der Bildsprache verdrängter Sexualität spricht sich die Urangst vor geistiger Entmannung aus. Wie Tennysons Vivien bzw. Apollinaires Viviane, »das verschmitzte Weib«, dem Zauberer Merlin seine Künste entlockt, um ihn durch delikate List seiner göttlichen Gaben zu berauben und hernach lebendig zu begraben, schiebt sich der Schatten der ebenbürtigen Frau wie eine drohende Wolke vor die Sonne männlicher Geistesmacht. Die Vergötterung des großen Mannes ließ den Musen nur einen Platz: zu seinen Füßen.

Georges fleißigste Jüngerin war Edith Landmann. »Sein Wesen«, schrieb sie einmal, »ist wie der majestätische Geigenstrich, vor dem die wirr gehäuften Sandkörner auseinanderstieben, um sich zu reinen Formen zu ordnen.« Seit ihrer ersten Begegnung mit dem Dichter erlag die promovierte Philosophin seiner Faszination. In ihren Augen war George die Wiedergeburt des griechischen Geistes, das Urbild des Dichterdenkers, dessen Schöpfungen die »Wahrheiten« philosophischer Systeme übertreffen. Nur wenigen werde diese transzendentale Erkenntnis zuteil, nämlich den »großen Einzelnen, welche das Göttliche in sich tragen«. Diese Großen seien die Schöpfer der Kultur, vermittels einiger weniger Auserwählter, die ihre Ideen verstehen und weitertragen. Hatte Landmann zusammen mit dem George-Jünger Rudolf Borchardt noch Sapphos Gedichte gelesen, entsagte sie für Georges griechischen Geist allem eigenen. Nicht ein Werk, ein Reich musste gegründet werden.

Nicht alle »Huldinnen« waren so willig wie Landmann. Gertrud Kantorowicz entzog sich Georges Misogynie ebenso entschieden wie seinem Antisemitismus. Obwohl sie einige Monate mit ihm in derselben Berliner Wohnung lebte, erlag sie seiner »Magie« nicht, hatte aber eingewilligt, ihre ersten Gedichte unter männlichem Pseudonym, wie es George von allen schreibenden Damen verlangte, in dessen *Blättern für die Kunst* zu veröffentlichen. 1903 promovierte sie an der Universität Zürich in Kunstwissenschaften. Sie wird die Geliebte des Berliner Privatdozenten Georg Simmel; 1907 bringt sie heimlich in Bologna ihre gemeinsame Tochter zur Welt.

Um Simmel hatte sich im vornehmen Berliner Westend ein

Denkkreis gebildet. Dazu gehörten der Soziologe Max Weber und seine Frau Marianne, der Philosoph Martin Buber, die Publizistin Margarete Susman, die Malerin Sabine Lepsius und ihr Ehemann. Seit 1890 war Simmel mit der Publizistin Gertrud Kinel verheiratet. 1906 veröffentlichte sie unter dem Namen Marie Luise Enckendorf eine Art Tagebuch, *Vom Sein und vom Haben der Seele*, vier Jahre später die umfangreiche Abhandlung über *Realität und Gesetzlichkeit im Geschlechtsleben*. Martin Bubers Frau publizierte Romane und Erzählungen, Marianne Weber sozialwissenschaftliche und rechtsphilosophische Aufsätze. Natürlich war Simmel, wie den meisten Zeitgenossen, das absurde Maß der Beschränkungen bewusst, die dem »weiblichen Geistwesen« (Marianne Weber) unter paternalistischer Herrschaft gesetzt waren. Die Kultur sei ja keineswegs »geschlechtslos«, räumte er ein, dürfe also nicht »jenseits von Mann und Weib« betrachtet werden. »Vielmehr, unsere objektive Kultur ist, mit Ausnahme ganz weniger Gebiete, durchaus männlich. Männer haben die Kunst und die Industrie, die Wissenschaft und den Handel, den Staat und die Religion geschaffen.« Simmels Begründung männlicher Dominanz enthielt allerdings ein bemerkenswertes Paradox. »In weiten Bezirken von Techniken und Handel, von Wissenschaft und Kriegswesen, von Schriftstellertum und Kunst werden unzählige Leistungen von sozusagen sekundärer Originalität gefordert, Leistungen, die innerhalb gegebener Formen und Voraussetzungen nun doch wieder Initiative, Eigenart, Schaffenskraft enthalten. Und gerade hier ist die Beanspruchung spezifisch männlicher Kräfte evident, da jene Formen und Voraussetzungen aus männlichem Geiste stammen und dessen Charakter auch jenen gleichsam epigonalen Leistungen vererben.« Um es noch deutlicher zu sagen: Männlichkeit ist ein selbstreproduzierendes genetisches Kulturmodell. Männer brauchen Befehle. Sie sind geborene Untertanen. Ihren evolutionären Kulturvorsprung verdanken sie einem gravierenden Begabungsdefizit: ihrer »sekundären Originalität«.

Folgen wir für einen Moment diesem verlockenden Gedanken, dann erscheinen vor unseren Augen gigantische Armeen von Männern, aus deren Mitte von Zeit zu Zeit der »große Mann« aufsteigt: Führer, Priester und Prophet, Kaiser, Fürst, General. Männer bewegen Berge, verlegen Eisenbahnschienen und Unterseekabel, graben Tunnel, bauen Pyramiden und Tempel, erlegen wilde Tiere, kultivieren Land; sie schuften, kämpfen und töten für Führer und Vaterland. Wie Kopf und Leib eines Riesenorganismus vereinen sich Soldaten und Generäle, Beamte und Minister, Kapitalisten und Arbeiter in demselben Geist des Manntums. Was wir Geschichte nennen, ist demnach nichts als das ewige Kreisen dieser trägen Gravitationsmassen unterbelichteter männlicher Hirne um ihre Zentralgestirne – von Hammurapi bis Hitler, von Alexander dem Großen bis Napoleon, Mussolini und Stalin.

Simmels Psychophysik männlicher Gefolgschaftsideologie war keineswegs aus der Luft des reinen Denkens gegriffen. Mit eigenen Augen sah er die Arbeitermassen, die durch die Werkstore strömten, die reibungslosen Maschinerien der stehenden Heere und aufgeblähten Beamtenbürokratien. Er sah, wie Korporalgeist und Epigonentum die Gesellschaft in nationalem Konservativismus erstarren ließen. Wie die Denkkreise um George, Heidegger, Nietzsche und Wagner ein Heer »abgeleiteter«, mediokrer Kleingeister aus sich herausstießen, deren Geistesblitze die sich verdüsternde Vorkriegsatmosphäre durchzuckten. Der kritischen Anstrengung zogen sie die *imitatio* vor, der Aufklärung die Erleuchtung durch ihre Meister.

Umso mehr, schloss Simmel, bedarf diese männliche Kultur der weiblichen Ergänzung. Denn die Frau sei das Wesen, dessen »unverwirklichte Möglichkeiten, uneingelöste Versprechungen, gebundene Spannkräfte« es zu einem Gral schöpferischer Erneuerung machen. Nicht, um ihre Gaben für sich zu behalten, sondern um sie den Männern zur Verfügung zu stellen. »Was die Frauen geben«, sagt Simmel, »ist, paradox gesagt, ein Unmitteilbares, ein in ihnen verbleibendes Sein, – das, indem es den Mann berührt, in ihm etwas auslöst, was phänomenologisch mit jenem gar keine Ähnlichkeit hat; erst in ihm wird es ›Kultur‹. In dieser Modifikation allein kann es verstanden werden, dass die Frauen die ›Anregerinnen‹ der männlichen Kulturleistungen sind.«

Simmels Verteidigung des Manntums stieß bei den Freundinnen auf wenig Gegenliebe. Doch weder als Begründerinnen einer kritischen bürgerlichen Geschlechtersoziologie noch als Mütter des postmodernen Feminismus kommen ihre Arbeiten heute noch zu Wort. Wenn beispielsweise Enckendorf-Simmel in ihrem Hauptwerk zu dem Schluss kommt, die Frau als Gattungswesen habe sich hinter ihrer Subalternität versteckt und gewissermaßen als Beherrschte den Standpunkt der Herrschenden angenommen, weil es eben komfortabler sei, Gattin und Mutter als Kulturschöpfer zu sein, eskamotiert sie gleich zwei Klischees der Frauengeschichtsschreibung: den Mythos der Madonnenfrau und das Schreckensbild männlicher Tyrannei. »Man hört viel von ihrer durch die Jahrtausende gehenden Unterdrückung. Man hört wenig von ihrer durch die Jahrtausende gehenden Schuld«. (*Realität und Gesetzlichkeit im Geschlechtsleben*)

Weit versöhnlicher malte sich Simmel sein Frauenbild aus, gleichsam in zeitloses Gold gefasst. Als Ärztinnen oder darstellende Künstlerinnen sah er Frauen in ihrem natürlichen Seelenelement. Er war sogar überzeugt, das »vielfach vom männlichen abweichende ›Gerechtigkeitsgefühl‹ der Frauen würde auch ein anderes Recht schaffen«, sofern man sie als Richterinnen und Anwältinnen zuließe. Wohl oder übel musste er der weiblichen Vernunft summa summarum zumindest eine Art »subjektive Gestaltungskraft« einräumen, als Gegengewicht zur »objektiven« männlichen Kultur. Wenn Männer gelegentlich ihre Frau mit ihrem Morgenmantel verwechseln, liege das nur daran, dass es ihnen schwerfalle, zwischen Personen und Objekten zu unterscheiden. Sexuelle Untreue? Eine kleine Schwäche des denkstarken Geschlechts. »Freilich kann hier konsequenterweise nur ein ganz radikaler Dualismus helfen: nur wenn man der weiblichen Existenz als solcher eine prinzipiell andere Basis, eine prinzipiell anders gerichtete Lebensströmung als der männlichen zuerkennt, zwei Lebenstotalitäten, jede nach einer völlig autonomen Formel erbaut – kann jene naive Verwechslung der männlichen Werte mit den Werten überhaupt weichen.« (»Weibliche Kultur«)

Die letzte Konsequenz seiner bemerkenswerten Einsichten wagte Simmel weder auszusprechen, noch konnte er ihre verheerenden Auswirkungen auf das 20. Jahrhundert absehen. Wie sollte man sich das auch vorstellen können: ein pathologisches Genie an der Spitze eines Heers denkschwacher Mitläufer, das Weltgeschichte schreibt? Einer saß in München, der machte es vor. Seine Stunde würde kommen. Als der österreichische Kriegsveteran Adolf Hitler am 13. August 1920 seine Gefolgschaft zum Kreuzzug gegen das internationale Judentum um sich scharte, berief er sich auf den »objektiven« Charakter seiner Mission. Sie wollten, beteuerte er, keine (subjektiven) »Gefühlsantisemiten« sein, »die Pogromstimmung erzeugen wollen, sondern es beseelt uns die unerbittliche Entschlossenheit, das Übel an der Wurzel zu packen und es mit Stumpf und Stiel auszurotten. Um unser Ziel zu erreichen, muss uns jedes Mittel recht sein, selbst wenn wir uns mit dem Teufel verbinden müßten.« Dreizehn Jahre nach der Münchener Rede werden Millionen deutscher Männer den nationalsozialistischen Runen folgen und Millionen deutscher Mädchen und Frauen den »Führer« mit frenetischem Jubel empfangen, ihre deutschen Körper durch Sport stählen und ihm gesunde Söhne schenken. Die Apotheose des »großen Mannes« schwoll an zum Ruf nach dem »starken Mann«.

Wo Simmel die politischen Konsequenzen seiner »objektiven« Geschichtstheorie nicht übersehen konnte (er starb 1919), dachte Hannah Arendt sie beinahe ein Halbjahrhundert danach logisch zu Ende. Nicht aus dem Wirken pathologischer »großer« Verbrecher, sondern aus dem blinden Gehorsam fanatisierter Gefolgschaften leitete die exilierte deutsche Jüdin und amerikanische Politologin die unermesslichen Verbrechen der nationalsozialistischen Diktatur ab. Als Beobachterin des Eichmann-Prozesses erkannte sie in dem *kleinen* Mann, der mit versteinerter Miene auf der Anklagebank des internationalen Tribunals in Jerusalem Platz genommen hatte, den Teufel persönlich: ein defizitärer Charakter, ein engstirniger Bürokrat, ein gefügiger Abgesandter der nationaldeutschen Gravitationsmasse. Arendts Metapher der »Banalität des Bösen« entlarvte den Mythos des großen Mannes, an dem sich der Weltkriegsteilnehmer und Kunstmaler Hitler in früher Jugend mit schwerem Größenwahn infiziert hatte, als gefährlichen Krankheitskeim des Totalitarismus.

## Der göttliche Mund

Wie das Göttliche in den Mann kam, das ist eine alte Geschichte. Hesiod erzählt sie in seiner *Theogonie* (Götterlehre). Er lebte im 8. vorchristlichen Jahrhundert in Mittelgriechenland und war der Sohn eines Bauern, der in einem Tal unterhalb des Berges Helikon ein Gehöft betrieb. Weder bekleidete Hesiod ein Amt, noch war er ein Krieger oder Aristokrat. Den väterlichen Hof erbte sein älterer Bruder. Aber er war ein schlauer Kopf, und so lieh er die Autorität einer höheren Macht, um als Dichter Ruhm zu erwerben. In der *Theogonie* berichtet er, vorgetragen im dorischen Dialekt und kunstvoll in jambische Verse gegossen, von der Entstehung der Welt und der olympischen Göttergeschlechter. Sein erstes Werk widmete er den göttlichen Frauen, den neun Musen. Ihren angestammten Platz auf Zeus' Götterberg verlegte er kurzerhand auf den heimischen Helikon. Von ihnen will er die Gabe der Dichtkunst empfangen haben, als sie ihn, der müßig bei den Schafen auf einer Wiese in den Tag träumte, folgendermaßen ansprachen: »Hirten der Flur, unnüz hinträumende, Bäuche nur einzig!/ Wir verstehn viel Falsches, wie Wirklichem gleich zu verkünden;/ Wir verstehn, wenn wir wollen, auch anzusagen die Wahrheit.«

Schon Homer hatte die Göttinnen des Olymp um Beistand beim Verfassen seiner Chronik des Trojanischen Krieges und der Abenteuer des Odysseus gebeten. Derselben Masche bediente sich noch der Naturphilosoph Parmenides, als er seine Meditationen *Über die Natur* aus dem Mund der Göttin Dike (das Gesetz) empfangen haben will; »und die Mädchen wiesen den Weg«, nämlich die göttlichen Wagenlenkerinnen der Morgenröte.

Und so blieb es dabei. Als Hilfskräften der kulturellen Evolution ist den Musen eine lange Karriere sicher. Während die zwölf olympischen Götter, Kinder des Titanenpaars Rhea und Uranos, Throne stürzen, Kriege und Ehezwiste, Stürme und Schiffbrüche anzetteln, haben die Musen nur eine Aufgabe: die libidinösen Energien des männlichen Eros in Schach zu halten und umzulenken in zivilisatorische Arbeiten. Als Einzige im Götterclan genießen sie die Freiheit, nach Belieben verheiratet zu sein oder nicht. Melpomene (die Tragödie) und Polyhymnia (der Gesang) bleiben kinderlos, Thalia (die Komödie) ist die Mutter der Korybanten, Urania (die Astronomie) hat zwei Söhne mit ihrem Cousin Apoll, Kalliope (die schöne Rede) mit demselben die Söhne Orpheus und Linos, von Euterpe (die Lyrik) ist der Familienstatus nicht überliefert, Terpsichore (der Tanz) ist die Mutter der Sirenen, Klio (die Geschichtsschreibung) wird Mutter des schönen Hyakinth, die Nymphe Erato (Liebeslyrik) hat mit dem Zeussohn Arkas drei Söhne. Musentöchter sind nicht bekannt. Mutter der Musen ist Mnemosyne, die Göttin der Erinnerung. Nutznießer der musischen Gaben ist zunächst nur einer, Cousin Apoll, der ihnen nicht von der Seite weicht und sich so den Namen Apollon Musagetes erwirbt. Glauben wir Homer, so war er ein tollpatschiger Träumer, der es ohne seinen akademischen Harem schwerlich zum Künstlergott gebracht hätte. Den liebreizenden Hyakinth tötet er aus Versehen beim Diskuswerfen. In der Kunst des Bogenschießens übertrifft ihn selbst sein Zwilling, »die pfeilschüttende« Schwester Artemis. Aber auch Göttinnen zielen zuweilen daneben; Artemis' Geliebter Orion kommt durch einen Fehlschuss ihres Pfeils ums Leben.

Dem Triumphzug des apollinischen Kunstideals durch die abendländische Geschichte setzte erst der bilderstürmende Antiklassizist Nietzsche ein Ende. In den beiden rivalisierenden Kunststilen des Altertums, die Schelling als dionysisch und apollinisch bezeichnet hatte, erkannte er zwei antagonistische Ursprungsmythen, das Chthonisch-Dionysisch-Weibliche und das Geistig-Apollinisch-Männliche, deren Kampf »bei nur periodisch einsetzender Versöhnung« das Verhältnis der Geschlechter spiegelt. Ein rein männlicher Stammbaum abendländischer Kultur ließ sich daraus beim besten Willen nicht pflanzen. Der nietzscheanische Geschlechterantagonismus zwingt Europa eine andere Kunsttradition auf, in der jede Erinnerung an die androgynen Mythen der Archaik, an olympische Bruder-Schwester-Ehen, hermaphroditische Gestalten des orphischen Sagenkreises wie Ödipus, Dionysos, Phanes, Zagreus, Agdistis und Kybele zugunsten unversöhnlicher Gegensätze gelöscht ist: Kopf gegen Körper, Vernunft gegen Sinnlichkeit, Form gegen Gefühl, Männliches gegen Weibliches.

## *Männer ohne Kopf*

Von dem entscheidenden Moment, an dem sich das Eine trennt und Zwei wird, sozusagen der kulturellen Zellteilung der Geschlechter, haben Euripides, Platon, Vergil und andere antike Dichter in der Sage von Orpheus und Eurydike berichtet. Orpheus ist der Sohn der Muse Kalliope, ein Wandersänger, seine Gattin Eurydike eine Nymphe aus den thrakischen Bergen. Nachdem der Biss einer giftigen Schlange sie getötet hat, spielt Orpheus, in unendlicher Trauer versunken, auf seiner Lyra so herzerweichend, dass ihm der Gott der Unterwelt gestattet, die Geliebte aus dem Schattenreich der Toten zurückzuholen ins Leben. Nur darf er sie nicht mit leiblichen Augen erblicken. Als er auf dem Rückweg einen heimlichen Blick auf die Wiedergewonnene wirft, wird sie ihm zur Strafe für immer entrissen. Es ist die Geschichte der Enteignung des Lebendigen durch den *logos*, das Wort. Und sie handelt vom Tod, der jeder Literatur, so jedenfalls Blanchot, vorausgehen muss. »Die Sprache ist das Leben, das den Tod erträgt und in ihm sich erhält.« Denn das Geschriebene ist das, was schon Vergangenheit geworden sein muss, bevor es geschrieben wird. Orpheus ist der liebende Mann, das »sterbliche Tier«, das erst im Modus unstillbarer Liebessehnsucht seiner eigenen Vergänglichkeit gewahr wird. Männlicher Erotismus ist für immer zwischen die beiden äußersten Lebenspole gespannt, Sexualität und Tod. Mannsein heißt sterblich sein, oder wie es Bataille ausdrückt: »Sich fortpflanzen heißt verschwinden«.

Orpheus' eigenes Ende erzählt Ovid in den *Metamorphosen*. Zurückgekehrt von dem Argonautenzug, der eine Gruppe vornehmer

Griechen auf der Suche nach dem Goldenen Vlies bis weit nach Afrika, Ägypten und Indien geführt hat, wird Orpheus in den thrakischen Bergen überfallen von »kikonischen Frauen, den wilden Busen mit Fellen bedeckt«. Aus Rache an dem »Frauenverächter«, so berichtete Ovid, stürzen sie sich im Lärm ihrer »berekyntischen Flöten«, Hörner und Trommeln mit wildem Geschrei auf ihn, töten ihn mit Lanzen und Thyrsosstäben, dem Zeichen des Gottes Dionysos, und zerstückeln seinen Leichnam. Poseidon erbarmt sich des göttlichen Sängers und lässt den singenden Kopf an der Küste von Lesbos landen, der Ägäis-Insel, auf der rund fünfhundert Jahre später Terpandros die archaische Chormusik begründen und Sappho ihre unvergänglichen Lieder schreiben wird. Priesterinnen des Dionysos bestatten ihn.

In der ältesten orphischen Dichtung hört Dionysos auf den Namen Zagreus, Sohn der Unterweltgöttin Persephone und ihres Onkels Zeus. Er ist ein androgyner Gott; als Kind trug er Mädchenkleider. In diesen Symbolkreis gehört auch Marsyas, ein Untergott aus Phrygien, wo die Muttergöttin Kybele verehrt wurde. Marsyas wurde für sein göttliches Flötenspiel von Apollon bestraft. Sein Vergehen: Er hatte die Flöte Apollons Schwester Athene gestohlen. Skythische Handlanger des Gottes schälten ihm die Haut mit Messern vom lebendigen Leib. Die Maler und Bildhauer der Renaissance, Tizian, Guido Reni, Michelangelo, stellten den Streit zwischen Marsyas und Apoll als symbolische Passion des Künstlers dar.

Doch steht nicht Marsyas, sondern der Orpheus-Mythos am Beginn der Schriftkultur, als Ursprungsmythe der unwiderruflichen Trennung von Natur und Kunst. Trauer ist die Droge der orphischen Dichter. »Was ist der Dichter?«, sagte Kierkegaard, »ein unglücklicher Mensch«. Mit Rilkes Gedicht über den »Archaischen Torso Apollos« von 1908 verbindet die Geistesgeschichte einstimmig »die Wende der Moderne gegen das Prinzip der Naturnachahmung« (Peter Sloterdijk). Aus seiner Mitte, »die die Zeugung trug«, lächelt der kopflose Gott den Dichter an, ein zerstückter Orpheus, an dem einzig die Mannheit das Altern der Welt unbeschadet überlebt hat.

Wir kannten nicht sein unerhörtes Haupt,
darin die Augenäpfel reiften. Aber
sein Torso glüht noch wie ein Kandelaber,
in dem sein Schauen, nur zurückgeschraubt,

sich hält und glänzt. Sonst könnte nicht der Bug
der Brust dich blenden, und im leisen Drehen
der Lenden könnte nicht ein Lächeln gehen
zu jener Mitte, die die Zeugung trug.

Sonst stünde dieser Stein entstellt und kurz
unter der Schultern durchsichtigem Sturz
und flimmerte nicht so wie Raubtierfelle;

und bräche nicht aus allen seinen Rändern
aus wie ein Stern: denn da ist keine Stelle,
die dich nicht sieht. Du musst dein Leben ändern.

Das Lächeln der männlichen Mitte ist der grelle Scheinwerfer, dessen jähes Licht auf jene Körperregionen zwischen Nabel und Penis fällt, die normalerweise aus zivilisatorischen Gründen verhüllt bleiben, und führt ohne Umweg direkt in den Schrecken der Existenz: »Du musst dein Leben ändern.« Die phallische Machtzentrale des männlichen Eros sticht den fehlenden Kopf mühelos aus. Es heißt, Rilke habe sich im Atelier Auguste Rodins zu diesem Sonett inspirieren lassen. Zwischen Rodins klassizistischer Phase und dem kopflosen *Schreitenden* von 1905, den Rilke sah, lagen für den Bildhauer quälende narzisstische Kämpfe und schließlich die dramatische Trennung von Camille Claudel, der Geliebten und künstlerischen Rivalin. Rilke kannte sich aus mit genialen Frauen. Auf der Flucht vor der Malerin Clara Westhoff, die er kopflos, gewissermaßen aus Versehen geheiratet hatte, war der Siebenundzwanzigjährige 1902 nach Paris gekommen. Drei Jahre zuvor hatte er sich in die Psychoanalytikerin Lou Andreas-Salomé verliebt, um die auch Nietzsche vergebens geworben hatte. Er stattete Rodin einige ehrerbietige Besuche ab. Er wusste, dass Camille Claudel zur selben Zeit in einer armseligen Wohnung am Quai de Bourbon hauste und kaum noch ausstellte. Als wollte er in diesem Gigantenkampf den *advocatus pacis* spielen, widmete Rilke seinen Aufsatz über den gefeierten Bildhauer »einer jungen Bildhauerin«. Er hatte verstanden, dass für den 43-jährigen Rodin, dessen Formgefühl an antiken Proportionen geschult war, mit der jungen, schönen Frau eine ästhetische Provokation sein Atelier betreten hatte, ein erotischer Taifun, das Mysterium des nackten Leibs. »Neben der ganzen Geschichte der Menschheit ging diese andere Historie her, die keine Verkleidungen kannte, keine Konventionen, keine Unterschiede und Stände, – nur Kampf. Auch sie hatte ihre Entwickelung gehabt. Sie war aus einem Trieb eine Sehnsucht geworden, aus einer Begierde zwischen Mann und Weib ein Begehren von Mensch zu Mensch.« (*Auguste Rodin*, 1902)

Claudels nackte, tanzende, sich biegende und schraubende Leiber sind reine Bewegung, deren Schwerpunkt im Innern der Figuren liegt. Im Kleinen wie im Monumentalen (*La valse*, *L'Âge mûr*), in Marmor wie in Bronze beherrschte sie die Formsprache dynamischer Körper: Stürzen und Fliegen, Ekstase und Selbstbeherrschung. Als Geliebte, als Modell geht Camille in Rodins Werk ein (*Galatea*, *Sakuntala*) und bleibt doch in jeder Linie, jeder Fläche sichtbar als Meisterin über den Meister. Es war Rodin, der ihrem Künstlertum in der Figur *La pensée (Der Gedanke)* von 1886 zu vollendetem Ausdruck verhalf. Sie stellt einen unendlich zart geneigten Mädchenkopf mit Camilles Zügen dar, der aus einem monolithischen Marmorblock ragt, von dem der weibliche Körper bis zum Hals umschlossen ist: das Paradox der im Stein gefangenen Bildhauerin, der unlösbare Widerspruch zwischen Kunst, die sich ins Leben und Leben, das sich im Kunstwerk befreien will.

Was ihn nach der endgültigen Trennung erwartete, war sein Weltruhm als »Vater« der modernen Skulptur, was sie erwartete, ein viel zu langes Leben in Armut, Hospitalismus und Verdüsterung. Ein überzähliges Leben als Schwester des Dichters Paul Claudel, »Schülerin« eines Genies und große Unvollendete. Sie entsagte der Kunst. Und in dieser Entsagung liegt vielleicht mehr Genie als in den 21 erhalten gebliebenen Werken. Vierzig Jahre nach ihrem ein-samen Tod in einer Irrenanstalt begannen Kunsthistorikerinnen, ihre verstreuten Werke und Lebenszeugnisse zu sammeln. Seither werden wir in regelmäßigen Abständen zu Tränen gerührt von sen-timentalen Spielfilmen und *biographies romancées*, die uns Camille Claudel als Opfer männlicher Rücksichtslosigkeit verklären. Doch Claudel war keine moderne Eurydike. Regression und selbstzerstö-rerische Zweifel, die dunkle Seite des Genies, gehörten genauso zu ihr wie die Unbedingtheit des Willens zur großen Form. Als weib-lichem Marsyas wurde ihr erst die Sehnsucht nach dem Absoluten, nach bedingungsloser Selbstvollendung zum Verhängnis.

Im Zwielicht dieses Paars erscheint Rilkes Gedicht keineswegs mehr als Gründungsmythe der Moderne, sondern als deren müder Abgesang. Der fragmentierte Mann ist die Krisenfigur der Moderne: der Gefangene seines Körpers. Zwei komplementäre Mythen kreu-zen und überblenden sich noch einmal im Moment ihrer Auflösung: der Mythos des Mannes als Selbstschöpfer *ex nihilo* und der Mythos der Frau als dessen libidinöses (Kunst-)Objekt. So gesehen ist das phallische Lächeln des Mannes in Rilkes Sonett das Seitenstück zum Lächeln der Mona Lisa, der Blaupause des weiblichen Mysteriums, im Pariser Louvre.

Eurydike zum Sprechen zu bringen, haben Dichterinnen wie In-geborg Bachmann (*Malina*) und Elfriede Jelinek (*Schatten [Eurydike sagt]*) mit zweifelhaftem Erfolg versucht. Die Eurydiken verweigern sich geschlechterpolitischen Aktualisierungen. Sie müssen sterben, immer und immer wieder, damit Orpheus lebt. Der Mythos des Mannes als Künstlergott ist nicht totzukriegen. Nur in der sexuellen Ekstase winkt kurzfristige Erlösung. Das »sterbliche Tier« wird wie-der, was es in der Frühzeit des Denkens war: der sich selbst ent-gegengewendete Anthropos, das Eine in verschiedener Gestalt, das Tier mit den zwei Rücken, bevor ihn der *furor intellectus* endgültig zerreißt in den Einen und die Andere.

## Frauen ohne Inhalt

Die allmähliche Deformation der göttlichen *Inspiratrice* zur *Femme fatale* und *Femme fragile*, Verführerin und Kindfrau, begleitet die europäische Moderne. Den leuchtenden Flügelwesen vom Helikon werden die Flügel gestutzt. Seiner symbolischen Schleier, seiner moralischen Immunität, seiner ästhetischen Würde beraubt, wird der weibliche Körper zum Objekt männlicher Forschungs- und Gestaltungslust. Die ornamentalen Goldrandfrauen von Gustav Klimt, die kubistischen Demoiselles von Picasso, die lasziven Kindfrauen von Balthus (Balthasar Klossowski), Batailles Madame Edwarda, Bellmers Olympia, Bretons Nadja sind monströse Kunst-Puppen, »Frauen ohne Inhalt« (Woody Allen, *Innenleben*, 1978), imaginäre Körper, die keine Schatten werfen. Am Ende läuft es immer auf dasselbe hinaus: Die Frau ist dem Mann als persönlicher Besitz gegeben, um ihn mit ihrer Magie zu beherrschen. »Sei die süße Herrin,« wispert Hofmannsthal seiner Schönen zu, »und nicht das scheue Mädchen, – gieß dich aus in Augen, Hände und Mund, behalte nichts von dir in dir, dann wirst du leicht sein und schweben, Zauberin auf ihrem Zauberbette – Verwandlerin, selber verwandelt, unfindbar allen außer dem einen, den du verzauberst.« (*Die Frau ohne Schatten*)

Das sexuelle Wesen Frau wird entdeckt, benutzt, zergliedert, dämonisiert und infantilisiert, um die Geistinnen zu bannen. Junge Arbeiterinnen treibt die Armut als Nebenerwerbshuren auf die Trottoirs großstädtischer Boulevards. Die Prostitution blüht. Es gibt um 1900 so viele Bordelle in Hamburg, Berlin oder Wien, dass männliche Promiskuität als Kavaliersdelikt verblasst. Junge Dichter erwählen die Hure zu ihrer Muse und Heldin. Gynäkologen und Nervenärzte, von der Frage bedrängt, »Wie bist du, Weib?«, stürzen sich auf die entschleierte Aphrodite. »Körper, Seele, Sexualleben und Erotik der Frau« (B. A. Bauer) werden erkundet – und verteufelt. So rächt sich das körperfeindliche, militarisierte 19. Jahrhundert an seinem Nachfolger für die Wagenladungen befleckter Bettlaken. Generationen heimlicher Onanisten befreien sich vom Fluch der bösen

Tat. Sex wird als Krankheit diagnostiziert, die besonders Frauen befällt: Hysterie, Promiskuität, Debilität heißen ihre Syndrome.

Die süßen Herrinnen vergöttern unterdessen gehorsam ihre Gatten. Sie meißeln am Kunstwerk des Mannes. Als moderne Berufsmusen besuchen sie aber auch Frauenbildungsvereine und Leihbüchereien, lesen Nietzsche, Hegel und Marx, um sich als ebenbürtige Partnerinnen zu beweisen. Frauen aus höheren sozialen Schichten drängen an die Universitäten. 1904 sind in die Matrikel der Tübinger Universität vier Frauen eingeschrieben – zwischen 1600 männlichen Studenten. Zehn Jahre später sind es immerhin einige Hundert. Als Ehefrauen und Mütter räumen sie ihren Genies den häuslichen Krempel nach und den Weg zum Ruhm frei. Wie Mnemosynes Töchter ihrem Vetter Apollon Musagetes, soufflieren sie als Sekretärin, Gattin, Geliebte dem Gott in ihrem Bett.

Gute Véra Jewsejewna Slonim, die Chauffeuse, Lektorin und mütterliche Beraterin an der Seite von Nabokov, nicht ahnend, dass Nabokovs einzige Muse seine Libido war. Strahlende Dora Maar, die Fotografin, die zur Malerei wechselte, nachdem sie Picassos Geliebte wurde und als »Gefangene des Blicks«, wie eine Biografin sie nannte, in seinem gebieterischen Schatten schließlich das Sehen verlernt. Lange nach ihrem Tod erzielte Picassos Gemälde *Dora Maar au Chat* auf einer Auktion 95,2 Millionen Dollar, während ihr eigenes künstlerisches Werk praktisch unverkäuflich blieb. Tapfere Lilja Brik, die sich gefallen ließ, als »Muse der Russischen Avantgarde« bezeichnet zu werden, weil sie unsterblich in Wladimir Majakowski verliebt war, der ihr die Schwester Elsa vorzog (die dann Louis Aragon nahm). Bedauernswerte Alma Mahler-Werfel-Kokoschka-Wedekind, die sich unter Mahlers dämonischen Paukenschlägen widerwillig von den Jungmädchenträumen einer Musikerinnenkarriere abbringen ließ und sich für die Rolle der Berufsgattin an der Seite genialer Paradiesvögel entschied, deren Namen sie wie einen Pfauenschweif durchs Leben trug.

Nicht selten wurde die Herrschaft der Musen zur Geißel des Genies, sobald aus Geliebten Ehefrauen herauswuchsen: strenge Gouvernanten, renommierende Hausherrinnen, Strateginnen des

Ruhms, Chefinnen kreativer Großunternehmen. Unter Cosimas straffer Führung avanciert Richard Wagners Bayreuth zur Weltmarke. In kürzester Zeit verwandelte sich die Muse des Komponisten in eine Rächerin weiblicher Inferiorität, aus deren Mund Nietzsche den Ausspruch gehört haben will: »An mir sollen alle Helden zugrunde gehen.«

Sicher, nicht jedes Genie war so selbstlos wie Salvador Dalí, der spanische Hexenmeister des Surrealismus. Jedem, der große Kunst schaffen wolle, empfahl er süffisant, zuerst »meine Frau (zu) heiraten«. Bevor die junge Russin Elena Diakonova ihren Dienst als Dalís Muse antrat, hatte sie schon aus Max Ernst und Paul Éluard Genies gemacht. Dalí vergötterte Gala, seine »Doppelgängerin«, sein »Leuchtfeuer«, das »Salz meines Lebens«. Er war ihr hörig. Er malte sie als Heilige, als Madonna, als Christus, er malte bald nichts anderes mehr. Eines seiner Bilder nannte er: *Meine Frau, Akt, betrachtend, wie sich ihr Fleisch in Treppen verwandelt, drei Wirbel des Rückens, Himmel und Architektur*. Seine Ergebenheit grenzte an Grausamkeit, ihre erschöpfte sich in unternehmerischem Genie. Sie war seine Managerin, Lektorin, Buchhalterin, orientalische Despotin und Muse seiner surrealistischen Knautschobjekte. Die »Gradiva« und der »Avida Dollars«, wie Freunde spotteten, bildeten eine lukrative Zugewinngemeinschaft. Es war wirklich nicht sehr fein, als sich Dalí nach Galas Tod rachsüchtig über den »versteinernden Speichel ihrer fanatischen Aufopferung« mokierte.

Zwischen dem Mythos des großen Mannes und seinen Musen, zwischen Göttergatten, Huldinnen und Hetären tat sich alsbald ein fataler Widerspruch auf, ein logischer Konstruktionsfehler, durch den der Mythos früher oder später in sich zusammenbrechen würde. Hedwig Dohm hat ihn scharfsinnig erkannt. »Diese knabbernde, schmatzende, klatschende, wie mit dem Mauerpinsel angestrichene, glitzernd aufgeschirrte Haremsware – Resultate der männlichen Erziehung und der ›ungeheuren Vernunft Asiens‹ – das Ideal des Frauentumes!? Glaubt Nietzsche wirklich, daß das Haremsweib der Bogen ist, dessen Pfeile auf den Übermenschen zielen? einfach ausgedrückt: daß sie die geeignetste Gebärerin für den Übermenschen ist?« Die schlagfertige Publizistin und fünffache Mutter, 1831 in Berlin geboren, schrieb sich 1874 mit ihrem Manifest für *Die wissenschaftliche Emancipation der Frau* an die Spitze der intellektuellen Frauenrevolte. Nach den deutsch-protestantischen Tugendpredigern und jesuitischen Haustyrannen erkennt sie den Philosophen Nietzsche und Schopenhauer die Krone der Misogynie zu. »In der ›Fröhlichen Wissenschaft‹ sagt Nietzsche: ›Der Mann macht sich das Bild des Weibes und das Weib bildet sich nach diesem Bilde.‹ Wie wahr! Wie wahr!«

### Fallobst & Vollweib

1895 besteigt Laura Marholm mit ihrem *Buch der Frauen* die Barrikaden im Geschlechterkampf – auf der Männerseite, wohlgemerkt. Gegen Dohms »wissenschaftliche Emancipation der Frau« verteidigt sie die »volle und heile Weibsnatur«, gegen die erotische Femme fatale die süße Last der Mutterschaft. In der schwedischen Pädagogin Ellen Key und ihrer Streitschrift gegen *Mißbrauchte Frauenkraft* fand Marholm eine prominente Mitstreiterin. In der linken und liberalen Frauenbewegung sehen die Anwältinnen des Naturweibs die Ursache für die Unterdrückung der Frauen, im Muttersein deren produktive Befreiung. »Durch Millionen Frauen geht der stumme, unbewußte Schrei, gebt uns das Glück, unser Weibsein auszuleben, das ist für uns das eine, alleinige Glück.« Die Zeitungen sind voll des Lobes für Marholms »Gebetbuch« wiedererlangter Weibnatur. Hedwig Dohm fertigt sie kurz und bündig ab. »Das Weib ist erkannt. So ist es nicht nur, so soll es auch sein. Schön. Aber warum sitzt man denn gleich so bös zu Gericht über die Frau, die sich nun wirklich etwas lebhaft auf dem Gebiet der Erotik betätigt.« Frauenrechtlerinnen gegen Vollweiber liefern sich in der Vorkriegszeit einen heftigen Schlagabtausch. »Beide Frauengruppen«, so faßte Dohm die Konfliktlage zusammen, »fordern dieselben Bildungsmöglichkeiten, dieselben Rechte und Freiheiten, wie sie das Gesetz dem Manne gewährleistet. Die Repräsentantinnen der Reaktion verlangen diese Rechte aber nur – entweder zur privaten Daseinslust der Frau, oder in so weit sie ihrer Mütterlichkeit zu gute kommen. Und sie knüpfen daran die Bedingung, daß der Gebrauch der Freiheit ihre weiblichen Eigentümlichkeiten nicht schädige, welche Schädigung bei einem Broterwerb zu fürchten sei. Die Radikalen fordern alle Freiheiten und Rechte unbedingt und uneingeschränkt, in der Meinung, daß aus lauter Bischens (ein bischen Freiheit, ein bischen Beruf) doch nur etwas An- und Zusammengeflicktes wird, und ihr Hauptgesichtspunkt dabei ist die ökonomische Selbständigkeit der Frau, ohne welche ihrer Meinung nach (es ist auch die meine) alle übrigen Rechte illusorisch sind.« (*Die Antifeministen*)

Einig waren sich männliche und weibliche »Antifeministinnen« zumindest in einer Hinsicht: in der Überzeugtheit von der intellektuellen Überlegenheit des Mannes. Ellen Key gab kleinlaut zu, ohne männliche Beihilfe wäre ihr Buch gar nicht geschrieben worden. Ein »begrenztes Wesen«, wie es eine Frau sei, würde durch geistige Anstrengung doch nur vermännlichen. Frauen, die sich einbilden, sie könnten wie Männer denken, nennt sie »Fallobst«, da sie sich ihrer edelsten Pflicht berauben, der Mutterschaft. Selbst Lichtsäulen wie Madame de Sévigné oder Sofja Kowalewskaja, die erste Frau auf einem Lehrstuhl für Mathematik, halten in ihren Augen dem männlichen Genius nicht stand.

Es ist schon merkwürdig: Hundert Jahre später waren die Kampffronten grundsätzlich noch immer dieselben und nur die Namen ausgetauscht. Die Esther Vilars und Marguerite Duras' gegen die Beauvoirs, die Alice Schwarzers gegen die Eva Hermans, Germaine Greers und Alina Bronskys, die Hélène Cixous' gegen die Kate Milletts und Annie LeBruns: Ist da vielleicht ein Naturgesetz im Spiel, ein schizoider Defekt, ein Riss durch die Frauheit, dem keine politische Realität, kein kritisches Instrumentarium bisher gewachsen ist? »Nein«, hat uns die gewitzte Hedwig Dohm erklärt, »die Frauen in ihrer Gesamtheit lassen sich nicht unter einen Hut bringen. Sehe und erfahre ich nicht täglich, daß es auch völlig anders geartete Frauen gibt, Frauen wie Sturm und Feuer? Es gibt Amazonen und Opferlämmer, Hypatias und liebe einfache Hausmütterchen, – und alle wollen sich nach ihrer Wesensart betätigen und alle haben Recht, tausendmal Recht.«

Nur leider genügt es selten, nur Recht zu haben. Und so erklärt sich schon fast von selbst, warum der Feminismus seine Geschichte seit 1945 nach »Wellen« zählt. Kaum haben die Frauen geschmeckt, wie es ist, für sich selbst zu denken, da taucht am fernen Horizont der Freiheit schon die nächste Sandbank auf.


### Der Sündenfall

In der Geschlechterchronologie stellte Leonoras Damenbibliothek so etwas wie den feministischen Sündenfall dar: Adams Vertreibung aus dem gerade erst entdeckten Paradies weiblicher Kultur. Zwar herrscht heute weitgehend Einigkeit darüber, dass es nur eine Geschichte geben kann, die nämlich, die von beiden Geschlechtern geschrieben wird. »Frauengeschichte betrifft nicht nur die halbe Menschheit, sondern die ganze.« (Gisela Bock) Das ändert aber am Gesamtbild wenig. Auf den Hauptwegen der Zivilisationsgeschichte blieben Frauen unsichtbar. Die Weltgeschichte drang allenfalls als ein Murmeln an ihr Ohr. Sie hockten in ihren Höfen, Küchen, Kinderkammern, sie spannen und webten und stickten und überließen das Denken den Männern. Von den Dächern ihrer Frauenhäuser sahen sie aus der Ferne den Versammlungen der Bürger zu. Die Abwesenheit denkender Frauen ist das Menetekel feministischer Geschichtsschreibung.

Wer heute Feminismus will, hat immerhin die Wahl: (radikaler) Differenzfeminismus, (liberaler) Gleichheitsfeminismus, postmoderner, poststrukturalistischer, dekonstruktiver Feminismus, linker Feminismus, Cyberfeminismus. Alle teilen die Welt, je nach Theorieansatz, in binäre Oppositionen: Mann – Frau, *gender – sexus*, Sozialismus – Kapitalismus, Körper – Geist. Ich gestehe, dass mir Frauen lieber sind, die ihre Rechte nicht im Namen der Freiheit, der Demokratie, ihres Geschlechts oder des Klassenkampfs, sondern in ihrem eigenen Namen verteidigen. Schließlich sind wir seit Evas Griff nach

dem Apfel der Erkenntnis auch mit der Erbsünde ganz gut fertig-
geworden und bekreuzigen uns nicht mehr bei jedem Buchkauf.
Außerdem scheint es bisher keinem der gut gemeinten Versuche gelungen zu sein, den *mind gap* der Geschlechter, wie ich es einmal
nennen will, durch theoretische Konstrukte zu überwinden. Don
Quijote oder Shakespeare in Röcke zu stecken, Antigone als Frühfeministin auszurufen oder den abrahamitischen Gott als Göttin
zu reanimieren, überzeugt nicht gerade durch logische Stringenz.
Solche Umwidmungen zeugen postmoderne Theoriemonster mit
grotesk verrenkten Gliedern, die das Hinken des Konstrukts einer
genuin weiblichen Ideengeschichte nur noch schmerzlicher sichtbar
machen.

Als sich Feministinnen in den Siebzigerjahren auf die Suche
nach der »knowing woman« machten, weiblicher Spiritualität jenseits patriarchalischer Strukturen und Episteme, entdeckten sie –
»Göttinnen in jeder Frau«. Ihr erklärtes Ziel war, weibliches Wissen
zu reaktivieren, das unter dem Schutt jahrtausendealter Mythen ver-
mutet wurde. Bin ich der Aphrodite-Typ: kultiviert, sinnlich, verfüh-
rerisch, machtbewusst, performativ, mit einer Vorliebe für phallische
Männer, oder mehr der Hestia-Typ: häuslich, sanft, fürsorglich?
Oder vielleicht Athene, Typ kinderlose Akademikerin, ehrgeizig,
loyal, effizient? Louisa Murano legte Frauen nahe, »mit dem Herzen«
zu denken. Charlene Spretnak rekonstruierte mit reichlich femi-
nistischem Gips die zerschlagenen Statuen archaischer Mutter-
göttinnen. Die Mehrzahl der damals erschienenen Bücher war in
intellektuellen Handarbeitskursen aus der Archetypenlehre des Psy-
choanalytikers C. G. Jung und ein wenig griechischer Mythologie
verfertigt worden. Diese hübschen, mit klitoraler Empfindsamkeit
angereicherten Transzendenzmodelle der Weiblichkeit gingen alle
von demselben gut besuchten und breitgetretenen Gemeinplatz aus:
Die Frau ist ontologisch gespalten. Die eine Hälfte, die soziale Frau,
fügt sich in Berufsalltag und weibliche Benachteiligung, die andere,
das Naturwesen, hat heimlich Sex mit Teufeln. Ein weibliches Utopia, ein Blocksberg für Friedensretterinnen und Naturschützerinnen
musste her, wie in Irmtraud Morgners *Amanda. Ein Hexenroman,*

damit die Frau wieder eins mit sich werde und als Subjekt in die Geschichte eintrete. Amerikanische Fernsehserien verzauberten Hausfrauen in erotische Feuerwerkskörper mit übernatürlichen Kräften, von der zauberhaften Samantha in *Bewitched* bis zu den *Hexen von Eastwick*.

Im selben Jahr wie Morgner ihre zauberhafte Amanda, erfand Christa Wolf »Kassandra« als weibliche Gegenstimme zu Homers Saga vom Trojanischen Krieg. Die Psychologisierung des Mythos legte pazifistische und emanzipatorische Bedeutungsschichten frei, die der Urversion aus verständlichen Gründen fernliegen mussten. Die schöne Helena tritt als verschleiertes Phantom auf, als große Unbekannte im Würfelspiel des Schicksals. An ihrer Stelle wird die somnambule Kassandra zur Hauptdarstellerin im Wettlauf zwischen Kriegspropaganda und Abrüstung und zum Alter Ego der DDR-Schriftstellerin. Zur Zwangsheirat mit Agamemnon genötigt und auf der Rückfahrt nach Sparta getötet, fügt sie der weiblichen Martyrologie ein weiteres Opfer hinzu. Als schließlich die Marxistin Ágnes Heller Rosa Luxemburg eine Kassandra des Marxismus/Sozialismus nannte, reihte auch sie sich ein in den langen Marsch der Frauen, die es schon immer besser gewusst, aber nie besser gemacht haben als ihre Vorgängerinnen.

Was haben all diese tapferen emanzipatorischen Theoriegefechte ausgerichtet gegen die Einfachheit der männlichen Begierde, gegen den abschätzenden Blick auf den weiblichen Körper, diese schamlose Berührung, die unausweichlicher in das Kraftfeld eines Menschen eindringt als der Geschlechtsakt und der sich Frauen von jeher nicht anders zu entziehen wussten als dadurch, dass sie den eigenen begehrenden Blick verborgen hielten unter Schleier und Scham?

Nr. 3
# Frauen, die denken, sind gefährlich

## Der Schoß der Welt

Gustave Courbets Gemälde *Der Ursprung der Welt* ist das gefährlichste Kunstwerk der Welt. Nicht das Bild, sondern die Geschichte des Bildes zeigt die obskure Magie der nackten Vulva. 1866 im Privatauftrag eines türkischen Paschas gemalt, wurde es erst nach 122 Jahren in New York zum ersten Mal öffentlich ausgestellt und ist derzeit im Pariser Musée d'Orsay zu sehen. Das Bild zeigt einen weiblichen Akt als Torso, dargestellt aus der Perspektive der Penetration. Unter dem dicht bewaldeten Venushügel bietet sich das Geschlecht der Frau, deren Kopf am oberen Bildrand abgeschnitten ist, zwischen halb geöffneten Schenkeln dar. Die Vagina ist ein denkferner Ort, voll sinnlicher Irritationen und irrationaler Ängste. Sie zum Sprechen zu bringen bedeutet, vom Weiblichen als lebendigem Ursprung, vom Tod und vom männlichen Blick zu reden, diesem Blick, der sich zwischen Eingang und Ausgang des Lebens, Entbinden und Verschlingen lustvoll und voll Entsetzen windet.

Das Gemälde wechselte häufig die Besitzer. 1955 kam es in den Besitz von Jacques Lacan, der einen Doppelrahmen anfertigen ließ, um es hinter einer Landschaftsmalerei vor den Augen seiner Besucher zu verbergen. Über mehr als vierzig Jahre arbeitete der Begründer der strukturalistischen Psychoanalyse an seiner Theorie der symbolischen Ordnung, wonach das Unbewusste entlang symbolischer Zeichen (Signifikanten) als Sprache strukturiert ist. Im Mittelpunkt dieser symbolischen Ordnung steht der Phallus als Zeichen für etwas, das manchmal als imaginäres, ein anderes Mal als symbolisches Ding gedeutet wird. Das männliche Fortpflanzungsorgan »bezeichnet« die elementare Beziehung des Unbewussten zum geschlechtlichen Körper. Er ist nicht das denkende Ding, sondern jedem Denken vorgängig. Es ist nicht einmal nötig, es zu besitzen. Wir alle, behauptet Lacan, stehen unter seiner Macht. Was »ich« mit all meiner Vorstellungskraft begehre, bleibt immer dasselbe: der Phallus als Signifikant, als Verlust-Objekt männlich-väterlicher Macht. Er ist schlechthin alles und jedes, Anfang und Ende, Subjekt und Objekt. Vom guten alten Sex, dem *rapport sexuel*, bleibt nichts als das ewige Spiel der Macht: Phallus sein oder Phallus haben – das ist hier die alles entscheidende Frage.

Gut, in meinen Leben habe ich schon allerlei vermissen müssen: Geldbörsen, Taschen, Häuser, Geliebte, Kugelschreiber, schönes Wetter, aber noch nie meinen Penis. Wie soll mir auch etwas fehlen, von dem ich nicht einmal wissen kann, ob ich es je hatte oder haben will. Ehrlich gesagt leuchtete mir schon Freuds Penisneidfabel nie richtig ein. Wenig Hilfe kommt auch vonseiten der feministischen Theorie, die sich seit Jahrzehnten in einem einzigen terminologischen Kraftakt am phallogozentrischen Lacan abarbeitet. Wo Lacan das weibliche Geschlecht rationalisiert und in logisch mathematisierten Modellen (Objekt A und Objekt klein a) als das Unausgesprochene und Unaussprechliche zum Verschwinden bringt, hob Hélène Cixous es zurück an die sinnliche Oberfläche der Welt und dekonstruierte den Körper als Körper der Schrift. Um die Frau als kognitives Subjekt wieder sichtbar und hörbar zu machen, ließ Luce Irigaray ihre beiden Schamlippen fünfhundert Seiten lang lustvoll miteinander sprechen, was auf jeden Fall eine ziemlich komische Sache ist. Das postmoderne weibliche Subjekt wird in Irigarays *Spiegel des anderen Geschlechts* ontologisch umoperiert zu dem, was es in den Augen der Männer schon immer war: ein schwatzhaftes, amorphes, unbegrenztes, berührendes statt be-greifendes Geschöpf, das sich bei aller kritischen Anstrengung nicht aus dem Lacan'schen Diskurs zu lösen vermag. SIE bleibt das »unendlich andere« in ihrer vaginalen Selbstevidenz, ER der ominöse Gott des Patriarchats, dessen Macht nicht gebrochen, sondern allenfalls bemäkelt wird wie ein untreuer oder unzärtlicher Ehemann. Wie man das Ding auch dreht und wendet: Dem männlichen Standpunkt wird überall das psycho-linguistische Spielfeld überlassen.

Das mythische Denken, dem Freuds Trieblehre Tür und Tor in die Moderne geöffnet hatte, übertrat mit dem jungen Georges Bataille die Grenze zwischen Kitsch und Kult, Literatur und Perversion. Der weibliche Körper wird zunächst in Lacans Modus des Begehrens erforscht, eines Begehrens allerdings, das mit grausamen Verboten umstellt ist. Das Auge ist die Sonde, die tief in die Mysterien des Weiblichen vordringt. »Dein Hintern ist der Mund eines Gottes, der mir eine diabolische Traurigkeit eingibt.« (*L'Alleluiah*) Was bei Lacan das »Loch des Realen«, die nie zu schließende Differenz zwischen der realen und der imaginären Frau bezeichnet, erschließt sich Bataille in den Landschaften zwischen Anus und Vagina abwechselnd als Arschgesicht, *trou du cul*, Mund und göttliches Auge des Universums. Die Milchstraße erscheint dem delirierenden Voyeur im Metaphernsturm als »Strom von Astralsperma und himmlischem Urin, der quer durch die Schädelwölbung der Gestirne fließt: offener Spalt am Scheitel des Himmels … – ein zerbrochenes Ei, ein geborstenes Auge.« (*Das obszöne Werk*).

In dieser pseudoarchaischen Metaphysik des Geschlechtskörpers verschwimmen Mythos und Poesie zum Phantasma einer eigens für Männer und von ihnen erdachten Götterwelt. Schon in der griechischen Mythologie wimmelt es von Göttinnen und sterblichen Frauen, die von ihren Gatten und Vätern getötet, verdrängt, verschluckt, zerrissen werden. Die chthonische Urkraft des Eros, des erstgeborenen Sohns der Mutter Erde, Gott der Lust und des Begehrens, behauptete sich selbst gegen die apollinische Idealästhetik des Hellenismus. So wurde das Weibliche in der Morgendämmerung europäischer Geistesgeschichte dämonisiert als ungebändigte, furchterregende Naturgewalt, die domestiziert werden musste.

Die Furcht kam aus dem Unwissen: Aus den Frauen schlüpfen die neuen Menschen, ohne dass sich erklären ließ, worin diese geheimnisvolle Macht über Tod und Leben begründet war. Sie sind angsteinflößend wie Sonnenfinsternisse, Stürme und Erdbeben. Der schwellende Leib, die monatlichen Blutungen machen sie zu einem

Wesen, das, wie die Natur, magischen Rhythmen und Gesetzen folgt. Die Schreckensbilder der feuerspeienden Pythia, der kindermordenden Medea, der kampfwütigen Amazonenköniginnen machten sich auf den Weg durch die Jahrtausende. Als Wachträume einer Vernunft, die sich noch nicht selbst denken kann, sickerten sie durch die feinsten Kanäle der Sprache in den Bildbestand abendländischer Zivilisation. Die Dämonisierung des sexuellen Körpers diente zu allen Zeiten der Rechtfertigung physischer und rechtlicher Gewalt gegen Frauen. Im Talmud verkörpert Lilith, Adams erste Frau, dieses Böse als Bedrohung der Mutterschaft. Der Aberglaube an den »bösen Blick« war gleichbedeutend mit der Furcht vor dem weiblichen Blick. Der jüdische Brauch empfahl dagegen Schutzamulette wie die fünf abwehrend gespreizten Finger der »Hand der Fatima« oder das Totem des blauen Kristallauges, Mohammed das dreimalige Lesen einer bestimmten Sure.

Schleim, Menstruationsblut und klaffende Körperöffnungen sind auch in Batailles' »tragisch genommenem Erotismus« Signifikanten einer Erotik, die heimgekehrt ist zu den Urmüttern. Eros und Thanatos vereinigen sich in den niedersten Regionen der Lust, die von den klassischen Philosophen noch als geistferne Zonen tierischer Instinkte verachtet wurden: Anus und Enddarm, *trou du cul*. »Ich liebte das, was man für schmutzig hält.«

Als arbeitsloser Intellektueller in den Kreisen der Pariser Surrealisten entdeckte der »perverse Bibliothekar« (so nannte ihn Sartre) das Obszöne als »Sprache«, in der das Animalische transzendiert wird in eine irrationale Ästhetik des Blicks. Es ist die einzige Sprache, die Erlösung bringt von Inzestdrohung, Arachnophobie und Scham beim Anblick des nackten Frauenleibs. »Aber die wahre Nacktheit, herb, mütterlich, in schweigendem Weiß und fäkalisch wie der Stall, diese Wahrheit der schamlosen Bacchantinnen, Drüsen in Beinen und Lippen, ist die letzte Wahrheit der Erde, sie ist zugleich pythisch und will im Schatten bleiben, bereit hinzunehmen, wie es die Götter von jeher waren, daß sie verdammt sind, nie andere als sterbende Augen zu öffnen.« Der melancholische Erotophobiker wehrt Körperlust als Gesellschaftslüge zurück. So wird sein unstillbares Begeh-

102

ren nach dem weiblichen Körper neutralisiert und als Betrug und Augenlist entlarvt. »In allem, was ihre Intimität, ihre Sanftheit, ihre Uneigennützigkeit ausmacht, beruht die Gesellschaft auf dem Bösen: sie ist wie die Nacht, sie besteht aus Angst.« (*Das obszöne Werk*)

Bataille und Lacan teilten sich einige Jahre dieselbe Frau, Sylvia. Vor allem aber teilten sie die schwer erklärbare Furcht vor dem Mysterium des gefährlichen Orts. Wo Lacan verneint, dass es DIE Frau oder etwas wie ein »sexuelles Verhältnis« überhaupt gibt, ist der weibliche Schoß für Bataille die süße Falle egomaner Selbsttäuschungen. Alle Frauen sind eine: Mutter, Hure und Heilige, Madame Edwarda und Madame Bataille, gefährlich und verlockend.

### Der männliche Makel

Seit Menschen denken können und ihre Gedanken für die Nachwelt aufschreiben, ist das Weibliche die Urkraft, die der Macht des Logos unaufhebbare Grenzen setzt. Darin drückt sich das Skandalon der Schöpfung aus, dass jeder Mann aus einer Frau geboren ist. Das beginnt schon bei der Geburt der europäischen Götter. Zeus, der erste von einer Mutter geborene Gott, musste tief in einer Höhle unter dem Berg Dicte auf Kreta vor seinem eifersüchtigen Vater Kronos versteckt werden. Denn was Rhea gebar, die Tochter der großen Erdmutter Gaia und Göttin der Schwangerschaft, verschlang der Herr der Zeit. Neun lärmschlagende Monatsdämonen, die Kureten, mussten das Schreien des Neugeborenen vor den rachsüchtigen Ohren des Vaters übertönen. Nach älteren Sagen befand sich Zeus' Geburtshöhle auf dem Berg Ida in der kleinasiatischen Region Troas. Der Geburtsmythos rückt in dieser Version in die gefährliche Nähe matriarchalischer Ursprungslegenden, denn der Ida war auch der heilige Berg der Großen Göttermutter Kybele.

Hervorgegangen aus einem Zwitterwesen namens Agdistis, das sich nach der Kastration in eine Frau und einen Mann aufspaltete, verliert Attis, die männliche Hälfte, aus unstillbarer Sehnsucht nach Kybele, der weiblichen Hälfte, den Verstand und tötet sich selbst.

Noch bei den Frühlingsfesten des ersten nachchristlichen Jahrhunderts vollzogen junge Männer im Römischen Reich an sich symbolische Kastrationen, indem sie sich blutig peitschten. Mit ihrem Blut tränkten sie die Pinienzapfen, die auf den Straßen verstreut wurden, ihrer Ähnlichkeit mit der Eichel des Penis wegen. In den rituellen Mysten des Attis drückte sich die männliche Kastrationsangst aus, die nach Auffassung von Freud und Lacan in der frühkindlichen, ödipalen Entwicklungsphase die Ablösung von der Mutter begleitet. Über die atavistischen Rituale fanden uralte Ängste vor dem Urweiblichen Eingang in die Psyche des modernen Mannes, wo sie sich in Form von Neurosen und Phobien reproduzieren.

Frauenphobiker vermögen so wenig zwischen klugen und dummen Frauen zu unterscheiden wie Arachnophobiker zwischen Webspinnen und Skorpionen. Der Syllogismus der Indifferenz ist die Logik der Misogynie: Eine Frau ist eine Frau ist eine Frau. Dass der weibliche Körper von männlichen Fantasiebildern besetzt ist, stellt feministische Emanzipationsprojekte von jeher vor schier unlösbare Probleme: Ihr Gegenstand liegt begraben unter einem gigantischen Trümmerberg aus Mythen, Metaphern und Monstrositäten. Wie sexuelle Männerträume in den zurückliegenden zwei Jahrhunderten Monster der Misogynie erzeugen, die wiederum in xenophobe Ideologien umschlagen, haben Bram Dijkstra (*Idols of Perversity*) und Klaus Theweleit (*Männerphantasien*) mit archivalischer Gründlichkeit rekonstruiert. Die europäische Kunstgeschichte zwischen 1850 und 1900 ist ein pornografisches Gruselkabinett. Franz von Stucks *Kuss der Sphinx* oder Edvard Munchs *Vampir* gehören noch zur harmloseren Sorte. Drastischer geht es zur Sache bei dem belgischen Zeichner Félicien Rops. *Die heilige Theresa* zeigt eine Nonne beim Einführen eines Dildo. Die *Versuchung des heiligen Antonius* ist ein gekreuzigter weiblicher Akt. Als *Pornocrates* führt eine dralle Nackte ein Schwein an der Hundeleine spazieren. Der Schriftsteller Théophile Gautier verherrlichte die altägyptische Haremskultur in dem erotischen Gruppenporno *Mademoiselle Maupin*. Der Zeichner und Karikaturist Honoré Daumier nutzte die erotische Angriffsfläche des weiblichen Körpers zu politischer Agitationskunst, als er für die

Satirezeitschrift *Le Charivari* eine Serie mit bösartigen Karikaturen der *femmes socialistes* lieferte. Eine andere Serie zeigte die *Bas-bleu* (Blaustrümpfe) als krummnasige alte Hexen.

Die Vertreibung der Vernunft aus dem weiblichen Körper kann sich auf eine dreitausendjährige Tradition berufen. »Getrennt vom Weib schuf ein Gott den Verstand«, versicherte schon Semonides, ein Grieche des 7. vorchristlichen Jahrhunderts von der Insel Samos. Aus Schwein, Fuchs, Hund, Esel, Affe, Marder, Pferd und Biene habe der Gott die Frauen geschaffen. Es gibt schlechthin nichts, was eine (Ehe-)Frau richtig machen konnte. »Die eigene Frau mag ja ein jeder im Gedenken loben, die des andern wird er tadeln:/ wir erkennen nicht, dass wir das gleiche Los haben.« Schon möglich, dass Semonides gar kein Frauenverächter war, sondern nur ein gewöhnlicher Wortgaukler, der gegen ein paar attische Münzen das Volk auf Dorffesten mit bekannten Frauenzoten belustigte: »Denn Zeus hat dieses Übel als das größte geschaffen/ und ein unzerreißbares Band von Fesseln um uns gelegt/ seitdem Hades jene Männer aufnahm,/ die um einer Frau willen in Krieg geraten waren.« Dass Semonides mit der bösen Frau die schöne Helena meinte, den Vorwand des Kriegs der Griechen gegen Troja, verstand jede Zuhörerin. Immerhin trieb er die Boshaftigkeit so weit, dass er »Gefräßigkeit« als weibliches Laster tadelte, wohl wissend, dass den Mädchen und Frauen traditionell kleinere Nahrungsrationen zustanden als der männlichen Bevölkerung, sodass sie oft Hunger litten.

In den Tragödien des Aischylos und Sophokles betreten zum ersten Mal Frauen die Bühne, die man fürchten muss. Das sexualisierte Ding beginnt zu denken; es spricht. Doch was aus ihm spricht, ist nicht männliche Vernunft, sondern die Stimme der Natur, der Leidenschaften und Affekte, der Raserei und Zauberkraft. Kluge Frauen sind gefährlich, warnte der Dichter Euripides gegen Ende des 5. Jahrhunderts v. Chr., denn sie sind die Erfinderinnen des Bösen. Helena, Antigone, Medea, Phädra, Klytämnestra, Iphigenie, Deianeira – die großen attischen Tragödienfiguren verkörpern unmoralische Ungeheuer, Gatten- und Kindermörderinnen, Wahnsinnige, Gesetzes- und Ehebrecherinnen. Aischylos bezichtigt Helena in der

*Orestie* der Schuld am Trojanischen Krieg und hängt ihr auch noch den Mord an, den ihre Schwester Klytämnestra an ihrem Gatten Agamemnon beging. Euripides wiederholt dieselben Vorwürfe in seiner Tragödie der *Troerinnen*. In einem späteren Stück bezweifelte er wiederum ihren Ehebruch mit Paris und lässt sie als Anklägerin gegen die Troer auftreten. Erst fünfzig Jahre nach Euripides führt Aristophanes Frauen vor, die ihren Herren nicht mehr gehorchen, sich verbünden und eine »Weibervolksversammlung« anzetteln, aber leider auch wieder nur, um sich, als der Aufstand misslingt, auf offener Bühne dem schadenfrohen Gelächter der ganzen Stadt auszuliefern.

Mit eher gemischten Gefühlen verherrlichte das europäische Mittelalter Frauenliebe zwischen Furcht und Verlockung. »Welche Art Raubvogel auch immer es sei,/ und sei's auch der zum Raube Fähigste, die Frau ist/ stärker als er:/ Kein Wesen unter Menschengeistern schlägt seine Beute sicherer als die Frau«, klagte der Kleriker Abaelard. Ungeheuerlich erscheint die sexuelle Frau den Nervenärzten des frühen 20. Jahrhunderts: als *vagina dentata*, Hure, Vamp und Raubtier treibt sie ihr Unwesen in den aufgeräumten Köpfen seriöser Universitätsprofessoren. Freud deutete die Klitoris als Reißzahn, der mitsamt dem Kopf ausgerissen gehöre – ein Aufruf zu symbolischer Kastration. Es dauert nicht mehr lange, und das Weib, Sinnbild alles Bösen, erobert erneut die politische Ikonografie. Die erste amerikanische Wasserstoffbombe wurde 1946 auf den Namen »Gilda« (nach dem englischen *guilt* = Schuld) getauft, bevor sie über den pazifischen Bikini-Inseln gezündet wurde. Ihre Namenspatronin war die »Liebesgöttin« Rita Hayworth, das Busenwunder in dem Hollywoodfilm *Gilda* (der übrigens von einer Frau produziert wurde). Die »Sexbombe« verband geschickt Aufrüstungspropaganda und Kastrationsangstkomplex im weiblichen Klischee der Massenkultur. Auf Schritt und Tritt laufen männliche Kinohelden Gefahr, auf erotische Sprengkörper zu treten. Woody Orpheus Allen zerlegt in *Picking up the Pieces* seine Frau sogar in sieben Teile, wie einst Marduk die Urgöttin Tiamat, und vergräbt sie in der mexikanischen

Wüste. Um den Fetisch Frau zu entschärfen, erfinden die Mytho-
poeten des amerikanischen Kinos ein sicheres Mittel: Sie senken den
Intelligenzgrad ihrer Heldinnen so weit ab, dass sich kein Mann vor
dem Sexappeal dieser wasserstoffgebleichten Dummerchen fürchten
muss. Auf geheimnisvollen Wegen ist der männliche Makel zum
Makel der Frauen pervertiert. Praktisch jedes Übel der Welt wird
ihnen in die hochhackigen Schuhe geschoben. Noch in seiner mat-
testen kulturellen Schwundstufe erscheint das Böse in weiblicher
Gestalt als Schwiegermutter, Nörgeltante, Giftzahn, böses Mädchen,
Hausdrachen, *bitch*, Kratzbürste, Kröte, Tussi oder Schlampe.

Die Weltgesundheitsorganisation hat Gynophobie mittlerweile in
die Liste anerkannter psychischer Krankheiten aufgenommen. Auf
einer deutschen Webseite »wider die Gräuel von Matriarchat und
Gynokratie« wird besonders vor gewalttätigen lesbischen Frauen
und »Lesbo-Feministinnen« gewarnt, die keine »normalen« Frauen
seien, sondern männerhassende »Männer in Frauenkörpern«.


## Pandoras Söhne

Unter den großen Übeltäterinnen der Menschheit – Lilith, Eva,
Medea – ist Pandora die übelste; ein überschmücktes Glitzerwesen
vom Catwalk des Olymp. Als Archetypus der bösen Frau beherrscht
Pandora seit Jahrtausenden die Männerfantasien. Feministinnen
deuten Pandora, in Umkehrung von Freuds weiblichem »Penisneid«,
als notorisches Hassobjekt männlicher Gebärneidneurosen. Melanch-
thon ahnte in ihr schon die spätmoderne Konsumentin voraus:
»Pandora aber ist die Wollust. Die Wollust braucht nämlich viele
Dinge, und täglich beklemmt sie der Konsum.« Der sinnliche Goethe
konnte am »Wonnegefühl«, das ihm Pandoras »Labsal« schenkte,
nichts so Übles finden, im Gegenteil. In ihrer Gegenwart schmeckte
er »Himmelsglanz« und »Seelenruhegenuß«. Noch als reifer Siebziger
widmete er ihr ein Festspiel (*Prometheus. Dramatisches Fragment*,
1773). Dagegen wollte Christoph Martin Wieland in ihrer Büchse nur
einen übergroßen Schminktopf erkennen. Bei Peter Rühmkorf wird

die böse Henkelamphore zur sirenischen Musikbox. Claude Simon denkt an »all die Soldaten Infanteristen Kavalleristen und Kürassiere die aus der Büchse der Pandora sprangen (eine schwer bewaffnete gestiefelte und behelmte Brut)«, während er im Schützengraben vom Orgasmus in der Geliebten träumt (*Die Straße in Flandern*). In Villiers de l'Isle-Adams 1886 erschienenem Roman *Die Eva der Zukunft* erschafft ein fiktionalisierter Thomas Alva Edison eine neue Pandora als Androide, eine elektrische Frau. Fritz Lang erfindet eine Mordmaschinenfrau in Gestalt der lieblichen Jungfrau Maria (*Metropolis*). Dem postmodernen Philosophen Jean-François Lyotard ist sie eine »Junggesellenmaschine«: der erste Sexroboter der Menschheit. Peter Sloterdijk benennt gleich das ganze ausgehende 20. Jahrhundert nach ihr. Aus dem »Ereignisschoß« der »pandorischen Zeit« schütte die personifizierte Geschichte alle Übel über uns aus und leere sich doch nie ganz. (*Nietzsche im Monsterpark*) Und der Soziologe Bruno Latour macht aus ihr 1999 eine »blackbox der wissenschaftlichen Fakten«, Endzeitfigur der positivistischen Wissenschaftsära.

Der dichterischen Fantasie des Hesiod entsprungen, lässt sich an Pandora ziemlich geradlinig der Weg der Bilder zurückverfolgen, auf dem aus einer witzigen Ehefrauensatire die Universalmetapher des Weiblichen als kulturelle Bedrohung männlicher Herrschaft generiert wurde. Nachdem er in seiner *Theogonie* von der Erschaffung der Welt aus dem Urchaos, von dem Urpaar Gaia und Uranus und deren olympischen Kindern erzählt hat, kommt Hesiod auf die Erschaffung der ersten Menschenfrau durch Hephaistos zu sprechen, den Gott der Schmiede, Bergarbeiter und Töpfer. Aus Erde habe er »das Bild einer züchtigen Jungfrau« geformt. »Gürtel gab ihr und Schnalle die augenleuchtende Pallas/ mit einem Silbergewand. Vom Haupte floß eines Schleiers/ Prächtig Gewebe, das hielt sie mit Händen, ein Wunder zu schauen.« Dies schöne Bildnis habe der Gott mit allerlei »Kunstwerk« ausgestattet: »Bestien, wie sie gar viele das Meer und das Festland ernähren;/ Viele von ihnen tat er hinein, es glänzte gar lieblich, Wunderliche, als hätten sie Stimme und Leben besessen.«

Der Erfinder dieser peloponnesischen Eva bewies Humor, als er dem schmutzigsten aller Olympier, dem Krüppel Hephaistos, die Liebesgöttin Aphrodite zur Gattin gab. Um sich an ihr zu rächen, deren sprichwörtliche Schönheit und Anmut ihn ständig in den Schatten stellt, machte er aus Lehm Pandora, ein weibliches Wesen voller List und Tücke. Außen göttlich schön, doch mit einer Seele voll Schmutz. »Ihr entstammte das schlimme Geschlecht und die Stämme der Frauen./ Unheilbringend wohnen sie unter den sterblichen Männern.« Hesiod vergleicht sie Bienen, die Drohnen züchten. »Also hat auch die Weiber den sterblichen Männern zum Unheil/ Zeus, der donnernde Gott, bestellt als schimpflicher Werke/ böse Genossen.«

Als größtes Übel in einem Männerleben nennt Hesiod die Ehe, an zweiter Stelle folgen Alter, Gebrechlichkeit und Siechtum. Wir wissen nicht, ob Hesiod verheiratet war; jedenfalls ist ihm das Thema wichtig genug, um seine künstliche Frau auch im zweiten Epos prominent auftreten zu lassen, *Werke und Tage*. Das schöne Frauengebilde wird auf Geheiß des listigen Zeus als Geschenk zu Epimetheus gesandt. »Aber das Weib«, das Gefäß unfassbarer Übel, »hob ab den großen Deckel des Kruges und ließ alles heraus, den Menschen übel gesonnen. Einzig die Hoffnung blieb im unzerbrechlichen Krug«. Mit ihr, heißt es da weiter, brach das fünfte Zeitalter seit Anfang der Welt an, das der eisernen Menschen; voller Plagen, Verweichlichung, Krankheiten und Lieblosigkeit. Der bronzezeitliche Aufstieg der attischen Stadtstaaten zur führenden Handels- und Gewerbemacht im östlichen Mittelmeerraum brachte mit seiner florierenden Töpfer- und Waffenindustrie einen vorher unbekannten Wohlstand in die Häuser der Bürger. Wer vermögend war, stellte seinen Wohlstand gern öffentlich durch kostbare Gewänder und Schmuck an seinen Frauen und Töchtern aus.

Hesiods Klage über seine Zeit hält sich aber nicht lange bei den Frauen auf. Viel wichtiger ist ihm, Bruder Perses, dem per Gerichtsbeschluss die väterlichen Güter zugefallen sind, guten Rat zu erteilen: wann gepflügt und wann gesät wird, wie er urinieren soll (im Sitzen, nie nackt und nicht in Quellen), wann das richtige Alter zum

Heiraten ist (um das dreißigste Jahr), wie er mit seinen Dienern umgehen soll, welche die besten Tage für die Schafschur und welche für die Zeugung eines besonders klugen Knaben sind.

Doch dann nimmt Pandoras Geschichte doch noch eine überraschende Wendung in Hesiods drittem Werk, den bruchstückhaft erhaltenen *Ehoiai* (Frauenkataloge). Nicht die Familiengeschichten der Götter, sondern die der griechischen Heroen werden nun erzählt, von ihrem ersten König Hellen und seinen Söhnen, den Führern der griechischen Stämme der Dorier und Äolier, bis zu den Heldengeschlechtern, die Homers Epen und die griechischen Tragödien bevölkern: Herakles, Odysseus, Klytämnestra und Agamemnon und deren Kinder Orest, Elektra und Leda, die Mutter der schönen Helena. Meist geht von den Männern Gewalttätigkeit, Eigennutz und Blutrache aus, während die Mädchen und Frauen allesamt »wohlgegürtet«, blühend, klug, anmutig und in jeder Hinsicht den Göttinnen gleich sind – Attribute, die wie Preisschildchen an ihren Namen baumeln.

Wieder gibt Pandora den Auftakt. Dieses Mal ist der Empfänger des schönen Frauenbilds Prometheus, Epimetheus' Bruder. Prometheus und Pandora haben einen Sohn, Deukalion; dieser wird der Vater des Vaters aller Griechen, Hellen. Pandora tritt also hier als Ahnin des Griechenvolks auf, eine würdige Königin aus uralter Vorzeit und Gattin des Halbgotts Prometheus, dem Aischylos nicht nur die Zähmung des Feuers, sondern außerdem noch die Erfindung der Schrift, der Zahlen, des Pflügens mit Gespannen, der Schifffahrt und vielem anderen mehr zuschreiben wird. Doch gleich gibt es wieder Familienstreit um eine Frau: Mestra, die Tochter des Königs von Athen, die sich weigert, Pandoras Nachfahren Sisyphos zu heiraten. Es kommt zum Prozess, den die Göttin Athene kaufmännisch schlichtet: »Wünscht statt des Preises jemand, die Ware zurückzuerhalten, ist es nötig den Wert neu festzusetzen … Denn ist sie erst aus den Händen gegeben, ist Umtausch nicht statthaft.« Mestra flieht auf die Insel Kos und bringt einen Sohn zur Welt, Sisyphos zieht aus dem missglückten Geschäft immerhin noch einige hundert Rinder und ein paar Maulesel als Entschädigung.

Das ist eine sehr realistische Darstellung archaischer Frauen-
leben und die erste überhaupt, die der homerischen Welt aus ökonomischer und sozialer Sicht gerecht wird. Dass eine Frau die Ehe
verweigert, ihr Kind allein aufzieht, ins Haus des Vaters zurückkehrt
und den Erzeuger auszahlen lässt, spricht nicht gerade von weiblicher Schwäche. Der Wert der Frauen in den archaischen Stadtstaaten bemaß sich an wirtschaftlichen, nicht an geistigen Gütern.
Sie waren die Herrinnen des *oikos*, des häuslichen Herdes, zuständig
für die Mehrung des ehelichen Besitzes, sofern sie verheiratet oder
für die Erhaltung der väterlichen Güter, falls sie erbberechtigt waren.
Kluges Wirtschaften mit den Ressourcen, Verwaltung, Verteilung
und Kontrolle der Vorräte und nicht zuletzt der Fortbestand ihres
Klans gehörten zu ihren Aufgaben. Genau genommen waren sie
selbst Teil des Besitzes und konnten in Kriegszeiten als Kampfpreis
dem Sieger übergeben werden. Schönheit vergrößerte ihren Wert,
Alter verringerte ihn. Hin und wieder mussten Regierungen gegen
die weibliche Prunksucht Gesetze erlassen, weil eine die andere in
kostspieligen, manchmal durchsichtigen Gewändern übertrumpfte.

Alle Übel, die Pandora über die Welt bringt, sind in einem *pithos*
verborgen, dem griechischen Henkelkrug, den sie als Geschenk zu
Epimetheus/Prometheus mitbringt. In Hesiods Urversion war die
Frau, ihrer amphorenähnlichen Körperform wegen, natürlich selbst
der *pithos*, und der »Deckel« leicht erkennbar als Umschreibung
des Hymen, also als sexuelle Metapher. Als »Büchse der Pandora«
erfährt der *pithos* im Laufe der Jahrhunderte einen wesentlichen
Bedeutungswandel. Nun erst ist Pandora identisch mit ihren »Ge-
schenken«; sie ist endlich die böse, die sexuelle Frau, willfähriges
Werkzeug und Gefäß göttlicher Hinterlist.


## Vatergeburten

Nirgends spricht sich männlicher Bemächtigungswille deutlicher
aus als in den Mythen der Vatergeburt. Athene, die mächtigste Vater-
tochter des Olymps, wurde aus dem Schädel ihres Erzeugers Zeus

geboren, nachdem der seine schwangere Gemahlin Metis, alt-
griechisch »die Kluge«, aufgefressen hatte. Dasselbe wiederholt sich
bei der Geburt des Gottes Dionysos, des Zweimalgeborenen. Nach
heftigem Kompetenzgerangel zwischen Zeus und seiner schwange-
ren Geliebten Semele entreißt Zeus den Fötus dem Bauch der Mutter,
tötet sie, näht ihn sich in den Oberschenkel und gebiert ihn dort-
selbst. Nach demselben Schema ist Aphrodite, die Göttin der Schönheit, aus Penis und Hoden ihres Vaters Uranus gemacht, die Bruder
Kronos dem alten Lüstling im Zorn abgemäht hat.

Wer auch immer sich derlei Gruselmärchen ausgedacht hat, er
muss gewusst haben, dass kluge Frauen den Männern nur dann gefährlich werden, wenn sie sich auf die Seite ihrer Geschlechtsgenossinnen schlagen. Athene, die männliche Kopfgeburt, ist der Inbegriff
männlicher Tugenden. Ihr Symbol, die Eule, bedeutet Scharfsinn,
Weitsicht, Augenmaß. All diese Eigenschaften lehrt sie die Frauen.
Der Gattin von Odysseus, Penelope, »hat sie die Dinge im Übermaß
gegeben«, so wird in einem Homer zugeschriebenen Hymnus berichtet, »dass sie sich auf gar schöne Arbeiten versteht und tüchtiges
Denken und Listen«. Doch sollte sie mit dem Denken nicht so weit
gehen, den Männern zu widersprechen oder sich gegen ihre Herrschaft aufzulehnen. Aischylos legt ihr das Bekenntnis in den Mund:
»Vollen Herzens lieb ich alles Männliche/ Bis auf die Ehe. Denn des
Vaters bin ich ganz.«

Die Verleugnung des weiblichen Ursprungs des Menschen-
geschlechts steht am Anfang aller großen Religionen. An seine Stelle
trat der Mythos der göttlichen Selbstzeugung. Als Gott der Götter
herrschte Amun-Re im Zweistromland, bevor ihn im 7. Jahrhundert
v. Chr. das göttliche Paar Isis und Osiris aus seinen Tempeln verdrängte. Ursprünglich ein kleiner Windgott, stand ihm eine weibliche Gehilfin zur Seite, Amaunet, die bald darauf spurlos verschwand. Amun-Re hatte keine Mutter und keinen Vater; kein Gott
war vor ihm, »er vereinte seinen Samen mit seinem Leib, um seinem
Ei das Sein zu verleihen in seinem geheimnisvollen Schoß«. (*Die
Schöpfungsmythen*) Seinen Titel als »Vater der Väter der Götter«
übertrugen die ägyptischen Pharaonen später auf sich. Noch die

Pharaonin Hatschepsut, Tochter des Thutmosis I., die viele Jahrzehnte Ägypten friedlich und in Wohlstand regierte, musste ihre Thronbesteigung um die Mitte des 15. Jahrhunderts v. Chr. mit der kleinen Notlüge legitimieren, sie sei die natürliche Tochter von Amun-Re, der ihre Mutter inkognito geschwängert habe.

Wie Zeus auf der griechischen Halbinsel, so beendet im Zweistromland Marduk das Zeitalter der Gigantomachie, wie es im *Enuma elisch* berichtet wird. Er verdrängt Amun-Re und Tiamat und setzt sich selbst als *homo creator* und Alleinherrscher auf den Thron der Welt. Nicht anders Mohammed, der Gründer des Islam. In seiner Geburtsstadt Mekka am Ostufer des Roten Meers gehörte die Mehrzahl der Bewohner dem arabischen Stamm der Quraisch an. Sie opferten seit Jahrhunderten drei weiblichen Naturgottheiten, die in Gestalt dreier Felsbrocken vor der Stadt verehrt wurden: ein roter, ein weißer und ein schwarzer Monolith. Die erste, die Kriegsgöttin Al-Lat, teilte mit der assyrischen Astarte in Palmyra, der ägyptischen Isis-Ischtar und der griechischen Athene dieselben Herrschaftszeichen. Die zweite, Al-Uzza, war die Fruchtbarkeits- und Glücksgöttin. Die dritte, Al-Manat, herrschte als Mond- und Schicksalsgöttin über Gestirne und Kalender. Nachdem die neue Religion des Islam die beiden anderen Buchreligionen, Judentum und Christentum, aus weiten Teilen der arabischen Halbinsel verdrängt hatte, wurde auf Mohammeds Befehl das Heiligtum der Al-Lat, die schwarze Kaaba, umgewidmet zum Tempel der judäisch-islamischen Vorväter Abraham und Ismael. Im Koran, dem »Buch«, verkündete Mohammed in 114 Strophen (Suren), die wiederum in Verse (Ayat) oder Zeilen unterschiedlicher Anzahl gegliedert sind, seine Botschaft: Es gibt nur einen Gott für alle Menschen, und sein Name ist Allah. Das Verbot, weibliche Gottheiten anzubeten, wurde in der 24. Sure nun auch auf ganz normale irdische Frauen übertragen. Alles Weibliche sollte verborgen sein. Musliminnen mussten Körper und Gesicht in der Öffentlichkeit mit Stoff bedecken. Noch rund eintausenddreihundert Jahre nach Mohammeds Geburt wurde ein indisch-britischer Schriftsteller mit der Scharia bedroht, weil er die apokryphen Ayat, in denen sich Mohammed betend an die alten

Göttinnen wendet, zum Thema eines Romans gemacht hatte. Die sogenannten satanischen Verse wurden erst nach Mohammeds Tod aus dem Ur-Koran getilgt, um jede Erinnerung an die alten weiblichen Volksreligionen zu löschen.

## Adams Rippe

Die Christen schafften den männlichen Makel, aus einer Frau geboren zu sein, durch einen simplen Trick aus der Welt: die Erfindung der Jungfrauengeburt. Als hilfreich erwies sich dabei die Lehre eines jüdischen Philosophen, Philon, der zu Lebzeiten Jesu in der israelitischen Gemeinde von Alexandria griechische Philosophie unterrichtete. Nach griechischer Denktradition deutete er die Personen in den ersten fünf Büchern des Alten Testaments als Allegorien allgemeiner Begriffe. Adam versinnbildlicht den menschlichen Verstand (*nous*), Eva die Empfindung (*aisthesis*), der judäische Gott Jahwe die höchste Stufe der Vernunft (*logos*). Die wenig glaubwürdige Fabel von der wundersamen Zeugung des Isaak durch den über neunzigjährigen Abraham, den Stammvater der Israeliten, erklärte Philon als allegorischen Akt innerer Erleuchtung der alten Sara durch Gott selbst.

Die Idee der geistigen Zeugung erwies sich als höchst wirkungsvoller Initialfunken bei der Einführung der frühchristlichen Religion und deren messianischer Geschichtsschreibung. Nachdem Jesus von Nazareth die uneheliche Empfängnis seiner Mutter Maria gemäß Philons Lehre als göttliche Zeugung verklärt und sich so selbst in die alttestamentliche Genealogie eingefügt hatte, konnte er sich den römischen Besatzern guten Gewissens als Sohn Gottes vorstellen. Die Idee fand Anklang. Nicht lange nach Jesu Kreuzigung erklärten seine Anhänger nun auch charismatische Heiden wie den griechischen Philosophen Platon nachträglich zu Jungfrauengeburten. Das Dogma der unbefleckten Empfängnis eliminierte den männlichen Sexus aus der Heilsgeschichte. Der christliche Wanderredner und Jesusanhänger Paulus, der im griechischen Raum missionierte, schmückte es im 1. Jahrhundert zu seiner Lehre vom sündigen Geschlecht der Weiber aus, dem der Christenmensch nur entkomme, wenn er den »alten Adam« ablege, der mit den Augen des Fleisches sieht. »Denn der Mann ist nicht vom Weibe, sondern das Weib vom Manne«. Wer aber sah mit den Augen des Geistes, wie Paulus lehrte, der erkannte in Frauen, die sich mit Wissensdingen beschäftigen, Gefahr für die christliche Weltordnung. Damit das Dogma galt, mussten Geist und Fleisch geschieden bleiben zwischen den Geschlechtern. Eines der prominentesten Opfer der paulinischen Geschlechterpolitik, wenn auch mit Sicherheit nicht das einzige, war die neuplatonische Philosophin Hypatia von Alexandria, die an der altehrwürdigen ptolemäischen Akademie Museion Mathematik und Astronomie lehrte. Sie wurde 415 nach Christi Geburt auf offener Straße von einem christlichen Mob gelyncht, ihr Leib zerstückelt und verbrannt.

Die nicäische Synode im Jahr 325, bei der das Christentum als Staatsreligion im römischen Weltreich angenommen wurde, verpflichtete jeden Kirchenmann, weiblos zu leben und keine Frauen in seinem Wohnhaus zu dulden. Seit Nicäa galt die Gottnatur des Nazareners Jesus als bewiesen. Damit war der Streit zwischen den zahlreichen christlichen Sekten, die sich im ersten Jahrhundert von Syrien bis zu den britischen Inseln ausgebreitet hatten, durch das Machtwort der Kurie beigelegt. Die Trinitarier, die auf der Dreieinigkeit von Gottvater, Gottsohn und Heiligem Geist bestanden, hatten die arianischen Bischöfe überstimmt, die in Jesus nur den Propheten, aber nicht den Gott anerkennen wollten. Das Dogma der Dreifaltigkeit hatte allerdings eine logische Schwachstelle: Jesu Mutter Maria. Auf ihr lastete alle Beweisnot, die Generationen scholastischer Theologen viel Gelehrtenschweiß kosten sollte. Erst durch den Nachweis, dass sich Gottnatur und Menschnatur in Jesus zur Kindschaft verbunden haben, konnte Jesus als Christus, als Gesalbter und Auserwählter unter den Menschen die Weltherrschaft antreten.

Diesen Nachweis führte ein gutes Jahrtausend später Anselm, Bischof von Canterbury, in der Form seines platonischen Dialogs über die Frage, »Warum Gott Mensch geworden sei« (*Cur Deus*

*Homo*). Auf dem Londoner Konzil wurde der Beschluss von Nicäa 1102 aufgrund seiner gelehrten Ausführungen erneuert. Der Beweis, dass Jesus zugleich Gottes und einer sterblichen Mutter Sohn sein konnte, war nicht besonders schwer zu führen. Gott war schließlich Gott – es stand ihm frei, wie er die Menschen erschaffen wollte. »Auf vierfache Weise kann Gott den Menschen schaffen;/ nämlich entweder aus Mann und Frau, wie es der ständige Brauch beweist;/ oder weder aus einem Manne noch aus einer Frau, wie er Adam geschaffen hat;/ oder aus einem Manne ohne Frau, wie er Eva gebildet hat;/ oder aus einer Frau ohne Mann, was er noch nicht getan hat.«

Die letztgenannte Methode schien glaubenstechnisch die erfolgversprechendste. Nach biblischem Zeugnis hatte der erste Mensch ja auch keine Mutter. »Gott hat auch, als er die menschliche Natur ursprünglich in Adam allein erschuf/ und die Frau, damit aus beiden Geschlechtern die Menschen sich vermehrten,/ nur aus ihm bilden wollte,/ klar gezeigt, daß er nur mit Adam tun wollte,/ was er mit der menschlichen Natur tun würde«. Der Bericht aus der Schöpfungsgeschichte, wonach Eva aus Adams Rippe gemacht war, wurde alsbald zum biblischen Gassenhauer. Gott hatte also mit der Frau nicht mehr vorgehabt als mit jedem Schaf auf der Wiese und jeder Kuh im Stall. Da nach Ansicht antiker Mediziner Embryonen im Mutterleib noch keine Seele haben, ist der weibliche Körper die Ackerfurche, in dem die Frucht gedeiht, ihre Brut lediglich das Rohmaterial für den wahren Christenmenschen. »Folglich ist es notwendig, daß aus Adam genommen werde der Mensch,/ durch den das Geschlecht Adams wiederherzustellen ist.«

Mit andern Worten: Nur jungfräuliche, unbeweibte Männer waren fortan zum Dienst an Jesus Christus zugelassen. Damit war das priesterliche Zölibat schlüssig aus der Schöpfungsgeschichte begründet. Vor den Beschlüssen des Londoner Konzils durften Kleriker heiraten, Kinder zeugen, Familien gründen. Damit war es nun vorbei. Eines der ersten Opfer war Pierre Abaelard, ein zu seiner Zeit hochgerühmter Pariser Kleriker und Philosoph. Er starb 1142, seiner Mannheit beraubt, als Ketzer verbannt, als Denker zu lebenslangem Schweigen verurteilt. Eine Frau war ihm dazwischengekommen,

Heloise, die Schülerin, Geliebte und Mutter seines Sohns. Als Heloise 22 Jahre nach ihm als Äbtissin eines Frauenklosters starb, ließ sie sich neben Abaelard bestatten. Zusammengelebt haben sie nie. Getrennt hat sie nichts als das kirchliche Dogma der unbefleckten Empfängnis.


## Nonne oder Minne

Nach Ansicht des Mittelalterforschers Jacques Le Goff lässt sich die Geburt des europäischen Intellektuellen auf das 12. Jahrhundert datieren. »Ein von Beruf schreibender oder lehrender – besser: gleichzeitig schreibender und lehrender – Mensch, ein Professor und Gelehrter, kurz ein Intellektueller, ein solcher Mensch tritt erst mit den Städten in Erscheinung.« (*Die Intellektuellen im Mittelalter*). Handelshäuser, Häfen und Märkte sind zu jener Zeit nicht nur Umschlagplätze für Waren aus dem Orient, dem nördlichen Afrika, dem arabischen Spanien, sondern auch für Schriften und Wissen. Am Hof des Staufenkaisers Friedrich II. in Palermo, in Paris, Chartres, Cordoba, Toledo werden Bibliotheken mit kostbaren Handschriften in griechischer, lateinischer und arabischer Sprache zusammengetragen. Die Wissenden sind in erster Linie Leser, Übersetzer und Kommentatoren. Sie nennen sich Kleriker, Männer der Kirche, die Studenten um sich scharen, wie Pierre Abaelard auf der Pariser Île de la Cité oder Johann von Salisbury in Chartres. Die Liebe zur Wissenschaft ist das neue Jerusalem und Überlieferung das Medium, aus dem die junge Generation ihre »Modernität« schöpft. Ihre Lektüren – die Kirchenväter der christlichen Frühzeit, Platon, Vergil, Aristoteles, Euklid, Galen, Ptolemäus, die heiligen Schriften der drei abrahamitischen Religionen – gießen ein Gemisch von Sprachen, Religionen, Denkstilen in die wissbegierigen Köpfe, aus dem sich allmählich das herausfiltern wird, was wir gewohnt sind, abendländisches Denken zu nennen: die Synthese von Orient und Okzident, Philosophie, Mythologie und Frömmigkeit.

Um Glauben und Vernunft, aristotelische Logik und Dialektik mit Trinitätslehre, Eucharistie und den biblischen Wundergeschichten in Übereinstimmung zu setzen, vollbringen Männer wie Abaelard oder Petrus Venerabilis wahre Wunder an Scharfsinn und Redekunst. Doch erst die nächsten Generationen dieser »Handwerker des Geistes«, wie Le Goff sie nennt, werden dieses spezialisierte Wissen in Wissensuniversen zusammenführen und an den neuen »Universitäten« in Paris, Bologna, Oxford verwalten. Die universitäre Geisteselite in den Städten bildete eine neue soziale Schicht, deren Ansehen sich nicht auf materiellen Wohlstand, sondern geistigen Besitz stützte. Ein Magister wurde wie ein Zunftmeister als Herr, *dominus*, und erster Bürger angeredet. Ein Doktor von der Universität galt so viel wie ein Ritter.

Das späte Mittelalter oder, nach Le Goff, das »Zeitalter der Professoren«, gründete eine europäische Architektur des Wissens, auf deren Stützpfeilern noch nach tausend Jahren die modernen Denksysteme ruhen. Nicht mehr als fünfundzwanzig Generationen trennen uns von den Männern, die sich der neuen Wissensreligion mit Feuereifer widmeten. Frauenwissen konnte ihnen nicht mehr gefährlich werden; die Kirche hatte vorgearbeitet. Nachdem das Konzil von Ephesus 431 Maria als Gottgebärerin anerkannt hatte, womit ihr selbst ein gottähnlicher Status zustand, wurden heidnische Frauenfeste auf dem Gebiet des christlich-römischen Weltreichs verboten. In Mainz fand man erst vor einigen Jahren die Reste eines Tempels der Großen Mutter (*Mater magna*), ein Frauenheiligtum, der Kybele und Isis gewidmet. Aus den Trümmern eines römischen Amphitheaters in Trier wurde ein Ring mit einer Gemme geborgen, die nach Ansicht von Experten den Kopf der archaischen Dichterin Sappho zeigt – deutliche Beweise, dass Frauenkultfeste bis in die Spätantike zum öffentlichen Leben gehörten. Um sich die Frauen nicht zu Feinden zu machen, musste die Kirche Ersatz schaffen. Zu einer Zeit, in der das Rittertum die europäische Politik und das öffentliche Leben dominierte und wandernde Troubadoure an den Fürstenhöfen Liebesballaden zur Laute vortrugen (nur in Frankreich und Spanien gab es auch Troubadourinnen), war das keine leichte Sache.

Das sehr menschliche Bedürfnis nach Sinnlichkeit, Romantik und Frauenliebe sollte unauffällig zu Gott umgeleitet werden.

Es war der Marienkult, der letztlich das Modell »keusche Jungfrau« gegen die auf Ritterturniere und Liebeslyrik versessene Burgfräuleinmode durchsetzte. Elemente heidnischer Rituale wurden kopiert und in Form prachtvoll geschmückter, blumenbekränzter Prozessionen, Reliquien und Bildwerke in das katholische Kirchenjahr eingefügt. Dank Maria etablierte sich unter dem Einfluss der christlichen Expansion während der Conquista der Katholizismus in weiten Teilen der Erde als Frauenreligion, indem Inanna, Kybele, Isis oder Pachamama durch die Gottesmutter ersetzt wurden. In Europa entstanden in kurzer Folge Frauenklöster, zuerst in Frankreich, dann auch jenseits des Rheins und der Alpen. Sie lockten junge Frauen mit der Aussicht auf ein Leben in süßer Minne zu Füßen des Herrn Jesus. Achtjährige Mädchen legten das Keuschheitsgelübde ab und empfingen die »Jungfrauenweihe«, um sich als »Oblatinnen« an die Liebe Gottes zu verschenken. Alle wollten heilig sein, keine mehr Mutter oder Burgfräulein. Der *Jungfrauenspiegel* (*Speculum virginum*), Anfang des 12. Jahrhunderts in Abschriften im Heiligen Römischen Reich als Vademekum gegen weltlichen Minnesang verbreitet, wurde ein Bestseller. Frauen und Mädchen strömten zu Hunderten in die Klöster.

Ein eheloses Leben erschien den Frauen keineswegs als Strafe, sondern als Befreiung von der Aussicht auf Misshandlungen, häusliche Gefangenschaft und gefährliche Schwangerschaften. Nonnenklöster waren bald so gefragt, dass die Neugründungen nicht mehr ausreichten. Frauenhäuser, die nicht den strengen Ordensregeln der Klöster unterlagen, gewährten unverheirateten Frauen Schutz und wirtschaftliche Sicherheit. Ihre Bewohnerinnen nannten sich Beginen. Es gab sogar Reformklöster, überwiegend in Frankreich, in denen Nonnen und Mönche gemeinsam beteten, arbeiteten und lebten. Die Klöster waren nicht nur Wirtschaftsunternehmen, in denen Obst- und Gemüseanbau betrieben wurde. In ihnen wurde auch kirchlich autorisiertes Wissen gesammelt, in kunstvoll bemalten Abschriften kopiert und archiviert. So lernten die frommen Frauen nicht nur lesen und schreiben, um sich in die heiligen Schriften vertiefen zu können, sondern ebenso viel über Landwirtschaft, Medizin, Hauswirtschaft und Botanik. Von ihnen lernten es Bäuerinnen und städtische Handwerkerfrauen, mit denen sie in wirtschaftlichem Austausch standen. Einige Nonnen konnten nicht nur Latein, um die Bibel wörtlich zu verstehen, sondern auch Hebräisch und Griechisch, um für *disputatio* und *lectio* apokrypher Bibeltexte gerüstet zu sein. Um 1140 begann die Äbtissin Hildegard ihren vom Glauben erhellten Blick vom Himmel hinunter auf irdische Dinge zu lenken. Sie studierte Krankheiten und probierte Kräuter, Mineralien und andere Substanzen als Arzneimittel aus. Im Laufe ihres Klosterlebens sammelte sie nicht nur umfangreiches Wissen über die Natur, zusammengefasst im *Liber subtilitatum diversarum naturarum creaturarum* (*Buch von den Geheimnissen der verschiedenen Naturen der Geschöpfe*). Sie berichtete von Visionen des heiligen Geistes, der sie aufgefordert habe, ihre Kenntnisse aufzuschreiben, komponierte Kirchenlieder, verfasste musiktheoretische Aufsätze, machte sich mit der pythagoreischen und ptolemäischen Kosmologie bekannt und mischte sich auch gern einmal in weltliche Dinge ein, wenn ihr schien, dass Äbte und Bischöfe ungebührlichen Einfluss auf das Klosterleben zu nehmen versuchten.

Das Wissen der Humanisten war Bücherwissen, das der Frauen Erfahrungswissen, erworben als Hebammen, Köchinnen, Mütter, Gärtnerinnen, Krankenpflegerinnen. Diese weibliche Intellektualität musste sich allerdings, mehr noch als die der Kleriker, gewissermaßen unter Gottes weitem Mantel verbergen. Nur Wissen, das unmittelbar von Gott kam, war erlaubt. Der Mensch war zu gering, um aus eigener Autorität das Wort ergreifen zu dürfen. Die zahlreichen Biografien »heiliger« Frauen des Hochmittelalters sind wahre Martyrologien weiblicher Wissbegierde im Korsett katholischer Frömmigkeit. Um ihr Wissen zu legitimieren, kam es zu Hildegards Zeiten in Mode, »Visionen« zu haben. Nicht nur die Gelehrten des 12. Jahrhunderts fielen prompt darauf herein. In eklatanter Verkennung der intellektuellen Listen, die einer gelehrten Frau nötig waren, bescheinigte der Neurologe Oliver Sacks noch im 20. Jahrhundert Hildegard von Bingen eine halluzinatorische Persönlichkeitsstörung. Eher mochte dies auf die Begine Mechthild von Magdeburg zutreffen, die erst mit 43 Jahren, »Das fließende Licht der Gottheit« empfing und es in minniglicher Gottesliebe in ein Buch goss, das weniger vom Wissen als vom Glauben diktiert war.

Die erste Stimme, die sich gegen die grassierende Keuschheits- und Erleuchtungssucht auflehnte, gehörte ebenfalls einer Frau, Marguerite Porete. Ihre Antwort auf den kanonischen *Jungfrauenspiegel* war 1285 ein *Spiegel der einfachen Seele*. Dieses Buch war nicht nur ein fundamentaler Angriff gegen die Scholastik, es war politischer Sprengstoff. Mithilfe der »scharfen Verstandeskraft« zog die Autorin eine messerscharfe Trennlinie zwischen Glauben und Wissen; sie forderte Frauen zum Selbstdenken auf. Neben Heloise ist Porete die einzige namentlich bekannte Klerikerin des 13./14. Jahrhunderts, eine *beguine clergesse*, die sich glänzend auf philosophische Dialektik verstand. Sie bestritt rundweg, dass Gott allein mit dem Begriffsvermögen, *intellectus*, zu fassen sei. Liebe und Vernunft, Glauben und Wissen werden in ihrem dialogischen Traktat miteinander ins Gespräch gebracht. Das Selbst (und keineswegs nur das weibliche) erkennt sich im Spannungsfeld gegensätzlicher Bedürfnisse (*desire*). Als geistige Führerin der ketzerischen Bewegung der »Brüder und Schwestern im Freien Geist« zog Marguerite als Wanderpredigerin jahrelang durch französische Dörfer und Städte. Sie nannte sich »eine mit sich selbst beladene Bettlerin« und praktizierte franziskanische Askese und philosophische Diätetik als ein »von sich selbst befreit sein«. An sufistische und buddhistische Meditationstechniken erinnert ihr Satz, innere Vollkommenheit sei erst erreicht, »wenn die Seele ohne Gedanken im reinen Nichts verweilt«.

Das sind sehr moderne Vorstellungen, die den herrscherlichen Anspruch eines Ich anmelden, das auf die Anerkennung seines Denkens durch kirchliche Autoritäten nicht mehr angewiesen sein wollte. War sie eine Mystikerin oder nicht vielmehr eine Existentialistin *avant le lettre*, die lieber den Tod wählte, als die Freiheit ihres Denkens aufzugeben? Am 1. Juni 1310 wurde Marguerite Porete auf der Place de Grève in Paris als Ketzerin verbrannt. Wie dreihundert

Jahre nach ihr der Ketzer Giordano Bruno widerrief sie nicht, selbst nicht nach anderthalb Jahren schwerster Folter und Kerkerhaft. Ein Jahr nach ihrer Hinrichtung wurde die »Bewegung der freien Geister« durch Papst Clemens verboten.

## Gefährliches Wissen

Der Franziskanermönch und spätere Bischof Alvaro Pelayo aus dem nordspanischen Galicien war ein Mann von fast siebzig Jahren, als er um 1348 sein *Collyrium fidei adversus haerese* (*Göttliches Augenwasser gegen Häresie*) verfasste, eine Art ideologische Handreichung für die päpstliche Ketzerjagd. Der heilige Krieg wurde geführt gegen Frauen, Juden, Moslems, Beginen und Begarden (die Bewohner von Männerhäusern), christliche Sekten wie die Katharer sowie die Anhänger des Philosophen Averroes an der Pariser Universität. Schon zu Anfang seiner Kirchenkarriere hatte sich Pelayo seinem obersten Chef Papst Johannes XXII. mit einer scholastischen Abhandlung über *De statu et planctu ecclesiae* (*Über Zustand und Wachstum der Kirche*) nützlich zu machen gesucht, eine Art rechtstheoretische Begründung für die Reformierung des innerkirchlichen Lebens und die Erweiterung des päpstlichen Machtumfangs. Darin sind 102 Gründe aufgelistet, nach denen Frauen für die römisch-christliche Weltordnung Gefahr bedeuteten und darum aus dem öffentlichen Leben verbannt werden müssten. Als Ursprung der Sünde, Waffe des Teufels, Mutter des Verbrechens wird die Frau nach dem Urbild des sündigen Weibs, der alten *peccatrix Eva*, zugerichtet. Viele seiner Argumente kreisen zwanghaft um die Rolle der leiblichen Frau als Konkubine und Mutter in der christlichen Heilsgeschichte und um die mariologische Theorie der Jungfrauengeburt. Ein kleiner Fehltritt, so warnt er seine Glaubensgenossen, und aus der geistigen Frau wird die fleischliche, aus der Braut Christi die Teufelsbuhlschaft und schließlich die »Hexe«. Frauen vergleicht er mit schmutzigen, geilen Tieren, nennt sie Huren, Teufelinnen und Kindermörderinnen und bezichtigt sie magischer Künste im Verein mit bösen Dämonen. In paradoxer Weise wird Frauenwissen heidnischen Bräuchen und theologischer Häresie gleichgestellt. Noch hundert Jahre später bewährte sich Pelayos Augenwasser für Ketzerjäger durch die Fülle gelehrter Zitate als giftspeiende Quelle unerschöpflicher Argumente im Kirchenkampf. Mit der Bulle »Summis desiderantes affectibus« erteilte Papst Innozenz VIII. am 5. Dezember 1484 seinen Beamten Generalvollmacht zu einem systematischen, bürokratisch organisierten Vernichtungsfeldzug gegen Frauen, die sich durch heimlichen Gebrauch magischer Praktiken verdächtig machten, da sie erwiesenermaßen »mit dämonischen Inkuben und Sukkuben sich fleischlich vermischen, durch zauberische Mittel die Geburten der Weiber, die Jungen der Tiere, die Früchte der Erde, die Trauben der Weinberge, das Obst der Bäume, ja Menschen, Haus- und andere Tiere, Weinberge, Baumgärten, Wiesen, Weiden, Körner, Getreide und andere Erzeugnisse der Erde zugrunde richten«.

Frauenwissen war gefährlich, weil es Naturwissen war. Es entzog sich, als mündlich überlieferter Wissensschatz, der Kontrolle der theologischen Institutionen. In England wurden schamanische Praktiken in der Heilkunde schon im 9. Jahrhundert als *wicce* (Zauberei) bezeichnet. Durch Übertragung auf das weibliche Geschlecht wurde daraus das neuenglische *witch* (Hexe), im theologischen Jargon latinisiert zu *malefica*, Übeltäter. Statt den heidnischen Hexenwahn theologisch zu widerlegen, nutzte man ihn also geschickt zur Kontrolle und Disziplinierung der weiblichen Bevölkerung. Auf Hexerei stand die Todesstrafe durch lebendiges Verbrennen. Der erste Hexenprozess wurde im selben Jahr in Brixen (ohne dass die Angeklagte juristisch überführt werden konnte), der letzte Ende des 18. Jahrhunderts in der eidgenössischen Schweiz praktiziert. Aus Erbitterung über den verlorenen Prozess und um seine Kompetenz zu beweisen, verfasste der Inquisitionsrichter Heinrich Institoris, ein der Unterschlagung von Ablassgeldern und Dokumentenfälschung beschuldigter Spitzbube, unter dem Titel *Malleus maleficarum*, bekannt als *Hexenhammer*, einen Katalog von Merkmalen, mittels welcher sich Hexen als solche verraten. Genau genommen handelte es sich um ein Dokument pathologischer Misogynie, das sich der schon von Pelayo herbeigezogenen Bibelzitate und Zoten der Kirchenväter von Bonaventura und Thomas von Aquin bis Bernhard von Clairvaux bediente. Als Institoris bei den Bischöfen nicht den erhofften Erfolg fand, schob er die Schuld auf seinen Koautor, den Inquisitionsrichter Jakob Sprenger. Schließlich wandte er sich an eine Gruppe Kölner Theologen, die ein Gutachten erstellen sollten. Die Gutachter bestätigten, dass der »wissenschaftliche« Beweis, dass es Hexen gebe, gelungen sei.

Nach Schätzungen wurden im Mittleren Deutschland und in der Schweiz mindestens fünfzigtausend Menschen gemäß Inquisitionsurteilen getötet, in der Mehrzahl Frauen, während aus Spanien, Portugal, Italien und Frankreich nur einzelne Fälle bekannt wurden. Überwiegend lautete die Anklage auf unerlaubtes Wissen über Heiltränke, Kräuter, magische Fruchtbarkeits- und Liebesrituale, Wetter- und Schadenzauber. So manche ehrgeizige Mönchsfeder verkaufte sich als williges Werkzeug an die Inquisition. Unzählige Bücher über die reale Existenz von Hexen und ihre Verbrechen wurden dank der Erfindung des Johannes Gutenberg und fleißiger Zitatesammler von Pelayo und Institoris bis zu Jean Bodin und Abraham a Sancta Clara noch bis weit ins 17. Jahrhundert verfasst und gedruckt.

Die Inquisition hatte viele Täter. Ihre Opfer waren Nachbarinnen, Töchter, Mütter, Tanten. Teufelsaustreibungen durch psychische und körperliche Folterrituale an Frauen und jungen Mädchen wurden Bestandteil der katholischen Liturgie – und blieben bis ins 18. Jahrhundert mancherorts auch protestantische Praxis. Die Bürokratie der Hexenprozesse gab sich den Schein strenger Rechtmäßigkeit. Bei der Verhängung von Gottesurteilen wurde eine Frau als halber Mann gerechnet, wie auch in der islamischen Rechtsprechung (Scharia) zwei Frauen als ein Mann zählen. Für jedes Unglück, jede Naturkatastrophe wurden die Malefiziantinnen verantwortlich gemacht: Viehseuchen und Überschwemmungen, Hagel und Gewitter, schlechte Ernten in Weinbergen, Obstgärten und Getreidefeldern, Cholera- und Pestepidemien, Tot- und Missgeburten oder eheliche Unfruchtbarkeit. Vor Gericht stand genau genommen die Natur.

Doch die Natur ließ sich nicht ins kirchliche Joch spannen. Gefoltert, verurteilt und bestraft wurden ihre Stellvertreterinnen, die Frauen.

*Von der Stadt der Frauen ...*

Hundert Jahre nach Marguerite Poretes Feuertod sitzt eine Venezianerin am frühen Morgen in ihrem Pariser Stadthaus, um sich gestapelt wie jeden Tag ihre Bücher und Manuskripte, und denkt darüber nach, »welches der Grund, die Ursache dafür sein könnte, daß so viele und so verschiedene Männer, ganz gleich welchen Bildungsgrades, dazu neigten und immer noch neigen, in ihren Reden, Traktaten und Schriften derartig viele teuflische Scheußlichkeiten über Frauen und deren Lebensumstände zu verbreiten«. Ihr Name ist Christine de Pizan; sie ist Schriftstellerin und von Kindheit an gewohnt, klassische Texte im Original auf Griechisch und Latein zu lesen. Ihr Vater, Leibarzt des französischen Königs Charles V., hat sie sorgfältig ausgebildet. Mit der Gynophobie der Kirchenväter und den Lügenmäulern von Philosophen ist sie vertraut. Sie kennt die Verachtung der Weiblichkeit bei Hesiod, Semonides, Aristoteles, Euripides, Kratinos, Hipponax, Ovid und Cicero bis zu Pelayo und Jean de Meung, dem Verfasser des populären *Roman de la rose*, dessen Verächtlichmachung des ritterlichen Frauenkults Christine schon zwei Jahre zuvor den Kampf angesagt hat – und einige der Herren Professoren der Sorbonne damit in eine handfeste geschlechterpolitische *querelle* verwickelte. Eine Frau gegen die ganze ehrwürdige Pariser Universität! Mit fünfundzwanzig verwitwet, musste sie drei kleine Kinder und zwei Brüder ernähren. So verlegte sie sich auf das Verfertigen poetischer Episteln über politische, biografische und moralphilosophische Themen, mit wachsendem Erfolg. In schwachen Stunden betet und klagt sie Gott an, warum er sie nicht in einem männlichen Körper geboren sein ließ, damit sie sich niemals irrte und überhaupt »so vollkommen wäre, wie es der männliche Mensch zu sein vorgibt«.

Doch an diesem Morgen des Jahres 1405 geht Madame de Pizan

zum Generalangriff über, »um eben jenen Irrtum, dem du aufgesessen bist, aus der Welt zu schaffen und um künftig allen hochherzigen und rechtschaffenen Frauen einen Ort der Zuflucht, eine umfriedete Festung gegen die Schar der boshaften Belagerer zu bieten«. Ihre Patinnen heißen Frau Moral, Frau Meinung und Frau Vernunft. Mit ihrem *Buch von der Stadt der Frauen* (*Le livre de la cité des dames*), einer stolzen Galerie berühmter Frauengestalten aus Geschichte und Mythos, wird Christine de Pizan zum weithin leuchtenden Exempel weiblicher Autorschaft, eine Mediatorin zwischen männlicher Überheblichkeit und selbstkritischer Intellektualität. Beim Tod Heinrichs VIII. von England befand sich im Ankleidezimmer seiner Tochter, der späteren Queen Elizabeth I., ein kostbarer französischer Gobelin mit den Gestalten aus Christines *cité des dames*.

So weit, so gut. *Das Buch von der Stadt der Frauen* war der geheime Bestseller des Frühhumanismus, so wie Beauvoirs *Das andere Geschlecht* das Frauenbuch des 20. Jahrhunderts. Zwischen Madame de Pizan und Madame de Beauvoir liegen ziemlich genau fünfhundert Jahre. Genug Zeit, möchte man meinen, um Christines mittelalterliche Stadt zu einer Republik der Frauen auszubauen. Als Humanistin stand sie schon auf der Schwelle zu einem modernen Begriff von Autorschaft, die Denken und Schreiben im Sinne von Selbstermächtigung versteht, *auctoritas*. Im Gegensatz zur institutionellen Macht von Kirche und Staat, *potestas*, kann sie sich allein auf persönliche Autonomie berufen. Der Name (»*moi, Christine*«) stellt das Wissen des Einzelnen unter Urheberrecht. Mit Einführung des Buchdrucks in Europa fünfzig Jahre später werden die Früchte des Geistes am Baum der Erkenntnis zu einer frei tauschbaren Ware, die aus dem persönlichen Besitz des »Autors« in die Hände des Publikums wandert. Autorschaft ist das kulturelle Betriebskapital der Moderne. Erst durch ihre freie Ausübung, von keinem Geschlechts- oder Geburtsrecht behindert, kann sich eine bürgerliche Öffentlichkeit jenseits der Universitätsmauern entfalten.

Was haben Frauen daraus gemacht? Einem überwältigenden Kanon von Männern geschriebener Werke der Weltliteratur steht in der Frauengeschichtsschreibung eine subalterne Minorität von Autorinnen gegenüber. Weibliche Autorschaft präsentiert sich oft kleinlaut, noch häufiger defensiv, zuweilen ausgesprochen larmoyant, ganz so, als stünden Frauen, die schreiben und denken, im permanenten Krieg mit den Männern ihrer Zunft. In Wirklichkeit verlief die Front aber nicht nur zwischen den Geschlechtern, sondern zwischen den Besitzern herrschaftlich autorisierten Wissens und einer kritischen Gegenöffentlichkeit. Und so lodert am Ende dieses Kapitels über die Stadt der Frauen erneut ein Scheiterhaufen, auf dem am 30. Mai 1431, ein Jahr nach Christine de Pizans Tod, Frankreichs mutigste Ritterin verbrannt wurde, Jeanne d'Arc, die Jungfrau von Orleans. Chefankläger ihres Prozesses und Autor des von einem Gremium gelehrter Juristen einstimmig beschlossenen Todesurteils war Pierre Cauchon, der Rektor der Pariser Universität.

## Ins Getto des Feminismus

Die Rückeroberung des weiblichen Denkens aus der Tabuzone des sexualisierten Körpers beschäftigt die Frauengeschichtsforschung nun schon eine ganze Weile. Ihre Datenbanken sind gut gefüllt. Das deutsche Frauenbiografieprojekt FemBio, 2001 von Luise F. Pusch gegründet, umfasst derzeit etwa 31 000 Namen. Wer unter diesen als »feministisches Autorsubjekt« durchgeht und wer nicht, entscheidet der jeweils vorherrschende theoretische und zeitgeschichtliche Kontext. Weibliche Promiskuität und Libertinage scheinen dabei als emanzipatorische Arbeit nicht besonders geschätzt zu sein. Frauen, die sich eines männlichen Standpunkts verdächtig machen wie etwa George Eliot, George Sand oder Charlotte Brontë, können nicht auf Boni rechnen. Molières Muse und Liebhaberin Ninon de Lenclos gilt nicht dringend als Feministin, wohl aber Olympe de Gouges und Hedwig Dohm. Auch Lebedamen wie Madame de Mazarin, Madame de Maintenon (die Hauptmätresse Louis' XIV.), Marion de Lorme oder die Bestsellerautorin Madeleine de Scudéry fallen prompt aus dem Kanon feministischer Heroinen heraus (um desto schillernder in Männerfantasien weiterzuleben). Auch die Marquise du Châtelet, Madame Geoffrin und Madame de Staël stehen nicht eben in dem Ruf frauenrechtlicher Hochwürden, Virginia Woolf, Marie de Gournay, Mary Astell und Mary Wollstonecraft dagegen sehr, obwohl ihre politischen Standpunkte so weit auseinanderliegen wie die von Tories und Whigs im britischen Unterhaus.

Mein Vorschlag: Warum ernennen wir nicht gleich alle Frauen zu Feministinnen honoris causa, deren *auctoritas* sich als Herrschaft über ihr eigenes Leben und Denken geäußert hat? Wäre es außerdem nicht viel nützlicher, auch Männer in feministische Datenbanken aufzunehmen, damit klar wird, dass ohne den »Kampf der Geschlechter« eine moderne, pluralistische Öffentlichkeit nie entstanden wäre? Im Gedächtnis der Nachwelt würde Christine de Pizan neben Boccaccio den Vorsitz im mittelalterlichen Gerichtsprozess über die Tugend der Frauen führen, Ninon de Lenclos wieder mit Molière um die Urheberrechte an seinen Komödien streiten dürfen, Louise-Felicité de Keralio, Olympe de Gouges und Rose Lacombe, die Gründerinnen des Clubs der Citoyennes Républicaines Révolutionnaires, Schulter an Schulter mit Robespierre, Marat und Danton für die Freiheit kämpfen, Sophie und Nicolas de Condorcet, Théroigne de Méricourt, John Theodora Verdion und die Marquise d'Eon Arm in Arm durch London oder Paris spazieren. Die *Gleißende Welt* der Herzogin von Newcastle würde neben Thomas Morus' *Utopia*, Bacons *New Atlantis* und Campanellas *Sonnenstaat* in neuem Glanz am Horizont aufsteigen und Anne Conway dem deutschen Perückenkopf Leibniz Paroli bieten. Geistiges Eigentum wäre kein Besitzrecht des einen oder andern Geschlechts mehr, die französische Nationalliteratur wäre weniger hochmütig, die englische weniger puritanisch, die deutsche weniger langweilig. Aber bis dahin müssen die weiblichen Geister ihre Unsterblichkeit wohl weiter im Getto des Feminismus fristen, interniert in Leonoras Damenbibliothek als »Vorkämpferinnen« einer weit in der Zukunft liegenden egalitären Gesellschaft. Sexualisiert und entmündigt stehen sie in ihren nebelgrauen Kleidern als Zuschauerinnen am Rand herum, blass, harmlos und ein wenig hysterisch wie Figuren aus einem Roman von Charlotte Brontë.

# Frauen, die denken, sind unsexy

## Die Macht des Eros

»Die Sexualität dem Feminismus zu überlassen ist so, als gäbe man seinen Hund in den Ferien zum Tierpräparator.« Für Sätze wie diesen wurde Camille Paglia als antifeministisches Monster und »brillante Idiotin« (Sandra Gilbert) von der Frauenbewegung exkommuniziert. Eigentlich dachten wir, dass Betty Friedan schon alles gesagt hätte über den »Weiblichkeitswahn«. Der infame Bauplan weiblicher Seelen wurde uns als soziales Konstrukt enthüllt. Und dass Frauen nicht als Frauen geboren, sondern zu Frauen gemacht werden, hat Simone de Beauvoir bereits ein halbes Jahrhundert zuvor gepredigt. Aber die amerikanische Kulturhistorikerin kämpfte tapfer weiter gegen den Weibchenwahn. Wo Butler soziale Geschlechtsidentität und deren performative Übersetzung in soziale Rollen dekonstruierte, sah Paglia überall Masken und Mimikry. Ihre Studie *Die Masken der Sexualität* (1990) war der großräumige Versuch einer komplementären Sexualitätsgeschichte im Spiegel der Metaphern und Metamorphosen. Nach ihrer Ansicht haben Männer, das »apollinische Geschlecht«, sich ihre kulturelle Dominanz redlich verdient. Sie haben einfach den Evolutionssprung zu kultureller Objektivation besser geschafft als Frauen. »Philosophie, Wissenschaft, Kunst, Sport und Politik – all diese Disziplinen wurden von Männern erfunden«. Den postmodernen Differenzfeminismus findet sie lächerlich. Poststrukturalismus nennt sie »französischen Quatsch«. Stattdessen plädiert Paglia für flexible, oszillierende Identitäten und lustvolle Ambiguität. In jedem Mann stecke genug Frau und in jeder Frau genug Mann, damit für Abwechselung im Liebesleben gesorgt ist. Als Kronzeugin zitiert sie die Dichterin Emily Dickinson, »Madame de Sade aus Amherst«, in deren Worten sich die weibliche Spaltung in Körper und Kopf als schöpferisches Genie selbst erkannt und demaskiert habe: »Wann immer meines Kopfes Deckel sich öffnet/ Und das Hirn hinauslässt/ Geht der Gefährte, wohin er will/ Ohne einen Wink von mir«.

Sicher, man kann das so sehen. Solange Männer Frauenrechte als Bedrohung ihrer kulturellen und politischen Dominanz fürchten, dürfte es allerdings schwer sein, sie davon zu überzeugen, dass lesbische, androgyne oder Queer-Frauen im Vergleich zu Fundamentalfeministinnen keine oder wenigstens die kleinere Gefahr darstellen. Schon 1977 hat Annie Le Brun, ehedem Intima der Pariser Surrealisten, den poststrukturalistischen Jeanne d'Arcs des Neofeminismus vorgeworfen, sie würden im vaginalen Selbstfindungsrausch ihren libidinösen Hunger wegdiskursivieren. »Den Mund voll klingender Worte, den Kopf voll totalitärer Theorien und den Bauch voll mehr oder weniger gekünstelter Kreißsaallyrik, versucht der zeitgenössische Feminismus Euch die Erinnerung an jenen Hunger verlieren zu lassen, um Euch besser zu zähmen«. Paglia und Le Brun lieben die *bad girls*, die androgynen Apolle in Lack und Leder. Beide sind *Sadiennes*, Expertinnen für die pornografische Boudoirphilosophie des Marquis de Sade.

Worin unterscheidet sich weiblicher Sexismus – also das, was Le Brun und Paglia den vaginafixierten Fundamentalfeministinnen vorwerfen – aber dann noch von dem hässlichen alten Sexismus der Männer, wenn es sowieso nur noch um sexuelle Praktiken geht? Wen wundert es noch, wenn sich junge Frauen in einer Gesellschaft, in der Sexualität jederzeit und überall für jeden und jede verfügbar ist, keineswegs befreit fühlen? Was tun, wenn die verfassungsmäßig garantierten Frauenrechte in westlichen Demokratien nur noch die Wahl lassen zwischen männlichem oder weiblichem Sexismus, also »wahllos rumzuvögeln«, wie die 1986 geborene Laurie Penny das nannte, oder sich auf die Seite der neuen »F-Klasse« zu schlagen, der Topgirls und Alphamädchen und ihrer smarten Kinder-Küche-Karriere-Cluster?

In diesem Sinn blieb die frühe Frauenbewegung, wie die Philosophin Ágnes Heller festgestellt hat, »schlicht und einfach Biopolitik: eine Bewegung zur Befreiung des Körpers«. Auf die sexuelle Revolution folgte nicht die intellektuelle Revolte. Die Befreiung des Körpers befreite Frauen nicht vom Mythos der Frau. Transsexuelle und Queers recyceln die abgelegten Requisiten der Diven und Glitzerwesen, die von linken Feministinnen auf den Müll der Geschichte gefegt worden waren. Die neuen Selfmade-Frauen sind eine Hommage an die alte Eva. Der Konsumismus ist ihre Religion: Zeige mir deinen Körper, und ich sage dir, was du bist! Werbung flüstert jungen Müttern und gutverdienenden Akademikerinnen zu: Seid schön, seid es euch wert, begehrt zu sein! Frauen bedienen das größte Marktsegment in der Modebranche, der Kosmetik, im Wellness- und Esoterik-Bereich. Konsumismus ist die Fortsetzung der Biopolitik mit anderen Mitteln.

»Wir haben es derzeit also ... mit einer gesellschaftlichen Konstellation zu tun, die wesentlich davon bestimmt ist, dass *post-2nd-wave*-Kräfte daran arbeiten, Feminismus als heteronormativ fundiertes, liberal eingefärbtes, neobürgerliches Eliteprojekt zu reformulieren und ihn als Teil dessen zu reartikulieren, wie wir (auch geschlechtlich) regiert werden.« (Sabine Hark) Anders gesagt: Die »postfeministische Maskerade« verlangt von Frauen, in jeder Situation und Lebensphase zugleich sexy, erfolgreich und selbstbestimmt zu sein. Damit macht sich der Postfeminismus mitschuldig daran, so seine Kritikerinnen, den ökonomischen New Deal zwischen Frauen und männlicher Macht zu verschleiern und durch ihre Zustimmung zur neoliberalen Ökonomisierung den Geschlechterkampf zu befrieden. Auch die Marxistin Ágnes Heller warnte 1995 vor der Entsexualisierung von Weiblichkeit, »wenn das wunderbare Spiel der Erotik, in dem Phantasiebilder auf ihr Gegenüber treffen, um miteinander zu streiten, sich zu vereinen und zu verschmelzen, und um auf diese Weise bisher unergründete Energien kultureller Selbstartikulation zu erschaffen, geächtet wird« (*Biopolitik*).

Richtig, wo ist es geblieben, das wunderbare Spiel der Erotik in einem Land der Sexismus-Hysterie und Single-Apartments, der

Scheidungskinder und Online-Dating-Agenturen? Die Antwort lautet heute nicht anders als vor einem Vierteljahrhundert. Für die einen ist der männerfeindliche Feminismus schuld, für die andern sind es die Männer, die den evolutionären Sprung vom Männchen zum Bürger nicht geschafft haben. Sexismus betrifft schließlich jede Frau, gleich ob Feministin oder Antifeministin, Ministerin oder Oberschülerin, alt oder jung. Aber wer zieht die Grenze zwischen sexueller Belästigung und Gewalt? Sind Türaufhalten und In-den-Mantel-Helfen dümmliche Anmache oder schon Angriffe auf die Menschenwürde? Sind Frauen, die unerwünschte körperliche Annäherungsversuche abwehren, lustfeindliche Emanzen? Damit würde unterstellt, dass es so etwas wie einen Geschlechtervertrag gebe, nach dem das natürliche Verhältnis zwischen Mann und Frau sexuell ist. Es ist lange her, dass Männer, die Frauen als sexuelle Objekte abwerteten, im politisierten Klima der Studentenbewegung als Chauvinisten bezeichnet wurden. Damit war gemeint, dass geschlechtliche Apartheid nur eines von vielen Symptomen der hegemonialen westlichen Gesellschaftsordnung sei, durch die andere Kulturen, Völker, Nationen und soziale Gruppen unterdrückt werden. Heute bezeichnet Sexismus pauschal ein zivilgesellschaftliches Verhalten, durch das Menschen sexualisiert werden, um sie aufgrund ihres Geschlechts zu diskriminieren, das aber politisch nur dann sanktioniert wird, wenn es nachweislich zu Straftaten führt. Die derzeit vierte Welle des Feminismus ist ein wirres Wellengekräusel im World Wide Web. Internetaktivistinnen schließen sich in Großbritannien und Deutschland zur konzertierten Aktion #backshouting/#Aufschrei gegen alltäglichen Sexismus zusammen. Vermischt mit xenophoben Ressentiments und Nationalismus wird die Sexismusdebatte unter dem aktuellen Eindruck massenhafter Einwanderung zunehmend als Krisensymptom im »Kampf der Kulturen« (Samuel Huntington) zwischen der westlichen/abendländischen Zivilisation und außereuropäischen Kulturen gedeutet.

Weibliche Macht artikuliert sich als Körpermacht. So war es immer, und so ist es heute wieder. Die Vorstellung, Frauen könnten ihre sexuelle Macht nun auch noch in politische Macht, ökonomische Macht, intellektuelle und künstlerische Macht ummünzen, gewinnt dem Feminismus in den Augen der breiten Öffentlichkeit nicht gerade neue Freunde. Was Männer schon immer durften, bedeutet für Frauen weiterhin ein unkalkulierbares Risiko: die eigene Sexualität zum narrativen künstlerischen Objekt oder gar, nach männlichem Vorbild, zum Medium ihres Willens zur Macht zu machen. Als Judy Chicago 1979 in Brooklyn ihr feministisches Kunstprojekt »The Dinner Party« präsentierte, hielten das viele für pure Ideologie und peinliche Genitalmystik. Die Installation aus 39 ornamentalen Vaginasymbolen auf Tellern als Stellvertreterobjekte weiblicher Geistesgrößen von Gaia bis Georgia O'Keefe ist auf einer Tafel angeordnet. Nachdem sich der erste Schreck gelegt und der Feminismus Patina angesetzt hat, lässt sich die Grundidee vielleicht besser erkennen. Der Tisch hat die Form eines spitzwinkligen Dreiecks, belegt mit 2300 weißen Kacheln, auf denen weitere 999 Frauennamen verzeichnet sind. Das auf der Spitze stehende »weibliche« Dreieck ist gleichsam eine in sich kohärente mathematische Gleichung, eine Art magisches Zahlenspiel. Es stellt den Versuch dar, die Kabbalistik männlicher Dominanz, wie sie Freuds mythogene Trieblehre und Lacans strukturale Linguistik vorführt, im Denkspiel mittels seiner eigenen Stereotypien und Symbole zu dekonstruieren. Stattdessen wurde das Werk meist als spielerischer Selbstausdruck vaginaler Weiblichkeit missverstanden. Nicht viel besser ging es ein Vierteljahrhundert später Autorinnen wie Catherine Millet, die in *Das sexuelle Leben der Catherine M.* eine weibliche Version des Donjuanismus durchspielte, oder Charlotte Roche, deren voyeuristischer Schulmädchenreport *Feuchtgebiete* eine selbstironische Spielart von vaginalem Narzissmus vorführte, die als skandalös empfunden wurde. Für ihren Mut bezahlten sie mit beleidigenden Angriffen gegen ihre persönliche Integrität und sahen sich als Exhibitionistinnen bloßgestellt. Vor allem Leserinnen nahmen ihnen nicht ab, dass die Entmystifizierung des weiblichen Körpers – denn genau darum ging es – eine notwendige ästhetische Strategie ist, um zwischen Körper-Ich und Autor-Ich eine dritte, objektivierende Rolleninstanz zu schieben, die Sprache.

Wie man es auch dreht und wendet: Zwischen weiblichem Körper und weiblichem Denken öffnet sich ein leerer, unbeschriebener Raum weiblicher Existenz, der nach wie vor von männlichen Klischees besetzt wird. Jede Revolte des weiblichen Egos, erotische Macht umzuformulieren in politische oder intellektuelle *auctoritas*, wird mit männlichem Sexismus beantwortet. Wenn Frauen schreiben, können sie in den Augen der Leser nichts anderes, als ihre »Natur« schreiben: früher ihre Tugend und Entsagung, manchmal, gewagter, ihre Liebeslust, heute ihren Sex. »Da kann da Schwarz auf Weiß stehen, was will; umstandslos wird es auf den Körper der Autorinnen projiziert.« (Barbara Vinken)

Intellektueller Sexismus hat eine lange und starke Tradition. Seit in Italien und Spanien Frauen als Dichterinnen an die Öffentlichkeit traten, angefangen mit Margarete von Navarra, der Schwester des französischen Königs François I. und Verfasserin des Novellenwerks *Heptameron* (1559 postum), sind ihm viele Autorinnen erlegen. Luisa Sigea de Velasco war um 1560 die berühmteste Frau Portugals. Am Hof der Infantin Maria als Sprachlehrerin tätig, parlierte sie fließend auf Latein, beherrschte die griechische, hebräische, syrische und arabische Schriftsprache, verfasste lateinische Poeme (*Syntra*) und einen moralphilosophischen Dialog zweier junger Mädchen über das glückliche Leben. Zeitgenossen sprachen von Sigea abwechselnd als »monströsem Ding« oder »lusitanischer Kalliope« (Susanne Thiemann). In gelehrten Konversationen nahm sie es mit jeder Koryphäe von den Universitäten auf. Hundert Jahre später bediente sich ein ehrgeiziger Dilettant, der Anwalt Nicolas Chorier, ihres berühmten Namens, indem er unter dem Titel *Die Gespräche der Luisa Sigea* (1678) zwei Huren über ihre sexuellen Erfahrungen plaudern lässt. Das Buch übertraf an Vulgarität sogar die *Hurengespräche* (1536) des »göttlichen« Pietro Aretino, ohne dessen Sprachwitz auch nur annähernd zu erreichen. Es wurde lange für ein Werk der echten Sigea gehalten, erschien 1792 auf Deutsch unter dem Titel *Die Frauenzimmerschule* und ruinierte den Ruf der gebildeten Dame für Jahrhunderte.

Eine Flut pornografischer und frauenfeindlicher Machwerke überschwemmte im 17. Jahrhundert den Buchmarkt. Besonders unrühmlich machte ein gewisser Giuseppe Bassi von sich reden, dessen Zitatsammlung mehrere Auflagen erlebte und 1722 in deutscher Übersetzung unter dem barocken Titel *All-erdenckliche warhaffte Weiber-Mängel Deme noch beigefügt ein Tractat Curiose Erörterung der Frage ob die Weyber Menschen sind* in Berlin gedruckt wurde. In Paris erschien das anonyme Erotikon *L'Escole des filles* (1655), eine anatomisch detaillierte Beschreibung einer Deflorierung, die sich in Raubdrucken über ganz Europa verbreitete. Samuel Pepys erwarb es in einer Londoner Buchhandlung. Unbeholfene Aretino-Imitate wie Jean Barrins *Venus dans la Cloître* (*Venus im Kloster*, 1683), *Misogynus* (1682 anonym) folgten.

All diese pornografischen Bücher waren die rüde Antwort auf den Chor weiblicher Stimmen, die sich um 1600 in England, Frankreich und Italien in gedruckten Schriften zu Wort gemeldet hatten, um *Adel und Vortrefflichkeit der Frauen* (Lucrezia Marinella), *Das Verdienst der Frauen* (Moderata Fonte) oder die Tugend der biblischen Eva in der Gedichtsammlung *Salve Deus Rex Judaeorum* (Emilia Lanier Bassano) zu verteidigen. In England ließ John Oldhams unflätige *Satire Upon a Woman Who by Her Falsehood and Scorn Was the Death of My Friend* (Satire über eine Frau, die durch ihre Falschheit und Verachtung zum Tod meines Freundes wurde) noch sechzig Jahre nach Bassanos Plädoyer die alte Eva als Urgestalt der Verführerin auferstehen: boshaft, verderbt, launenhaft. Ihr Gegenbild, die *wise woman*, war asexuell, fromm, gehorsam. In den frauenfeindlichen Satiren von Robert Gould, der sich rühmte, ein zweiter Juvenal zu sein, reimt sich *womb* (Gebärmutter) auf *tomb* (Grab) und zieht jeden Mann ins Unglück. Die Vulva erscheint als infernalischer Ort der Vereinigung von Eros und Thanatos. Von Dante in Worte gemeißelt, von Courbet gemalt und von Rodin in

Bronze gegossen, bietet sie als Höllentor (*La porte de l'enfer*) ein unverzichtbares kulturelles Stereotyp der Misogynie.

Nicht die Frauen, sondern die Männer seien doch das unterlegene Geschlecht, warf die fromme Sarah Fyge Egerton in *The Female Advocate* (1686) bescheiden in die Debatte, da sie so dumm seien, klüger sein zu wollen als Gott, der doch beide Geschlechter geschaffen und sich dabei sicher etwas gedacht habe. In Frankreich konterte Ninon de Lenclos mit ihrer satirischen *Coquette vengée* (*Die gerächte Hure*). Auch einige Männer beteiligen sich an der Verteidigung der Frauenwürde. Richard Ames eilte Fyge Egerton mit dem Trost zu Hilfe, die wenigsten Frauen müssten sich überhaupt von sexualisierenden Darstellungen getroffen fühlen. Aber das seien dumme Frauen, die nie Sueton, Abaelard und Tranquillus gelesen hätten oder sich mit ihrer Bildung nur schmückten, um den Männern zu imponieren (*Sylvia's Revenge*). Das ridiküle Porträt einer solchen Dame lieferte 1724 der schon erwähnte Joseph Addison in seiner satirischen Beschreibung von Leonoras Landhaus in *The Ladies Library*.

Für die viktorianischen Großmeisterinnen des Romans – Austen, Brontë, Sand, Eliot – war das ein äußerst unbequemes Erbe. Aus Furcht vor öffentlicher Bloßstellung führten die Schriftstellerinnen nicht mehr Krieg gegen die Männer, sondern gegen ihre eigenen Seelen, die sich zerreißen mussten zwischen Ehrgeiz und Unterwerfung, Liebe und Freiheitsbegehren, und gegen ihr eigenes Geschlecht oder zumindest den borniert, denkfaulen, gefühlsseligen, selbstgerechten Teil davon, dem die Erfahrung abhandengekommen war, um es mit George Eliots Worten zu sagen, »daß es eine ganz unabhängige Freude ist, intellektuelle Erfahrungen zu machen, die sie gestehen können, ohne dafür ausgelacht zu werden«.


*Linke Sexisten*


Als Marx in seinem Londoner Exil 1872 die Nachricht erreichte, dass die Sozialistin Victoria Woodhull sich als Kandidatin der von ihr gegründeten Equal Rights Party für die amerikanischen Präsidentschaftswahlen selbst nominiert habe, wischte er sie mit einem barschen »Humbug!« vom Tisch. Dreißig Jahre zuvor hatten die Gelehrten noch gestritten, wer überhaupt »mit dem ganzen ungeheuren Spektakel« der Frauenemanzipation angefangen habe. Das Urteil fiel einhellig auf einen Mann: Henri de Saint-Simon, den Propheten des industriellen Zeitalters. Noch Beauvoir kürte ihn – vor dem Engländer John Stuart Mill und Charles Fourier – zum Initiator des geschlechtlichen Egalitarismus. In den *Lettres d'un habitant de Genève* hatte Saint-Simon die halsbrecherische Hoffnung geäußert, Frauen würden in absehbarer Zeit in den Stadtrat von Genf gewählt werden. Karl Marx ließ es sich nicht nehmen, in der *Deutschen Ideologie* richtigzustellen, dass es vielmehr Saint-Simons Schüler Prosper Enfantin war, der die Forderung nach politischer Gleichheit im Sinne der französischen »Erklärung der Menschen- und Bürgerrechte« von 1789 auch auf Frauen angewendet sehen wollte, was der Frauenemanzipationsfrage allerdings den frivolen Beigeschmack einer »Emanzipation des Fleisches« verschaffte: Enfantin stand im Ruf eines linken Libertins, der unter *la femme libre, la femme messie* vorwiegend die körperliche Frau verstand, deren Huldigung er denn auch den größten Teil seines Lebens widmete, nachdem er 1831 am Pariser Stadtrand die erste Aussteigerkommune für freie Liebe gegründet hatte.

Unter den Aktivistinnen der Ersten Sozialistischen Internationale – André Léo, Virginie Barbet, Elisabeth Dmitrieff, Louise Michel, Flora Tristan und Victoria Woodhull – herrschte verheerende Uneinigkeit über die Frage, ob Geschlechteregalität Bedingung oder Folge der angestrebten Befreiung der Arbeitermassen von kapitalistischer Ausbeutung sein müsse. Für konservative Sozialtheoretiker wie Pierre-Josephe Proudhon, Jules Michelet und Auguste Comte war beides gleich unannehmbar. Frauen hatten nicht nur nichts in der sozialistischen Bewegung zu suchen, sie gehörten nach Proudhons Ansicht weder in Fabriken noch in Versammlungen, sondern nach Hause zu Mann und Kindern oder allenfalls ins Bordell. Von seinem Freund Gustave Courbet ließ sich Proudhon in häuslicher Idylle als Familienvater mit seinen Kindern malen – seine Frau fehlt auf dem Bild.

Aus dem sozialistischen Lager blies dem »heiligen Proudhon«, der die renommierte Zeitschrift *La Revue religieuse et philosophique* als Plattform für seine frauenfeindlichen Attacken nutzte, weiblicher Proteststurm ins Gesicht. Im Dezember 1856 erschien in der *Revue* ein Beitrag mit dem Titel »M. Proudhon et la Question des Femmes«. Die Verfasserin war Jenny d'Héricourt, eine Pariser Publizistin und Medizinerin, die seit Jahren in der Frauenbewegung aktiv war. Geboren 1809 als Jeanne-Marie-Fabienne Poinsard, kam sie wie Proudhon aus Besançon. In der Zeitung der feministischen Gruppe La voix des femmes hatte sie – wie während der Revolution schon Louise Kéralio-Robert – Frauen aufgerufen, ihre Rechte nicht als Geschlechtswesen, sondern »als Mitglied des Sozialkörpers« zu fordern.

Proudhons Antwort ist eine echte Preziose im Museum des Chauvinismus. »Wenn sich vierzig Fehlschlüsse in ihrem Briefe finden«, antwortete er schnippisch, »so hängt das eben – wie ich gesagt habe – mit dem Gebrechen Eures Geschlechts zusammen. Ihr könnt einfach nicht die Beziehungen zwischen den Dingen richtig erkennen. Es gibt bei Euch, im Gehirn wie im Bauch, ein gewisses Organ, das von selbst unfähig ist, seine angeborene Trägheit zu überwinden, und das nur der männliche Geist zum Funktionieren bringen kann, was ihm noch nicht einmal immer gelingt. Das ist, Madame, das Resultat meiner direkten und positiven Beobachtungen, das ich damit Ihrer geburtshelferischen Weisheit übergebe.« (zit. nach Arni)

Die »Geburtshelferin« hatte nach literarischen Versuchen an der Pariser Universität Kurse für homöopathische Medizin belegt und sich 1852 als Frauen- und Kinderärztin niedergelassen. In ihrer Praxis sah sie täglich die Folgen »des weiblichen Sklavendaseins«: eheliche Gewaltexzesse, Gebärterror, sexuelle Ausbeutung, Armut. Sie war überzeugt, dass alle egalitären Thesen Hirngespinste bleiben müssen, solange weibliche Gleichbefähigung nicht im sozialen Alltag bestätigt oder widerlegt worden ist.

D'Héricourts Antwort war kurz und sachlich: »Herr Proudhon, Sie haben den Krieg mit den Frauen gewollt. Krieg sollen Sie haben.« Ein Jahr nachdem d'Héricourt das schwer erkämpfte medizinische Universitätsdiplom entgegengenommen hatte, lag ihre Kriegserklärung in gedruckter Form vor. *La femme affranchie* (*Die befreite Frau*) ist eine gewissenhafte begriffs- und methodenkritische Analyse der »modernen Neuerer« von Michelet über Comte bis Proudhon hinsichtlich der sozialen Rolle von Frauen. Proudhon hatte die intellektuellen Fähigkeiten seiner Kontrahentin möglicherweise falsch eingeschätzt. Jedenfalls zog er es vor zu schweigen. Seine Kampfschrift *La Pornocratie ou Les femmes dans les temps modernes,* eine grobschlächtige Sudelei aus Rassismus, Darwinismus und Misogynie, hielt er wohlweislich in seinem Schreibtisch zurück. Sie erschien erst postum 1875.

Feminismus à la mode mochte als Marotte bürgerlicher Blaustrümpfe noch durchgehen. Aber anerkannte Autoritäten wie August Comte, Pierre-Josephe Proudhon und Jules Michelet als »metaphysische Schwätzer« öffentlich fertigzumachen, war ein Sakrileg, das mit heftigen persönlichen Angriffen gegen die Autorin zurückgewiesen werden musste. Zermürbt von den öffentlichen Diffamierungen durch die Proudhon'schen Parteigänger emigrierte d'Héricourt drei Jahre später in die USA und stritt in der Equal Rights Association für die Gründung einer internationalen Frauenliga zur Durchsetzung des Frauenstimmrechts. Frankreich vergaß seine erste Armenärztin und Soziologin. Mit August Bebels *Die Frau und der Sozialismus* stellte sich 1879 in Deutschland schließlich ein Mann an die Spitze der internationalen Frauenbewegung. Was er zu sagen hatte, war alles andere als neu. Aber weil er es mit der Gründlichkeit des Gelehrten und der Langatmigkeit des Philosophen im Grundton männlicher Autorität sagte, hörte man ihm zu. Das Buch erlebte bis zur Jahrhundertwende fünfzig Auflagen, das der Saint-Simonistin d'Héricourt wurde nicht einmal ins Deutsche übersetzt.


*Sexidole*


Beim Anblick einer Frau wird bekanntlich jeder Mann zum träumenden Philosophen, wie uns Diderot versichert hat. Aber nicht jeder denkt dabei gleich ans Ausziehen wie Max Ernst: »Die Nacktheit der Frau ist weiser als die Lehre des Philosophen«. Noch im tiefsinnigsten Ästhetizismus steckt ein Körnchen Männlichkeitswahn. Eine Frau, die mit ihren Kleidern auch ihren Verstand ablegt, ist das Wunschbild unzähliger Männergenerationen. Die perfekte Verkörperung aphrodisischer Schönheit, Marilyn Monroe, war das Resultat professioneller Camouflage, an der sie selbst mit hoher künstlerischer Perfektion mitwirkte: blondes Dummchen mit viel Busen. Vom ersten Film an, *Wie angelt man sich einen Millionär* (1953), war jeder Zoll ihres Körpers sexuell überformt. Ein deutscher Literaturkritiker nannte sie noch dreißig Jahre nach ihrem Tod ein Naturereignis. »Nein, der Monroe muß man keine Bibliothek gutschreiben und keinen Schauspiel-Guru in den Lebenslauf setzen ... Ihr Körper hatte Geist, ihre Kurven besaßen Esprit.« (Hellmuth Karasek)

Hollywoods Traumindustrie produzierte erotische Fantasien für Millionen. Die Kinoidole – Greta Garbo, Marlene Dietrich, Doris Day, Marilyn Monroe, Vivien Leigh, Audrey Hepburn, Lauren Bacall – waren konfektionierte Markenprodukte. Ihre kühle Erotik war von Männerhirnen kalkuliert und gestattete der Weiblichkeit nicht die kleinste Abweichung in androgyne Spielarten des Sex. Vorbei die Zeiten des *gender mix*, als Marlene Dietrich mit Strapsen und Herrenzylinder als Blauer Engel oder in einer Herrenhose vor der Filmkamera posierte. Wenn Greta Garbo in weiten Hosen über den Sunset Boulevard schlenderte, stand es am nächsten Tag in der Zeitung. Einer Freundin gestand sie, ihre Traumrolle sei Dorian Gray gewesen, der eiskalte Narziss, der aus Selbstliebe zum Mörder wird. Dass die Garbo gelegentlich in Begleitung ihrer Freundin Mercedes de Acosta in Natalie Clifford Barneys lesbischem Salon in Paris auftauchte, wurde erst nach ihrem Tod bekannt.

Kinogänger wurden daran gewöhnt, weibliche Erotik als Vorspiel zum Sex zu konsumieren, obwohl jede Frau weiß, wie sich mit ein paar Tricks eine Madonna in einen Vamp verwandeln lässt. Keine beherrscht dieses Spiel virtuoser als Madonna Louise Ciccone. Der Superstar des Pop wechselte die Masken zwischen Vamp, Diva, Punk, Domina, Immaculata und Girlie, »Like A Virgin« und »Rebel Heart«, kopierte kaugummikauend den Hüftschwung von Elvis

Presley und die Unterleibsellipsen von Michael Jackson. Ihre erotischen Selbstinszenierungen unterliefen sämtliche Identitätspostulate des Feminismus. Sie war ihr eigenes Produkt, eine Kunstfigur, die nicht an den Fäden ihrer Produzenten oder des Patriarchats zappelte. Der Büstenhalter wurde an ihr zur Pumpgun. Jean Paul Gaultier, der für Madonnas Bühnenshows die Kostüme entwarf, hatte entdeckt, dass sich mit den Dingern auch schießen lässt, deren aufreizende Spitzen in den Sechzigern die Twinsets amerikanischer Hausfrauen spannten.

Pünktlich zum Frühlingsanfang 2016 endete in den USA nach 63 Jahren die sexuelle Revolution. Nie wieder Nacktfotos von Playmates im Männermagazin *Playboy*. Die von Starfotografen in Licht gemeißelten erotischen Körper amerikanischer Normalbürgerinnen wandern nun ab in die Kunstgalerien, das nackte Fleisch wird via *webcams* in die Kanäle der Internetpornografie gespült. Die Unterscheidung von Sex und Erotik ist verlorengegangen. Landmaschinen- und Autoreifenhersteller werben mit »Erotik«-Kalendern, auf denen nackte Frauenkörper posieren. Bordelle nennen sich »Erotik«-Center, Pornofilmproduzenten werben mit »Erotik« und meinen Hardcore-Sex.

Normalerweise verstehen wir unter Erotik das, was mit Begehren/*desire* bezeichnet wird. Der erotische Körper ist nicht der nackte, sondern der attributive Körper. Die Attribute sind seit Jahrtausenden ungefähr dieselben geblieben und der antiken Ästhetik und Proportionslehre entnommen. Homers schöne Helena war – nun ja, schön. Und blond. Homers *Ilias* ist gewissermaßen der älteste Blondinenwitz der Weltgeschichte, allerdings mit mehr als fünfzehntausend Versen auch der längste. Hätte sie nur einen kurzen Moment nachgedacht, bevor sie ihrem Geliebten Paris auf das feindliche Schiff folgte – die schöne Helena wäre nicht als erotisches Idol der Antike und Homers *Ilias* nicht als *home story* über eine berühmte Hure in die Weltliteratur eingegangen (wie Shakespeare in *Troilus und Cressida* höhnt).

Das Schöne ist, was das Gute bewirkt, glaubte Platon. Unsere Vorstellungen von körperlicher Schönheit sind nach dem griechischen

Idealpaar Apoll – Aphrodite geformt. Die sokratische Idee des *kalós kai agathós*, des schön und gut gelebten Lebens, galt ausdrücklich nur für männliche Gemeinschaften, in denen Sexualität und Philosophieren gemeinsam praktiziert wurden. Platonisch-sokratisches Begehren zwischen Männern und Knaben gehörte zur Lebens- und Denkkunst, während sich geistige Schönheit bei einer Frau allenfalls in moralischen Tugenden wie Gehorsam und sexueller Zurückhaltung zeigte.


### Sappho, Bilitis, Conchita

Als die ersten Naturphilosophen den Himmel nach Zeichen für ein allgemeines Weltgesetz absuchten, das Heraklit den *logos* nennen wird, standen Orpheus, Hesiod und Homer nicht mehr hoch im Kurs. Ihre abergläubischen Märchen wurden belächelt von einem kriegerischen Adel, der den männlichen Nachwuchs in gymnastischen Übungen zu Kämpfern heranbildete. Die neuen Dichter waren Soldaten, Männer wie Archilochos. Die Wiege der Kultur war der Schild des Kämpfers, das *Gymnasion* die Vorschule des Philosophen. Bildung (*paedeia*) bedeutete Disziplinierung von Körper und Geist. Athleten, Sänger und Redner maßen gemeinsam ihre Kräfte bei den Pythischen, Delphischen und Olympischen Spielen. Für die arbeitsteilige Organisation in den agglomerierten Stadtstaaten war die Vereinheitlichung der Sprachen, Maße, Gewichte und der regionalen Götterkulte wichtiger als alte Fabeln. Allmählich verschwand die Erinnerung an den zweigestaltigen Anthropos, den vieräugigen Phanes, an all die androgynen Mischwesen aus Mann und Frau, an kretischen Mutterkult und dionysische Exzesse, phallische Zottelwesen und tanzende Jünglinge auf den Vasenmalereien der minoischen Thalassokratie.

Bis einen Lidschlag später Sappho auf der Bildfläche erscheint, die braunhäutige Dichterin. Um 620 v. Chr. auf der Insel Lesbos geboren, werden ihre Tanz- und Chorlieder bei den kultischen Freundschafts-, Liebes und Dankfeiern aufgeführt.

Mancher sagt, ein Wagenheer sei das Schönste
auf der schwarzen Erde, und mancher: Fußvolk,
mancher: eine Flotte; ich aber sage:
das, was man lieb hat.

Platon nannte sie ehrfürchtig die zehnte Muse, doch nichts an ihr
war göttlich. Als klein und kräftig wurde sie beschrieben, die Tochter
eines städtischen Kaufmanns aus Mytilene. Sie gehörte zum alten
Volk der Äolier, das einst weite Teile nördlich der Ägäis in Thessalien
und Thrakien besiedelte. Erst fünfzig Jahre nach Sappho taucht noch
einmal eine Dichterin ihres Formats auf, Korinna, die Pindar im
Wettkampf besiegt und seine Meisterin wird. Dann bricht auch
das ab. Hellas sieht keine Dichterinnen mehr. Praxilla, Moiro, die
Arkadierin Anyte, Telesilla von Argos, die Böotierinnen Myrtis
und Korinna, Erinna von Telos und Damophyla, Schülerinnen im
sapphischen »Musopolos«, die Zauberspruchdichterin Kleobuline/
Eumetis, eine Zeitgenossin des Thales und Tochter des Königs von
Rhodos: Ihnen allen bleibt Sappho die Meisterin. Als nach vielen
Jahrhunderten Archilochos, Mimnermos und Alkaios, Stesichoros,
Anakreon und Ibykos als Schöpfer griechischer Liebeslyrik wiederentdeckt werden, fehlt von den Dichterinnen längst jede Spur, und
Sapphos Ruhm ist befleckt. Die Komödienschreiber und Kommentatoren des 4. Jahrhunderts v. Chr. dichteten ihr sexuelle Unersätt-
lichkeit an und verspotteten sie als Geliebte des Frauenverächters
Hipponax und des Kriegerdichters Archilochos, obwohl beide lange
vor ihr gelebt haben. Als Tribade, Hetäre, Hure erscheint sie wieder in der christlichen Spätantike. Horaz schwafelt von der *mascula
sappho* und ihrer Amour fou zu dem schönen Jüngling Phaon, die
sie in den Tod getrieben habe. Ihm glaubten Spätere, wie Grillparzer,
der die »geistreiche Frau« großsprecherisch verhöhnte, um be-
friedigt festzustellen, dass ihr Hochmut durch einen Mann zu Fall
gebracht worden sei.

Von den neun Büchern der Sappho mit Elegien, Hymnen, Oden,
Gelegenheitsliedern, Epigrammen und jambischen Gedichten sind
nur ein Dutzend Fragmente überliefert. Verlassen von ihren Werken,

geistert ihr Name durch die Männerzeit der Spätantike, bis Antipatros von Thessalonike, ein Zeitgenosse von Catull, in einem rühmenden Epigramm wenigstens noch einmal ihre Namen nennt als »Arbeiterinnen am Werk dauernder Blätter«. Ein österreichischer Bibliothekar mit dem märchenhaften Namen Josef Calasanz Poestion wird 1876 mit Antipatros' Hilfe die erste hellenistische Frauenliteraturgeschichte verfassen.

Dem deutschen Gelehrten Ulrich von Wilamowitz-Moellendorff war es dann schon sichtlich peinlich, als in Frankreich die Namen Lesbos und Sappho als Synonyme für weibliche Homosexualität auftauchten. Ein gewisser Pierre Louÿs hatte 1894 ziemlich freisinnige Gedichte einer erfundenen Gefährtin der Sappho unter dem Titel *Chansons de Bilitis* veröffentlicht. Wilamowitz-Moellendorff, ein klassischer Philologe alter Schule, erkannte sofort die Fälschung. Noch mehr empörte ihn der durchschlagende Erfolg der *Bilitis*-Lieder, die mehrere Nachauflagen erlebten. Pflichtschuldigst setzte er sich an eine Ehrenrettung der »abgeliebten« alten Sappho gegen ihre sexistischen Verleumder (*Sappho und Simonides*, 1912). Wie schon der liberale Friedrich Gottlieb Welcker ein Jahrhundert zuvor (*Sappho, von einem herrschenden Vorurtheil befreyt*, 1816), deutete Wilamowitz-Moellendorff die weiblichen Lebensgemeinschaften in Sapphos Haus als Gegenmodell zu den männlichen Symposien im sokratischen Athen. Denselben intellektualisierten Freundschaftskult wie in Platons athenischer Akademie erkannte er in der Schule von Lesbos, in Sapphos Oden dieselbe sokratische Ironie, dasselbe elegante Spiel mit erotischen Metaphern wie in Platons Dialogen, in Gyrinna und Atthis die weiblichen Gegenstücke zu Alkibiades und Phaedros. Waren das bloß Grillen prüder deutscher Philologen oder ehrenwerte, wenn auch vergebliche Bemühungen, die antike Kunst der Erotik vor modernem Kulturbanausentum und Sexismus zu schützen?

Louÿs, der mit den Pariser Symbolisten befreundet war, veröffentlichte nach den *Chansons de Bilitis* eine Reihe von erotischen Romanen. Einer davon, *La femme et le pantin* (*Die Frau und der Hanswurst*), inspirierte den amerikanischen Regisseur Josef von

Sternberg 1935 zu dem Kinofilm *Der Teufel ist eine Frau* mit Marlene Dietrich in der Hauptrolle als verführerischer Vamp im Geschmack der *golden twenties*. Die Hauptfigur, Concha, bringt gleich zwei Männer um den Verstand. Nach derselben Vorlage drehte Luis Buñuel 1977 seinen Film *Dieses obskure Objekt der Begierde*. Aus der Spanierin Concha wird die Pariserin Conchita. Der Modefotograf David Hamilton dreht im selben Jahr einen Schulmädchenporno nach dem Conchita-Lolita-Muster, garniert mit pseudosapphischer Lyrik. 2014 erlebte Conchita auf dem TV-Schlagerfestival Eurovision Song Contest ihre glamouröse Wiedergeburt: phänotypisch mit ihrem Hanswurst vereint zu einem wunderschönen bärtigen Hermaphroditen namens »Conchita Wurst«, die perfekte Paarung von Intelligenz, Witz und Anmut. Der Schöpfer dieser erotischen Illusion war der Travestiekünstler Tom Neuwirth.

Sapphos dichterischem Ruhm hat die Sexualisierung ihres Werks und ihrer Person indessen nicht geschadet – im Gegenteil. Um 1890 erlebte Sappho in Nordamerika und Europa eine erstaunliche Renaissance. Genarrt von Louÿs' *Bilitis*-Liedern, reiste die 22-jährige Natalie Clifford Barney, eine reiche US-amerikanische Erbin, 1899 mit ihrer Geliebten Reneé Vivien auf die Insel Lesbos, um Sappho und ihren poetischen Schwestern durch die Gründung einer sapphischen Akademie zu huldigen – ein Vorhaben, das von den beiden jedoch nie realisiert wurde. Die erste Lesbenorganisation in den USA nannte sich 1955 Daughters of Bilitis.

*Der männliche Code*

Dass »Musen und Grazien nur selten miteinander auf gutem Fuß stehen«, ist nach Ansicht der Dame Edith Sitwell der Grund, warum Frauen sich lieber rechtzeitig entscheiden sollten: Dame oder Autor. »Solange eine Dame glaubt«, bemerkte sie maliziös, »den Arm eines Herrn nötig zu haben, der sie, wie es sich gehört, aus einem Speisezimmer oder einem Ballsaal hinausführt, solange sie es für gefährlich oder ungehörig hält, abends einen knappen Kilometer allein zu gehen, kann ich nicht begreifen, wie die Frauenrechts-Theorie je mehr sein soll als eine logisch vertretbare Abstraktion.« Diese sehr vornehme und sehr boshafte Lady, die in den Zwanzigerjahren gelegentlich bei der Londoner Bloomsbury Group und in den lesbischen Kreisen am Pariser Seineufer auftauchte, ließ kein gutes Haar an der »Frauenemanzipation, einer Bewegung, in der gebildete, behoste und muntere Damen wie George Sand sich mit der gleichen Häufigkeit, Wahllosigkeit und zu so niedrigem Preis wegschenkten, wie andere Damen Weihnachtskarten verschickten.« (*Englische Exzentriker*). Dumme Frauen fand sie ebenso ungenießbar wie kluge. Einzig Gertrude Stein entging dem Fallbeil ihres scharfen Verstandes.

Bei der Bloomsbury Group denkt heute jeder zuerst an Virginia Woolf. Doch im Juli 1911 war Bloomsbury ein Londoner Stadtviertel wie andere auch, in dem sich ein Freundeskreis aus zehn jungen Männern und drei Frauen an einem Abend der Woche traf. Virginia Stephen hatte das alte Haus zusammen mit ihren Geschwistern Adrian, Thoby und Vanessa 1904 gemietet. Ihre Brüder, Studenten in Cambridge, brachten Freunde mit. Sie flegelten sich in Sessel und Sofas und setzten ihre hochkarätigen akademischen Debatten von Trinity fort. Der Eros des Geistes hüllte die jungen Genies in dicke Nebelschwaden, die sich mit dem Rauch ihrer Zigaretten mischten. Die beiden jungen Mädchen lehnten als Dekor an den Wänden oder kochten Tee. Die Vorkriegsjahre in Bloomsbury verströmten den elitären Charme der Cambridge Apostles, eines schon hundert Jahre zuvor gegründeten studentischen Männerbunds, Nachhall der »elisabethanischen Renaissance« und ihrer geheimen homosexuellen Netzwerke. »Die Färbung unseres Fühlens und Denkens«, erinnerte sich Leonard Woolf, »war uns durch das Klima von Cambridge und Moores Philosophie vermittelt worden.« (*Mein Leben mit Virginia*) Die analytische Philosophie begann gerade erst ihren Siegeszug gegen neoromantischen Idealismus und Historismus des 19. Jahrhunderts. George Edward Moore (*A Defence of Common Sense*, 1925) war einer ihrer profiliertesten Vertreter am Trinity. Sprachlogische und mathematische Lösungsmodelle für erkenntnistheoretische Probleme faszinierten die Jungen.

Viele der Besucher der Donnerstagabende – Lytton Strachey, Saxon Sydney-Turner, E. M. Forster, Duncan Grant, John Maynard Keynes – waren homosexuell oder ambivalent. Frauen waren in ihren Kreisen nicht gern gesehen, wie Virginia Woolf einige Jahre später spottete. »Sie sind gefährlich, weil sie es sind, die erkennen könnten, dass der Kaiser keine Kleider anhat.«

Die Gruppe verband eine Art ungeschriebener Moralkodex, eine männerbündnerische praktische Ethik, die – wie später in ähnlicher Form in Bretons »Surrealistischem Manifest« – einem gemeinsamen Savoir-vivre verpflichtet war. Der »männliche Code« (George Steiner) von Bloomsbury war homophil, intellektuell und elitär. Die Reihe prominenter Verfechter einer solchen männlichen »Stilistik der Existenz« (Michel Foucault) ist lang: Arthur Rimbaud, Marcel Proust, André Gide, Julien Green, Henry James, Allen Ginsberg, Jean Genet, Klaus Mann sowie Christopher Isherwood kultivierten den männlichen Eros als Lebenskunst und ästhetische Konfession. An erster Stelle standen Freundschaft und offener Dialog unter Gleichen.

Michel Foucault hat die Übergänge von den Sexualpraktiken zur Wahrheitspraxis, von der Asymmetrie der Lüste zur Liebe zwischen Gleichen als spinozistische »Lust am Selbst« beschrieben, als Liebe zum Wissen. *Philosophia* bedeutete in dieser Ethik Rückkehr zu sich selbst. »Die Gegenseitigkeit der Lust in einem Austausch, bei dem man für den Genuß des anderen sorgt, in dem man so streng wie möglich auf Gleichheit bei beiden Partnern achtet, führt in die sexuelle Praktik einer Ethik ein, welche die des gemeinsamen Lebens fortführt« (*Die Sorge um sich*). Ohne diese platonische Ästhetisierung der Lust wäre der homosexuelle Liebesmythos nichts weiter als »die promiske Homosexualität eines Geheimbunds von Männern und Jungen, die orientalische Züge trägt« (Barbara Vinken). Leonard Woolf hat als Alumnus in Cambridge die alltägliche Päderastie am eigenen Leib erlebt.

Die erzwungene Beherrschung des sexuellen Begehrens in der Öffentlichkeit belohnte sich selbst durch Ausschweifungen des Geistes. Sex, Sapphismus, Sodomie (die offizielle Bezeichnung für schwule Männer) waren das Dauerthema der Bloomsburys, während es in der britischen Gesellschaft nach dem Prozess gegen den Schriftsteller Oscar Wilde 1895 praktisch nicht mehr existierte.

Das Besondere an Old Bloomsbury war nun eben, dass in diesen männlich-intimen Denk- und Lebensstil auf einmal Frauen einbezogen wurden – Frauen, die geduzt und angesprochen werden durften, die man nicht mit steifen Komplimenten wie zerbrechliche Puppen am Arm herumführen musste, Frauen wie Virginia und Vanessa, deren wache Intelligenz die zölibatären Dunstkreise aufwirbelte. Im Spiegel des anderen Geschlechts verstärkte sich gewissermaßen der Reiz homophiler Lebenskunst.

Die jungen Damen hatten männlicher Lebens-Ästhetik zunächst wenig entgegenzusetzen, und so dauerte es ein paar Jahre, bis sich die dekorativen Stephen-Mädchen in ihren weißen viktorianischen Kleidern als echte Bloomsburys entpuppten. Sie nahmen nicht nur den elitären Duktus an; sie scherten sich auch wenig um Moralkonventionen und geschlechtliche Normative. Intellekt stand über Sexus. Bisexuelle Ehen und spielerischer Rollentausch waren in ihrem Freundeskreis eher die Regel als die Ausnahme. Der Eros des Geistes war gewissermaßen hermaphroditisch.

Was Virginia Woolfs schriftstellerisches Werden anging, maß sie sich nie an dem, was als weibliche Geisteskraft geschätzt wurde. Vielleicht liegt es an der Unsicherheit über eigene Fähigkeiten, die Frauen oft zu den strengsten Kritikern ihrer Geschlechtsgenossinnen macht. Die Bereitschaft, in ihrer Mitte ein Genie ausfindig zu machen, ist weit weniger ausgeprägt als bei Männern unter ihresgleichen. Virginia Woolfs Portraits außergewöhnlicher Frauen hinterlassen oft einen leichten Degout. So, wenn sie der »steifen« und »konventionellen« Jane Austen gouvernantenhaft »beim Üben« zuhört und über die Bücher sinniert, die sie hätte schreiben *können*. Oder wenn sie die Herzogin von Newcastle als exzentrische Autodidaktin schildert und deren ungestümen Surrealismus als »etwas Nobles und Don-Quijoteskes und Hochgemutes, aber auch als etwas Verrücktes und Spatzenhirniges« zurückweist. Oder wenn sie mehr als einmal bemerkt, dass in Romanen von Frauen vor allem »die Anwesenheit einer Frau« störend wirke, während große Literatur daran zu erkennen sei, dass der Autor in seinem Werk vollständig verschwindet. Geltungsdrang, Unaufrichtigkeit, Fügsamkeit, Plauderhaftigkeit, Formlosigkeit sind nur einige der wenig schmeichelhaften Eigenschaften, die sie ihren Kolleginnen zuschreibt. Die moderne Ikone amerikanischer *Creative Writing*-Studentinnen fand am weiblichen Körper nur so lange Geschmack, wie sie nicht Schriftstellerin war, also praktisch nie.

Es würde sie vielleicht kränken zu erfahren, dass sie mir einmal an einem Sommerabend unter Oxfords Bäumen als Geist erschienen ist. Aber genau das war sie, der Heilige Geist von Bloomsbury, der mit brennendem Ehrgeiz die intellektuellen Männerbünde verspottete, um mit ihrem eigenen Intellekt tief in die seelischen Abgründe des Menschen vorzudringen. Ihr Ideal war ein jungfräulicher Stil, »lauter, unbefleckt, geschlechtslos, wie die Engel es sein sollen«, apollinisch und androgyn. In dem perfekt sterilisierten Milieu der späten Romane (*Die Jahre*, *Die Wellen*) wird der männliche Code von Bloomsbury sexuell neutralisiert. Die Bücher, die sie schreiben wollte, »rühren keine Leidenschaften auf; sie erheben, steigern, unterrichten, und Männer und Frauen können gleichermaßen aus ihren Büchern Nutzen ziehen, ohne der Torheit der Gefühlsbindung oder der Tollheit der Parteilichkeit anheimzufallen.«

Virginia Woolf trieb der englischen Prosa das Geschlecht aus, womit sie sich in den sexsüchtigen Sechzigern des 20. Jahrhunderts den Ruf der großen Prüden einhandelte. Nur einmal, in dem verspielten Crossdresser-Roman *Orlando*, gestattete sie ihrem androgynen Ego den Ausbruch in shakespearische Frivolität. Eine weibliche Lebensstilistik zu schaffen, gelang trotz illustrer Legenden um Woolfs Sapphismus und die erotischen Eskapaden ihrer Freundin Vita Sackville-West sicher nicht. Auch wenn Vita immer wieder behauptete, weibliche Männer und männliche Frauen würden früher oder später den starren Dualismus von Mann und Frau überwinden helfen und die öffentliche »Anerkenntnis« solcher »Fälle doppelter Persönlichkeit« durchsetzen: Das »dritte Geschlecht« – von Medizinern als Tribadie oder Inversion bezeichnet – war von seinem *coming-out* noch weit entfernt. In Bloomsbury, dem Laboratorium einer akademisch nobilitierten Moderne, herrschte weiter der androzentrische Eros von Trinity. Maynard-Keynes' Reform ökonomischer Währungstheorien, Roger Frys Verdienste um die Akzeptanz moderner Kunststile wie Impressionismus und Fauvismus, Moores mathematisch-logische *Principia Ethica* ließen dem weiblichen Eros nicht viel mehr übrig als Dinnerpartys und Seelenlandschaften.

Zur selben Zeit, als Virginia Woolf ihre Freundin Vita Sackville-West als männlich-weibliches Chamäleon in *Orlando* portraitierte, wurde der 48-jährigen Schriftstellerin Marguerite Radclyffe Hall, einer bekannten Londoner Lesbierin und Freundin von Vita, für ihre Darstellung einer lesbischen Beziehung, *Quell der Einsamkeit*, in London der Prozess gemacht. Zur Verhandlung erschien sie provokativ in Ledermantel und spanischem Reithut. Der Roman erschien in England erst 1949, als die Verfasserin schon tot war. Dafür machte er in Paris, wo es der Verleger nach dem Verbot illegal drucken ließ, einen Riesenwirbel. Denn hier lebte seit fast dreißig Jahren die Frau, die Radclyffe Hall das Urbild für eine der beiden Heldinnen geliefert hatte.

## Das dritte Geschlecht

Natalie Clifford Barney bewohnte in der Rue Jacob Nr. 20 ein altes Haus in einem Garten mit alten Bäumen, in deren Schatten sich ein kleiner dorischer Freundschaftstempel verbarg. Die Zimmer waren überfüllt mit Büchern, Pflanzen, Manuskripten, Zeitschriften, Fotos und Gemälden, die sie selbst zeigten. (Einige Häuser weiter wohnte die Amerikanerin Djuna Barnes im Hotel Angleterre). Barneys Freitagabendsalon wurde seit 1909 von Schriftstellern und Künstlerinnen besucht, die aufzuzählen einem *Who is Who* der europäischen Moderne gleichkäme. Wer nicht kam, war der Unbedeutendheit überführt. Nachdem sich Pierre Louÿs und Barney persönlich kennengelernt hatten, schenkte er ihr ein Exemplar seiner *Bilitis*-Lieder, die er den »girls of the future society« gewidmet hatte. Sie wurden Freunde.

Falls es so etwas wie den »weiblichen Code« je gegeben hat, dann wurde er hier erfunden. Im engen Umkreis zwischen der Rue Jacob, Rue de Fleurus und Rue de l'Odéon ließen sich kurz nach der Jahrhundertwende Schriftstellerinnen, Verlegerinnen, Buchhändlerinnen, Journalistinnen am linken Seineufer nieder. Adrienne Monnier öffnete 1915 ihre Buchhandlung und Leihbücherei La Maison des Amis des livres in der Rue de l'Odéon 7, ein paar Schritte weiter die Amerikanerin Sylvia Beach vier Jahre später unter dem Namen Shakespeare & Company die ihre. Beach bot auch Radclyffe Halls Skandalroman in ihrem Geschäft an, das nebenbei als Leihbücherei diente.

Frauen neigten nicht dazu, erklärte Monnier 1938 in einem Radiovortrag, die Seitenränder geliehener Bücher mit Notizen zu bekritzeln oder Stellen mit rotem Kopierstift dick zu unterstreichen, die ihnen nicht gefielen. Das seien männliche Gewohnheiten. Frauen interessierten sich auch viel weniger für das physische Buch und seinen materiellen Wert, sondern mehr für das, was drinsteht, während bibliophile Sammler meist Männer seien. Oft umhüllten sie das Buch liebevoll mit einem Schutzumschlag oder legten eine gepresste Blume hinein. Monniers eigene Liebe zum Buch ließ sie konsequent auf Signaturen, Stempel und Standardeinbände verzichten. Ihre Bücher waren schließlich kein Vieh, das man mit Brandzeichen als persönliches Eigentum markiere.

In der Rue de l'Odéon wurde nach dem Ersten Weltkrieg eine Vision wahr, *Being Geniuses together* (Robert McAlmon), die Utopie einer freien Republik der Geister quer durch Geschlechter, Nationen, Sprachen. Barney nannte ihre Freitagabende ab 1927 »Académie des femmes«. Neben literarischen Lesungen wurden Vorträge zu wissenschaftlichen Themen geboten. Auch die Dichterlesungen bei Monnier waren legendär. Paul Robeson sang, Jules Romains, Ezra Pound, der expatriierte Ire James Joyce lasen aus ihren Büchern vor, der noch werklose Ernest Hemingway las Zeitungen, andere Besucher schrieben Briefe oder liehen Bücher aus. 1922 brachte Sylvia Beach es zustande, Joyces Roman *Ulysses* drucken zu lassen, was in London und New York an der strengen Zensur gescheitert war. Sie stand der Wahlrechtsbewegung italienischer Feministinnen nahe, was sie nicht hinderte, sich von Joyce nach und nach als persönliche Sekretärin und Kreditorin ausnutzen zu lassen – aus Bewunderung für ein Werk, das erst durch ihre selbstlose Hilfe ans Licht der Welt kommen und beinahe ihren eigenen finanziellen Ruin nach sich ziehen sollte. Es war eine reiche Amerikanerin, als Schriftstellerin unter dem Namen Bryher bekannt, die das wirtschaftlich gefährdete Shakespeare & Company rettete. Bryher lebte offen ihre lesbischen Beziehungen und führte daneben eine Scheinehe mit Robert McAlmon.

Eine Gruppe von Genies ist so paradox wie ein Saal voller Nobelpreisträger. Den voluptuösen Mittelpunkt der Frauen vom linken Seineufer, den in sich ruhenden Schwerpunkt verkörperte allerdings nur eine – Gertrude Stein. Sie besaß großzügig, was sie selbst einmal »die Männlichkeit, die zum Genie gehört«, genannt hat (Andrea Weiss), wobei sie sich ohne Zweifel nicht nur für ein Genie, sondern auch für den besseren Mann hielt als jeder Mann. Ihre Erscheinung war kraftvoll und auf irritierende Art geistreich wie ihre Texte; sie erfand literarische Stile wie Lettrismus und *écriture automatique*, noch bevor irgendjemand sie als solche erkannte. Ihre fluoreszierenden Wort- und Lautspiele, für die sie jahrelang keine Verleger fand, drängten halbbewusst aus einem restlos mit sich selbst identischen, narzisstischen Ich. Ihre Lebensgefährtin Alice Toklas nannte sie ihre Frau, keineswegs im Sinne einer symbiotischen, sondern rein pragmatischen Liebes- und Lebensgemeinschaft. Geradezu kleinbürgerlich konservativ stellte sich das Paar bei ihren abendlichen Empfängen in verteilten Rollen dar, Miss Toklas als allseits beliebte, konventionelle Hausdame, »Miss Stein« als respektforderndes Genie, Monarchin aller Hungerleider vom nahen Montparnasse und amerikanische Legende in Paris.

Zum ersten Mal sah sich in den Zwanzigerjahren die Gesellschaft mit dem Gedanken konfrontiert, dass Frauen auch anderes lieben konnten als Männer und Kinder: Bücher, Literatur, Poesie, Sport, Tanz, Kunst und – Frauen. Die moderne Frau inszenierte sich als

Chamäleon, abwechselnd als amerikanisches *girl* im Tennisdress, knabenhafte Sylphe, Femme fatale mit Stehkragen, Monokel und Zigarettenspitze, Rennfahrerin, Weltentdeckerin, Abenteurerin. Röcke und Haare wurden kürzer, die Körper athletischer, die Mode geometrischer. Die moderne Frau war selbstironisch, selbstverliebt, erotoman. Radclyffe Hall, Djuna Barnes und Mae West schrieben Romane über lesbische Paare. Gertrude Stein und Alice Toklas, Natalie Clifford Barney und Romaine Brooks, Bryher und Colette ließen sich inspirieren vom androgynen *bel esprit*. Ihre sexuelle und intellektuelle Freiheit wurde weder von den Surrealisten noch von den Existentialistinnen von Saint-Germain-des-Prés je wieder erreicht. Schöpferische Weiblichkeit löste sich aus dem Spiegel des männlichen Blicks.

Eine der bedeutendsten surrealistischen Malerinnen war die New Yorkerin Dorothea Tanning. In ihren Werken überlebte der Geist der Frauen vom linken Seine-Ufer die furchtbaren Jahre des Weltkriegs und der Exilierung vieler europäischer Intellektueller. Wie Barney in ihren aphoristischen *Pensées d'une Amazone*, wie Djuna Barnes in ihrem derb-komischen *Ladies Almanack* im Holzschnittstil mittelalterlicher Narrenspiegel, so erfand Tanning in ihren surrealen Bildern und Skulpturen eine neue weibliche Schöpfungsgeschichte, eine androgyne Mythologie. Tannings Lebenswerk ist die radikale Destruktion der ornamentalen Frau der Vorkriegszeit (*The Magic Flower Game*, 1941), der Puppenfrau, der kopflosen Frau (*Voltage*, 1942) männlicher Fantasien. Was einem Voltaire, einem Glanville, einem Addison noch unvorstellbar war, hatte im Koordinatennetz zwischen Paris, London, Berlin und New York einen Denk-Ort gefunden: die weibliche Topologie eines dritten Geschlechts jenseits der starren Mann-Frau-Hierarchien, das sich aus der männlichen »Stilistik der Existenz« befreit hatte. Der »Mythos Frau« wurde abgelöst von der Närrin im Spiegel der Weiblichkeit. Tanning starb 2012 mit 101 Jahren in New York, musste also noch lange dem allmählichen Versinken ihres Werks in der Vergesslichkeit des Kunstmarkts beiwohnen.

Die Närrinnen des 21. Jahrhunderts sind Exhibitionistinnen. Die weiße, leere, unbeschriebene Fläche zwischen *brain* und *body*, *sexus* und *logos*, die die Prüderie der Nachkriegsära hinterlassen hat, bespielen sie mit höchstem Körpereinsatz. Junge Frauen mit nackten Brüsten erobern den öffentlichen Raum. Sie dringen in Kirchen und Regierungsgebäude. Sie bieten ihre Haut als *screenshots* und Politpopplakate dar oder organisieren sich im Internet. Sie protestieren gegen Pornografie und Sexindustrie, gegen Versklavung muslimischer Mädchen und Frauen, Prostitution und Menschenhandel, religiöse Heuchelei, Päderastie und Schwulenhass. Die neuen Närrinnen setzen nicht mehr auf intellektuelle Argumente, sondern auf Provokation. Hundert Lehrstühle für feministische Theorie können drei nacktbusige Aktivistinnen nicht aus den *prime time*-Nachrichten verdrängen. Mittlerweile ist Körperprotest zu einer internationalen Bewegung geworden. Die V-Day-Bewegung rief 1998 den 14. Februar, traditionell der amerikanische Tag der Liebenden, zum Weltvagina-Tag gegen körperliche und sexuelle Gewalt gegen Frauen aus. Als Vortruppe der demokratischen Maidan-Bewegung gründete sich 2008 in der Ukraine die feministische Gruppe Femen. Ihre Protestform, *Sextremismus*, ist die ironische Umkehrung feministischer Körperpolitik, nämlich die Rückeroberung des Frauenkörpers aus dem Getto des männlichen Blicks.

Mittlerweile hat die Idee weltweit Anhängerinnen. Die Onebillionrising-Bewegung, der Topless Jjihad Day, die kanadischen SlutWalks und die russischen Pussys (Pussy Riot) arbeiten an der Zertrümmerung sexistischer Stereotypen. Ihre Selbstbezeichnung als Huren (Nelly Arcan), Nutten, Schlampen, *bitches* und *witches* versteht sich als politische Aktion gegen die sprachliche Kolonialisierung des weiblichen Körpers. Erhofften die Altfeministinnen den ultimativen Befreiungsschlag darin, »den geschlossenen Raum zu vaginalisieren, in dem sich das akademisch-klösterliche Denken übt« (Annie LeBrun), so brechen die Covergirls des Sextremismus aus dem intellektuellen Narrenkäfig aus. Junge Theologinnen entdecken mitten im postmodernen Gender-Mainstreaming die universalistische Friedensbotschaft des weiblichen Orgasmus und behaupten: »Feminismus ist sexy« (Mirja Stöcker). »Dahinter steht die Erwartung, mit mehr Lust bzw. mit mehr Eros den Feminismus und letztlich auch sich selbst samt feministischer Gleichheitsforderungen attraktiver und akzeptabler machen zu können.« Die Frage drängt sich auf: Akzeptabler für wen? Für die Männer? »Zumal Frauen, die mit Macht etwas einfordern, nach wie vor als unsexy und mithin unweiblich gelten. Da ist es nur konsequent, wenn mit dem Argument geworben wird, er produziere besseren Sex.« (Claudia Bruns) Frauen machen also Feminismus, um besseren Sex zu haben?

Wie sehr die Politisierung des weiblichen Körpers schon zum ideologischen Kampffeld rechter und linker Strömungen geworden ist, zeigt sich an der französischen Neofeministinnengruppe Les Antigones, die sich 2013 aus Protest gegen Sextremismus gegründet hat. Ihre Mitglieder verteidigen bei öffentlichen Auftritten, in jungfräuliches Weiß gekleidet und mit Haarkränzen geschmückt, konservative Werte der Weiblichkeit im Namen der »Natur«. Les Antigones sind hegelianische Friedensschwestern, die durch erprobte Tugenden wie Sanftheit und Geduld überzeugen wollen. Sie sind gegen jede Form von Revolte, besonders gegen halbnackte. Sie fordern keine neuen Rechte und Gesetze für Frauen, sondern mehr öffentliche Präsenz als *moitié de l'humanité*. Auf ihrer offiziellen Website sitzt eine ältere Frau strickend an einem Fluss. Ihre Schutzheilige ist Charlotte Corday, die Antirevolutionärin, Mörderin Marats und Märtyrerin des katholischen Widerstands.


## Machiavelli in Rosa


Glauben wir Lifestyle-Philosophinnen wie Rebekka Reinhard oder Natalie Knapp, so verzichten Frauen für ein paar Schuhe von Prada, eine Tasche von Gucci gern auf einen Listenplatz als Landes- oder Bundespolitikerin. Reinhards *Kleine Philosophie der Macht (nur für Frauen)* liest sich wie ein politisches Kochbuch mit leckeren Rezepten zum Selbstprobieren. Frau Reinhard empfiehlt »Machtmittel« für alle Lebenslagen, Schüßler-Salze für das soziale Wohlbefinden der »neuen F-Klasse« (Thea Dorn) aus der Hausapotheke des Postfeminismus. Dieses Buch ist ein echtes Frauenbuch: sexy, leicht und voll im Trend. Die charmanten Plaudertaschen des weiblichen Empowerments, bei denen jeder zweite Satz mit ICH anfängt, weil das so schön authentisch klingt, haben mittlerweile die strengen feministischen Pfadfinderinnen mit ihrem theoriefesten Schuhwerk erfolgreich aus den Buchläden vertrieben. Sie bedienen sich der rosa Rhetorik von Frau-TV-Moderatorinnen und bewerben rosarote Brillen für die weibliche Führungskraft von morgen. Glauben wir ihnen, so lieben Frauen Kleines. Sie lesen lieber Ratgeber- und Kochbücher als politische Analysen. Frauen brauchen Rezepte. Sie wollen belehrt, geführt, gecoacht werden. Lust auf Macht ist davon das Gegenteil. Rebekka Reinhard hat keine Lust auf männlich definierte, repressive, hierarchisierte Macht. Sie wünscht sich einen Machtbegriff mit weiblichem Zuschnitt. Niemand soll unterdrückt werden, schon gar nicht die Männer.

Solange Frauen entschlossen sind, die bessere Hälfte der Menschheit zu sein, steht es um den weiblichen Machtanspruch wohl eher schlecht. Denn politische Macht fragt nicht nach Geschlecht und Moral. Sie quantifiziert und effektiviert; sie generiert Normen. Macht ist geschlechtslos. Wer wie Reinhard glaubt, Macht komme von Machen, wer also nur so viel Macht fordert, wie ihm/ihr innerhalb der bestehenden gesellschaftlichen Strukturen zugänglich ist, hat seine Ohnmacht schon eingestanden. Wer die verschlüsselte Mechanik der Macht nicht durchschaut, die unpersönliche Maschinerie der »Herrschaftsformen«, wie sie Niccolo Machiavelli vor fast genau fünfhundert Jahren der korrupten, von Partikularismus und Machtgier zerrissenen Welt der italienischen Renaissance präsentiert hat, ist zum *female global player* weder fähig noch bereit. »Ihr werdet sehen, daß alle, die zu großem Reichtum und großer Macht gelangten, durch Gewalt oder Trug dazu gelangt sind. Was sie aber durch Hinterlist oder Gewalt an sich gerissen haben, beschönigen sie mit falschen Bezeichnungen wie Eroberung und Gewinn, um die Verworfenheit des Erwerbs zu verbergen. Wer aus Trägheit oder Dummheit diese Mittel meidet, schleppt sich in ewiger Knechtschaft und Armut dahin. Treue Knechte bleiben immer Knechte und ehrliche Leute immer arm.« (*Mensch und Staat*) Die Enthäutung des absolutistischen Staatskörpers, die zynische Freilegung seiner verborgensten Sehnen, Muskeln und Nervenfasern in *Der Fürst* setzte den alten Märchen vom guten König ein Ende.

Doch lässt sich überhaupt ein Machtbegriff denken, der ohne sexuelle Aggression und Unterwerfung, ohne Betrug und Ausbeutung, ohne persönliche Anmaßung auskommt? Es wäre doch jammerschade, wenn der lange Weg der »befreiten Frau« von den Sozialistinnen zu den »Furien, den Amazonen, den Hexen« des Altfeminismus (Annie LeBrun), von den Existentialistinnen zu den androgynen Mystikerinnen der *beat generation*, von Janis Joplin zu Madonna und Lady Gaga, vom Differenzfeminismus zum Post- und Popfeminismus, von der sexuellen Revolution zum Sextremismus nichts weiter als die sehr umständliche historische Umleitung in die ultimativ befreite Zone sanfter Frauenmacht gewesen wäre, das verheißene Land der Milchschaumbäder, Honigmasken und Topquoten. Denn dort gibt es ein merkwürdiges Ding, das sich emanzipatorischen Projekten mutig in den Weg stellt, ein Ding mit Maulwurfsaugen, das sich seiner Befreiung von der männlichen Tyrannei von jeher mit besorgtem Blick entzieht: die Hausfrau.

## Nr. 5
# Frauen, die denken, sind Egoisten
# und schlechte Mütter

*Die Erfindung der Hausfrau*

Als Erfinder der Hausfrau darf der Spartaner Xenophon gelten. Sein Haushaltungsbuch, *Oeconomicus*, wurde noch im 18. Jahrhundert als kanonische Schrift allen frisch Verheirateten als Vorbild vor Augen geführt, beglaubigt durch das Gütesiegel Sokratischer Weisheit. Der Verfasser behauptete nämlich, etwa um das Jahr 410 v. Chr. in Athen Sokrates' Schüler gewesen zu sein. Einige Jahre später schloss er sich einem Kriegszug der Perser an, die in Athen griechische Söldner warben, schlug sich auf die Seite Spartas und wurde ein ruhmreicher General. Xenophons Erinnerungen an Sokrates, sein *Symposion* und die *Apologie des Sokrates vor dem Gericht* sind wohl eher gekonnte literarische Hochstapeleien. Zur Zeit der Niederschrift des *Oeconomicus* lebte er, aus Athen verbannt, mit seiner Frau Philesia und zwei Söhnen als Privatgelehrter in Skyllus. Die Ehe fasst Xenophon als »Jochgemeinschaft« auf, in der die Arbeitsbereiche sauber getrennt sind: Die Frau herrscht über die häuslichen, der Mann über die außerhäuslichen Geschäfte. Der antike *oikos* bezeichnete den um den häuslichen Herd organisierten privaten Haushalt und war ein Wirtschaftsunternehmen. Es konnte neben der Familie des Hausherrn mehr als hundert Sklaven beschäftigen. Der Hausfrau oblagen weitreichende unternehmerische Entscheidungen. Im Gegensatz zu Aristoteles' Überzeugung, Frauen hätten eine angeborene Neigung, regiert zu werden, waren Spartas Hausfrauen Regentinnen auf eigenem Grund und Boden. Der *Oeconomicus* verrät insofern mehr spartanische Gesinnung als sokratische. Spartas Verfassung, von

Lykurg geschaffen, gab den Frauen deutlich mehr Zivilrechte als den athenischen Frauen unter den Gesetzen des Solon. Sie nahmen an sportlichen Übungen und Wettkämpfen teil und galten als selbstbewusst. Beim Tod ihrer Männer erbten sie deren Besitz und durften ihn in den meisten Fällen auch selbst verwalten.

Das eheliche Verhältnis war dasselbe wie zwischen Vater und Tochter. Alles, was die Frau wissen musste, brachte ihr der Mann bei. Die Mädchen wurden meist mit fünfzehn verheiratet, für Männer wurde das dreißigste Jahr als günstigstes Heiratsalter empfohlen. Mann und Frau führen gemeinsam den Haushalt wie eine Armee oder einen Bienenstock. Zur Illustration greift Xenophon auch gern zum Bild eines Schlachtfelds oder eines phönizischen Kriegsschiffs als Muster einer guten Ehe; da kann auch nicht jeder machen, wozu er gerade Lust hat. Wie in der Kriegskunst sind Ordnung und Gehorsam das Grundgesetz des Hauses. Schuhe, Töpfe, Krüge und Pfannen stehen nach ihrer Größe geordnet im Schrank. Alles hat seinen unverrückbaren Platz.

Als Pflichtenkatalog für Familienväter und Hausfrauen und Richtschnur ehelichen Wohlverhaltens, kanonisiert und beglaubigt durch die sokratische Tradition, blieb der *Oeconomicus* als älteste Hauswirtschaftslehre lange Zeit populär. 1734 übertrug der deutsche Dichter Barthold Heinrich Brockes ihn aus dem Griechischen (*Vom Hauswesen*). Um der Hausfrauschaft zur Würde eines Berufs zu verhelfen, schlug der Pädagoge Johann Ludwig Fabricius 1844 in seinem *Origenicum, d. i. noch ein Wort über Frauenbestimmung und zeitgemäße Frauenbildung* die Gründung einer ökonomischen Akademie für Frauen vor, mit Laboren, Bibliotheken, Naturalienkabinetten und Hörsälen. Auf dem Lehrplan sollten Naturwissenschaften, Sprachen, Gartenbau und Landwirtschaft genauso stehen wie Geschichte, Literatur und Geografie. Als ersten Schritt dachte er an regionale »Frauenbildungsvereine« für »die reifere weibliche Jugend«, also »alte Jungfern«, unverheiratete Frauen über zwanzig, die oft in großer Armut lebten, sofern nicht Verwandte sie bei sich aufnahmen. Nur Gouvernanten und Lehrerinnen an Mädchenschulen war Berufstätigkeit mehr geduldet als erlaubt.

Am 16. Oktober 1865 trat die erste deutsche Frauenkonferenz in Leipzig zusammen. Mit der darauffolgenden Gründung des Allgemeinen Deutschen Frauenvereins war das wichtigste Ziel erreicht: Frauen nahmen ihre Bildung selbst in die Hand. Für Louise Otto-Peters, eine Mitgründerin der deutschen Frauenbewegung, standen die »Interessen des Staates« an der Spitze staatsbürgerlicher Pflichten und Rechte von Frauen. Die vorbildliche Patriotin gestaltete ihr Heim als bürgerliche Kulturoase, las zwischen Kindbett und Küche politische Zeitungen und unterzog sich den kurz aufeinanderfolgenden Schwangerschaften in der Genugtuung, mit der Aufzucht kleiner Staatsbürger dem Staate zu dienen. Ein Rechtsanspruch auf Berufstätigkeit, gar noch in einem intellektuellen Beruf, wurde erst gut hundert Jahre später gesetzlich eingeführt.

»Man muß sich vergegenwärtigen«, bemerkte Robert Musil Ende der Zwanzigerjahre, »daß ursprünglich der Tätigkeitskreis der Hauswirtschaft genügend groß und vielfältig gewesen ist, um einen ganzen Menschen zu brauchen, während schließlich nur noch Kleinigkeiten davon übriggeblieben waren, die aber immer noch in Verbindung gebracht wurden mit dem längst dafür zu groß gewordenen Begriff der schaltenden Hausfrau; aus der mächtigen Bundesgenossin des Mannes ist auf diese Weise zuletzt ein etwas lächerliches Hausmütterchen geworden, das albern von seiner Tätigkeit schwätzte« (»Die Frau gestern und morgen«). Mit der rasanten Industrialisierung des Arbeitslebens schrumpfte der Verantwortungsbereich der »Hausfrau« – vom Brotbacken bis zur täglichen Näh-Putz-Koch- und Wascharbeit – in allen sozialen Schichten. Bäuerliche Großgemeinschaften lösten sich auf, die Töchter gingen in den Städten als Dienstmädchen »in Stellung«. Fabrikarbeit und tayloristische Stoppuhrregimes mit Arbeitszeiten bis zu 12 Stunden täglich zerstörten den traditionellen häuslichen Alltag auch in Arbeiterfamilien. Bürgerliche Haushaltsführung beschränkte sich auf den Einkauf der Rohstoffe auf Viktualienmärkten und in Kolonialwarenhandlungen, die vom Personal nur noch zubereitet werden mussten. Hausfrauschaft forderte vor allem klugen Umgang mit Geld. Frauen mussten nicht mehr unbedingt kochen, aber rechnen können.

Übertrieben es aber die Generalinnen der Staubwedel und Kochtöpfe in ihrem häuslichen Regiment, so wurde ihnen, wie der Frau des Sokrates, der Ruf einer zänkischen Xanthippe zuteil. Dass der weise Sokrates ein eher unbekümmertes Verhältnis zu Reinlichkeit und Ordnung pflegte, entlastete sie vor den Augen der Nachwelt keineswegs. Auch nicht, dass er mehr Zeit mit seinem Lieblingsschüler Alkibiades und seinen halbwüchsigen Lustknaben verbrachte als mit seinem Weib daheim, die übrigens als Hebamme in der Stadt hohes Ansehen genoss und noch von den Römerinnen der Cäsarenzeit wie eine Heilige verehrt wurde. Philosophen machen nun einmal keine gute Figur als Pantoffelhelden. Das »Mißverhältnis zwischen seinem [des Mannes] autoritären Anspruch und seiner Hilflosigkeit«, sobald es um saubere Unterhosen und geschnittene Fingernägel geht, hat auch um die Philosophiegeschichte keinen Bogen gemacht. »Als verdrängte Matriarchin wird sie dort gerade zum Meister, wo sie dienen muß, und der Patriarch braucht nur als solcher zu erscheinen, um Karikatur zu sein.« (Theodor W. Adorno) Nicht einmal beim Sterben wollte Sokrates sein Weib um sich haben, in Sorge um einen philosophischen Tod.

Die Arbeitsteilung zwischen den Geschlechtern folgte also nicht nur dem einfachen Muster der Anatomie: Frauen kriegen die Kinder und versorgen sie, Männer machen den Rest. Sie etablierte von Anfang an ein Wertgefälle zwischen geistigen und ungeistigen Arbeiten. Logisch ist das nicht. Wäre Denken je ein ernsthafter Hinderungsgrund bei der biologischen Reproduktion gewesen, müsste es an ein Wunder grenzen, dass die Menschheit sich angesichts der staunenswerten Reihe schreibender und denkender Frauen der griechischen Antike überhaupt bis heute fortpflanzen konnte. Asklepios, der legendäre Arzt, bildete seine vier Töchter zu Ärztinnen aus, von denen einzig noch Hygieia bekannt ist. Von Homers Mutter, Moero, wurde berichtet, sie habe Bücher oder zumindest Verse geschrieben. Von Pythagoras' Frau Theano wusste Pythagoras' Biograf Iamblichos, dass sie die erste von fünfzehn pythagoreischen Philosophinnen gewesen sei. Der Geschichtsschreiber Thukydides hatte eine Tochter, der man zutraute, das achte Buch des *Peloponnesischen Krieges* ihres Vaters selbst geschrieben zu haben. Platons Mutter Periktyone galt als Pythagoreerin und verfasste philosophische Bücher, von denen indessen kein einziges erhalten blieb, sodass nur noch einige feministische Historikerinnen von ihrer Existenz überzeugt sind. Platons Schwester Potone wurde die Mutter des Philosophen Speusippos, Platons Nachfolger an der Akademie. Aspasia, die Geliebte des Perikles, verfasste einige von dessen Staatsreden an die Athener, war berühmt für staatsmännische Klugheit und führte einen philosophischen Salon. Aristippos' Geliebte Lais wurde für ihre verführerische Schönheit wie für ihre Rede- und Dichtkunst bewundert. Seine Tochter Arete, eine bekannte Naturphilosophin, wurde zu ihrer Zeit als »Licht von Hellas« gerühmt. Die Kynikerin Leontion, »das Löwchen«, zog als Wanderphilosophin durch Griechenland; spätere Chronisten kennen sie nur noch als Hure. Ihre Streitrede gegen Theophrast »Über die Ehe« schlug hohe Wellen im Männerstaat, bevor sie spurlos aus den Bibliotheken verschwand, während Theophrasts Erwiderung als bemerkenswertes Dokument der Misogynie seinem Namen bis heute wenig Ehre macht. Auch von Leontions kluger Tochter Danae blieb außer ihrem Namen nichts bekannt.

Die Reihe prominenter Denkerinnen setzte sich in der Spätantike fort. Asklepigenia, Tochter des Plutarch von Athen, war um 400 eine bedeutende Neuplatonikerin und Theurgin, ging aber nur als Gattin des Philosophen Proklos in die Chroniken ein. Hestiaea aus Alexandria schrieb Bücher über die Homerischen Epen, die verloren sind. Nikobule verfasste eine Biografie Alexanders des Großen. Plinius hat sie noch gelesen, bevor auch sie spurlos verschwand, und daraus zitiert, wobei er sich so dumm stellte, ihren Namen in der männlichen Form als Nikobulos wiederzugeben.

Als sich Platon in seinem idealen Staat neben der paramilitärischen *Paideia*, den Knabenbildungsanstalten, gleiche Schulen für Mädchen vorstellte, sollte er da etwa nicht an ein zahlreiches weibliches Publikum gedacht haben, an seine Schülerinnen, an Mutter und Schwester? Ein Frauenrat würde über ihre Ausbildung wachen. Frauen sollten ihre Ehemänner frei wählen dürfen und ihre Kinder gemeinschaftlich aufziehen, um Zeit für Beruf und Bildung zu haben. Platons Idealstaat hatte, wie alle politischen Utopien, allerdings eine erhebliche Schwachstelle: Der ökonomische Staat passte nicht in den philosophischen Staat. Die Sonne des Guten und Gerechten scheint nie allen gleich, solange die Mittel zur Bedürfnisbefriedigung ungleich verteilt sind. Zweitausenddreihundert Jahre nach Platon formte ein leidenschaftlicher Träumer, dem das Glück der Menschheit wichtiger schien als ein bescheidenes Leben als Handlungsreisender, das ihm sein Schicksal vorgezeichnet hatte, aus Platons Idee den Traum einer *monde sociétaire*, einer Weltgemeinschaft gleichberechtigter Bürger beiderlei Geschlechts. Charles Fourier, der Lyoner Kaufmannssohn, wollte eine neue Weltordnung, in der sich Liebe mit Freiheit, Industrie mit Gemeinnützigkeit und Arbeit mit Leidenschaft zu einem gewaltigen Glücksüberschuss für jeden Einzelnen multiplizieren ließen. Einzige Bedingung: die Aufhebung der sakrosankten Familie und Freilassung der »Hausfrau« in die Berufstätigkeit. Doch an dieser Stelle seines Traums wusste auch Fourier nicht weiter. Seine »neue Liebeswelt« harmonischer Sozietäten würde nur funktionieren, wenn jedes Mitglied, gleich welchen Geschlechts und Alters, über ein gemeinsam erwirtschaftetes, persönliches Grundeinkommen verfügen könnte, das Frauen in Zeiten von Schwangerschaft und Kindererziehung wirtschaftliche Unabhängigkeit gewährt.

Zur selben Zeit, als der träumende Handlungsreisende die ersten Entwürfe zu seinem erotischen Sozialismus macht, stirbt in Berlin der Rechtsphilosoph Johann Gottlieb Fichte. In jungen Jahren der mutigste Verteidiger der Denkfreiheit vor Europas Fürsten, hatte er sich in napoleonischer Zeit zum Chefideologen des preußischen Verfassungsstaats heraufgearbeitet. Auf der Grundlage des Preußischen Landrechts, mit dem Friedrich Wilhelm II. 1794 gewisse Zugeständnisse an die Liberalisierung der Ehe- und Scheidungsgesetze zugunsten der Frauen gemacht hatte, entwickelt Fichte seine rechtsphilosophische Theorie der bürgerlichen Ehe, die alsbald zur preußischen Staatsdoktrin erhoben wird. Durch den Ehe-Rechtsvertrag nimmt der Mann die politischen Rechte der Frau wahr. Mann und Frau sind *eine* Rechtsperson. Erst durch seine Verheiratung erwirbt das Weib den bürgerlichen Rechtstitel »Frau«. Aus Fichtes Sicht ist das für sie ein gutes Geschäft. Indem sie den Namen des Ehemannes annimmt, erhöht sie ihren gesellschaftlichen Status um genau den Betrag, den ihr Mann sich durch Beamtenschweiß und Gelehrtenfleiß erst mühevoll erarbeiten musste, ohne selbst etwas zu leisten. Sie wird »Frau«, wie andere Tischlermeister, Professor oder General werden.

Die philosophische Logik dieser staatlich sanktionierten Unterdrückungsdoktrin war fatal. Hatte nicht derselbe Fichte ein gutes Jahrzehnt zuvor das Freiheitsevangelium des aufgeklärten Bewusstseins verfasst, »*Die Bestimmung des Menschen*«, nur um jetzt die weibliche Menschheit von den Segnungen der Freiheit auszuschließen? Das Ich des Herrn Fichte, »diese bestimmte Person«, darf sich auch als verheiratete Person als unwiederholbares, einzigartiges, unter keinen möglichen Umständen mit irgendetwas vergleichbares Produkt der Denkkraft des Universums denken. Es existiert schlechthin, als Absolutum, wie Gott. Ja dieses Fichtesche Ich *ist* gewissermaßen Gott, denn erst das »Bewußtsein aller Individuen zusammengenommen macht das vollendete Bewußtsein des Universums von sich selbst aus«. Das Universum ist männlich, denn es ist Ich und Ich ist Mann, während Frau Fichte freiwillig aufgehört hat, ein Individuum oder auch nur ein Atom im Universum zu sein, als sie Frau Professorin Fichte wurde.

Nur unter der Prämisse, dass die Ehe der höchste Zustand der Vollkommenheit sei, stichelte Rahel Levin, verheiratete Varnhagen, könne es einer Frau genügen, am Leben und Wirken des Mannes zu partizipieren. Trotzdem genießen ein paar Quadratmeter Parkett als Freilaufzone für lesesüchtige Hühner in der deutschen Literaturgeschichte den stolzen Ruf aufklärerischer Salonkultur: die letzte Schwundform der »Damenphilosophie« einer Laura Bassi und Émilie du Châtelet. Rahel war klug genug, das klassisch-romantische Kunstprojekt als raffiniertes Täuschungsmanöver zu durchschauen.

»Zwei mächtige Mythen haben uns glauben gemacht«, bestätigte Roland Barthes, »daß die Liebe zu ästhetischer Schöpfung sublimiert werden könnte, *sollte*: der sokratische Mythos (lieben heißt, viele schöne und herrliche Reden und Gedanken erzeugen) und der romantische Mythos (ich werde ein unsterbliches Werk hervorbringen, in dem ich meine Leidenschaften beschreibe)«. Der Ehe- und Liebesmythos des 18. Jahrhunderts gründete auf bedingungslos und einseitig dienender Liebe – auch Schiller lebt es nicht anders mit seiner Lotte Wolzogen, Herder mit Caroline Flachsland. Das Reich der Kunst und die Boudoirs und Wirtschaftsräume der Ehe lagen auf verschiedenen Planeten. Nicht Paarung im sokratischen Sinn (die Erlangung größerer moralischer oder intellektueller Vollkommenheit beider Partner), sondern die Arbeitsteilung zwischen Fleisch und Geist bestärkte beide Partner in ihrer natürlichen Bestimmung. Im goldenen Schein der romantischen Sonne verklärte Friedrich Schlegel seine Lucinde-Dorothea zum antiken Ideal »schöner Weiblichkeit« in einer »höheren Menschlichkeit«. Und sein Freund Schleiermacher ließ keine Gelegenheit aus, den Berliner Schwätzerinnen und Schwärmerinnen, Salondamen, Modepuppen und Liebessüchtigen von der Kanzel der aufgeklärten Vernunft herab die zehn Gebote höherer Weib-Menschlichkeit zu predigen, nämlich abzulassen vom Götzendienst am Manne und stattdessen anzubeten dessen Wissen: »Laß dich gelüsten nach der Männer Bildung, Kunst, Weisheit und Ehre.«

Fichte, der »Vater des deutschen Idealismus«, blieb kinderlos. Er starb seiner Frau etliche Jahre voraus. Von den Klassikern und Romantikern in Jena, Weimar und Berlin kamen keine Einwände gegen das preußisch-nationalkonservative Frauenbild, nicht einmal von dem diabolischen Jean Paul, der allerdings so schlau war, sich seine Idealfrau aus Holz selber zurechtzuschnitzen.

In einer Umfrage zweier deutscher Soziologinnen unter Schriftstellerinnen und Künstlerinnen fiel das Urteil 1901 überwiegend
gegen Ehe und Mutterschaft aus. Die »Gehirndamen« meldeten unisono von New York bis Madrid, Rom und Kopenhagen unakzep-
table Einbußen ihrer geistigen Schaffenskraft. Die Dänin Emma Gad
kam zu dem Schluss, es sei »eine falsche Oekonomie, seine Zeit damit zuzubringen, das Mittagessen zu bereiten, wenn man Verstand
genug hat, ein Werk zu schaffen, das höher bezahlt wird, als mit dem
Lohn einer Köchin«. Gabriele Reuter war überzeugt, »dass für jeden
Künstler, ob Mann oder Weib, insonderheit aber für den Dichter,
die Ehelosigkeit der beste und natürlichste Zustand ist«. Die Öster-
reicherin Carola Bruch-Sinn spottete: »Es soll Mütter geben, die
während des Herumtragens ihrer Säuglinge Verse machen und den
Rhythmus mit den Fingern auf das Steckkissen klopfen. Ich möchte
nicht der Säugling sein, aber auch nicht und noch weniger – der
Leser der Verse.«

Mochte Möbius' Schiedsspruch von 1902, die modernen Närrinnen der Emanzipation seien »schlechte Gebärerinnen und schlechte
Mütter«, bei den Feministinnen auch Heiterkeit ausgelöst haben:
Die Ehe zwischen Mann und Frau blieb die Kathedrale des Patriarchats, der Tempel sozialer Geschlechterhierarchie, festgegründet in
der Mitte der Gesellschaft. Ihr Zweck, Pflege und Weitergabe des
genetischen Pools eines Klans, einer Gesellschaft, einer Nation bedeutet für den weiblichen Teil erhebliche Einbußen an bürgerlicher
Souveränität. Mit dem Eindringen des Spermiums in die Eizelle und
ihrer Einnistung in das Endometrium steht der Fötus als selbständi-
ges Rechtsgut unter dem Schutz der Gesetze. Auf Kindstötungen
durch »Engelmacherinnen« stand in Europa bis 1794 die Todesstrafe.
Noch vor einem Halbjahrhundert ging das Verfügungsrecht über
das geborene oder noch ungeborene Kind mit der Eheschließung
ausschließlich auf den Vater über. Der Staat sieht sich von jeher als
Rechtsvertreter des Ungeborenen und droht bei unerlaubtem Abbruch der Schwangerschaft mit drastischen Strafen.

Frauen kennen seit zehntausend Jahren Methoden der Schwangerschaftsverhütung, aber sie mussten es heimlich tun, mit pastösen Salben, Spülungen mit Krokodilkot oder Coca-Cola oder Kondomen aus Leinen, Leder oder Kautschuk. Die Gebärmacht, die uns in den Augen archaischer Männer zu mythischen Ungeheuern gemacht hat – sie ist eine aufgezwungene, lästige Macht. Als am 23. Juni 1960 die Antibabypille in den USA als Arzneimittel zugelassen wurde (in Europa ein Jahr später), wurde sie von Frauenrechtsgruppen als Befreiungsschlag gefeiert. Die Hormonpille wurde zunächst nur verheirateten Frauen verordnet, nach zehn Jahren stand sie allen frei. Sie bescherte der Pharmaindustrie ungeahnte Gewinnmargen und dem Feminismus ein unschlagbares Argument gegenüber dem konservativen Familienmodell: Sex ohne Monogamie und ohne Folgen – der Urtraum lustvoller Kopulation. Unter dem Schlachtruf »Mein Bauch gehört mir« sollte in den Siebzigerjahren das letzte Tabu fallen, die Tötung ungewollter Föten im Mutterleib. Jedem klardenkenden Kopf hätte einleuchten müssen, dass die Forderung nach selbstbestimmter Mutterschaft nicht nur ein partikulares Frauenrecht betrifft, sondern eine Forderung der politischen Vernunft ist. Die Weltbevölkerung wächst in einigen Teilen der Erde umgekehrt proportional zu Wirtschaftskraft, Nahrungsmittelproduktion und medizinischer Versorgung. Der Planet droht in eine wohlhabende überalterte und eine überbevölkerte arme Hälfte auseinanderzufallen. Die Pille hat diesen *evolutionary turn* (Jean Baudrillard) nur beschleunigt, der tief in die seit Jahrtausenden stabile Reproduktionsordnung der Menschheit eingreift. Doch statt mit politischen wurde und wird die Meinungsschlacht um selbstbestimmte Mutterschaft weltweit mit moralischen und religiösen Argumenten geführt – gerade von Frauen. Die Feministin Germaine Greer brandmarkte 1970 die Vorkämpferinnen der sexuellen Revolution als »weibliche Eunuchen« (*Die heimliche Kastration*). Sie forderte die Rückbesinnung auf die wahre Bestimmung der Frau: ihre Fruchtbarkeit.

Greers Deutung von *womanpower* als Gebärmacht verdarb den Freunden des sexuell befreiten Frauenkörpers ziemlich den Spaß.

Schließlich war *love and peace* nicht nur bei den Liebesjüngerinnen der Hippy-Flower-Power-Bewegung, sondern auch in den Redaktionen von Männermagazinen und in der Sexindustrie auf viel Sympathie gestoßen. Aber vor allem appellieren die Abtreibungsgegner an eine weibliche Vernunft, deren zentrales Denkorgan im Museum der Emanzipationsbewegungen konserviert ist und nur wiederbelebt zu werden brauchte: das liebende Frauenherz.

In dem apostolischen Brief von Johannes Paul II. »Mulieris Dignitatem« (»Über die Würde und Berufung der Frau«, 1988) wird Mutterschaft als Primordium weiblicher Existenz bekräftigt. Auf der Visitenkarte der mütterlichen Frau stehen die bewährten weiblichen Tugenden: Empathie, Emotionalität, Subjektivität, Intuition, Eloquenz, Rezeptivität. Aus päpstlicher Sicht besitzen diese Eigenschaften darum hohen sozialen Wert, weil sie auf Liebe gründen. Feministische Bedenken gegen das komische »Gefühl«, das Menschenweibchen mit fast allen Tierarten teilen, Mutterliebe genannt, wie sie Madame Badinter mit bewundernswerter Ausdauer seit vierzig Jahren vorbringt, richteten sich keineswegs gegen die Mutterschaft, sondern gegen das traditionelle bürgerliche Familienmodell als Instrument einer kirchlichen und staatlichen Reproduktionspolitik, deren globales Scheitern derzeit zu beobachten ist.

Rund fünfzig Jahre nach der sexuellen Revolution feiert das Frauenherz seine Reanimation als *digital mom*. Mummy-Blogs entdecken alte Bräuche: Basteln, Backen, Buddeln. Kinderspielplätze sind die neuen Frauenzentren. *Digital moms* nutzen die kostbaren Minuten, wenn das Baby satt und müde in seinem Bettchen liegt, um ihre Botschaften in die Welt zu schicken: Der wahre Feminismus befreit uns zu unserer weiblichen Berufung. Die Renaissance der »retro-wifes« nach der Jahrtausendwende ist ein erstaunliches Phänomen. Schwangere Bachelors und stillende Postdocs posten via Instagram die Fotos vom letzten Kindergeburtstag oder den ersten Milchzähnchen ihrer stolzen Sprösslinge, vielleicht, um dem verbreiteten Irrtum entgegenzuwirken, kluge Frauen seien schlechte Mütter. Nicht mal ein überdurchschnittlicher IQ, soll uns das sagen, kann den natürlichen Mutterinstinkt besiegen.

Für junge Mütter bedeutet die Inflation des Privaten in den digitalen Netzen die Befreiung von schlechtem Gewissen. Sie dürfen sich in traditionelle Rollenbilder zurückfallen lassen, ohne sich unterprivilegiert oder sozial isoliert zu fühlen. In Zeiten, da wirtschaftliche Prosperität als höchstes Gut gehandelt wird, kommt auch die Ehe wieder stark in Mode. Die Gefahr, Wohlstand durch kostspielige Nachkommenschaft aufs Spiel zu setzen, soll dabei möglichst niedrig gehalten werden. Gelingende Ehen sind Karrierebeschleuniger. Die Spezies der Hausfrau und Mutter ist durch die Leistungsträger des Sozialstaats geschützt. *Working moms* und *Dino-Dads*, altmodische Vollzeitverdiener, die ihre Kinder in Kitas und Krippen betreuen lassen, bezahlte Elternzeit nehmen und ihren Nachwuchs nach der Größe der Wohnung und ihres Einkommens planen, orientieren sich am ökonomischen Familienmodell. Der moderne Wirtschaftsstaat wiederum wird geführt wie der antike *oikos*. Die Kernfamilie ist sein Herzmuskel. Haushälterische Vernunft tritt an die Stelle demokratischer Meinungsbildung. Die Leistungskataloge des Sozialstaats, von Kindergeld bis Erziehungsurlaub, sind die Bibeln der neuen Emanzipation. Kein Wunder also, wenn Mütter ihr Urheberrecht an einem »Gefühl« verteidigen, das längst zum bürokratischen Verwaltungsakt geworden ist.

### Mütter und Genies

Arthur Schopenhauer gab seiner Mutter nicht nur die Schuld am Selbstmord seines Vaters, sondern an seinem ganzen unglücklichen Dasein. »Meine Frau Mutter gab Gesellschaften, während er in Einsamkeit verging, und amüsierte sich, während er bittere Qualen litt.« Die schwierige Ehe seiner Eltern, eines nervenschwachen, depressiven, doch geschäftlich erfolgreichen Danziger Patriziers mit der zwanzig Jahre jüngeren Johanna gilt seinen Biografen als charakterbildendes Fundament. Der »Missgriff« dieser Ehe, die Johanna nach der Geburt ihrer Kinder in jahrelange ländliche Abgeschiedenheit zwingt, wird für die Genese eines labil-depressiven Charakters

herangezogen. »Wer die primäre, die mütterliche Liebe nicht empfangen hat, dem wird sehr oft die Liebe zum Primären, zur eigenen
Lebendigkeit fehlen.« (Rüdiger Safranski) Johannas unterdrückter
Ehrgeiz, ihr »Lebensverzicht« wird für die spätere Misanthropie des
Philosophen, seine despotische Schroffheit, seine Frauenfeindlich-
keit verantwortlich gemacht. Weil sie dem heranwachsenden Sohn
nicht das nötige »Urvertrauen« – in was eigentlich? – vermittelt
habe, habe die Mutter den »Kältestrom« seiner zynischen Gefühls-
hemmung zu verantworten.

In Weimar, wohin die frische Witwe 1806 mit ihrer Tochter Adele
gezogen ist, darf sie ihren gesellschaftlichen Ehrgeiz, ihre Gewandt-
heit, ihre Impulsivität ausleben, während der Sohn nach dem postu-
men Willen des Vaters in Hamburg eine Kaufmannslehre absolviert.
Johanna ermutigt ihn, die Lehre abzubrechen und auf die Universität
zu gehen. Schopenhauer folgt ihr nach Weimar. Er leidet noch mehr,
als er Mutter und Schwester sich sonnen sieht im Glanz der großen
Dichternamen und des bescheidenen Wohlstands, den sich Johanna
durch literarische Arbeiten erwirbt. Als sie in »wilder Ehe« mit
einem Mann zusammenzieht, bricht Arthur den Kontakt für immer ab.

Wir kennen gelungenere Lebensläufe mutterloser Genies. Un-
gewollt schwanger, setzte eine gewisse Claudine Guérin de Tencin
ihre Leibesfrucht als Findelkind am Portal der Kirche St. Jean Le
Rond aus, heiratete nie, nahm sich Liebhaber und führte schließlich
als Madame Geoffrin in Paris einen berühmten Salon. Ihr Sohn,
er nannte sich Jean-Baptiste le Rond d'Alembert, hatte Glück mit
seinen Pflegeeltern, einem Glasermeisterpaar. Aus dem Findelkind
wurde ein fröhlicher Mensch und ein intellektuelles Schwergewicht:
Mathematiker, Philosoph, Enzyklopädist.

Im Mittelpunkt von Schopenhauers philosophischem Hauptwerk
*Die Welt als Wille und Vorstellung* steht dagegen unübersehbar die
misslungene Familie. Dem mütterlichen Erbteil weist er den Intel-
lekt, dem väterlichen Willenskraft, Temperament und Charakter zu.
Überdurchschnittliche Geisteskraft bei einer Frau verurteilte er als
Abnormität. Es könne unter ihnen bedeutendes Talent geben, »aber

kein Genie [...]: denn sie bleiben stets subjektiv«. Erst im Sohn äußere sich ererbter weiblicher Intellekt als Genie. Mütter, die selber Genies sein wollen, sind demnach nur gewöhnliche Egoisten. Solche Frauen seien im *principium individuationis* hängengeblieben und vermögen nicht, über den Tellerrand ihres eigenen Lebensglücks hinauszublicken auf das Wohl der Gattung.

Während Arthur noch auf eine zweite Auflage seines opus magnum hofft, das in aller Stille 1819 im Verlag F. A. Brockhaus in achthundert Exemplaren gedruckt worden war, sind Johannas Romane, Reiseberichte, Novellen 1830 in 24 Bänden auf den Markt geworfen worden. Ihre Auflagen können sich sehen lassen. Selbst mit über sechzig ist ihre »innere Lebenskraft« ungeschwächt. Auch Schwester Adele hat es unter dem Einfluss ihrer lesbischen Lebensgefährtin Sibylle Mertens in späteren Jahren zur Autorin gebracht, wenngleich mit mäßigerem Erfolg als ihre Mutter.

Erst 1851 tritt Schopenhauer erneut an die Öffentlichkeit – mit lebensphilosophischen *Paralipomena und Parerga*. Mutter und Schwester sind lange tot, zwei Heiratsversuche unter grässlichen Injurien gescheitert. Die einzige Frau in seinem Leben ist nun Margarethe, die Haushälterin, die zusammen mit seinem Pudel in einer Kammer hinter der Küche seiner Frankfurter 4-Zimmer-Wohnung haust.

Und nun endlich, im 27. Kapitel »Über die Weiber«, vollzieht er den philosophischen Muttermord. »Der Mann erlangt die Reife seiner Vernunft und Geisteskräfte kaum vor dem acht und zwanzigsten Jahre; das Weib mit dem achtzehnten. Aber es ist auch eine Vernunft danach: eine gar knapp gemessene. Daher bleiben die Weiber ihr Leben lang Kinder, sehn immer nur das Nächste, kleben an der Gegenwart, nehmen den Schein der Dinge für die Sache und ziehn Kleinigkeiten den wichtigen Angelegenheiten vor.« In ihrer »schwachen Vernunft« liege der Hauptgrund für ihre Ungerechtigkeit, Verschlagen- und Verlogenheit. »Sie sind sexus sequior, das in jedem Betracht zurückstehende, zweite Geschlecht, dessen Schwäche man demnach schonen soll, aber welchem Ehrfurcht zu bezeugen über die Maßen lächerlich ist und uns in ihren eigenen Augen herabsetzt.« Aus dem Verlust des Erbes durch die Geldentwertung von 1819, bei der sich Schopenhauer finanztechnisch klüger angestellt hatte als Mutter und Schwester, nämlich abwartend, zieht er den selbstgefälligen Schluss: »Wenigstens sollten Weiber niemals über ererbtes, eigentliches Vermögen, also Kapitalien, Häuser und Landgüter, freie Disposition haben. – Aristoteles setzt, in der Politik, B. II. c. 9, aus einander, welche große Nachtheile den Spartanern daraus erwachsen sind, daß bei ihnen den Weibern zu viel eingeräumt war, indem sie Erbschaft, Mitgift und große Ungebundenheit hatten, und wie dieses zum Verfall Sparta's viel beigetragen hat.« Selbst den Ausbruch der Französischen Revolution lastet er dem verderblichen Einfluss lasterhafter Frauen wie Madame de Maintenon und Madame de Pompadour am französischen Königshof an.

»Was mir eigentlich fehlt, sind Leib und leibliche Voraussetzungen«, stöhnte Sören Kierkegaard, der dänische Denker der Verzweiflung. In seiner Jugend war das Absolutum seiner Existenz Gott, dem es zu entfliehen, von dem es sich zu befreien galt. Später ist es das Selbst, das sich an seinem Unglücklichsein stärkt wie Siegfried im Drachenblutbad. Der Mensch ist in seinen Augen das Mangelwesen, das seine eigene Unvollkommenheit zu ertragen lernen muss. Angst vor der Körperlichkeit war auch in Kierkegaards Jugendjahren der beherrschende Affekt. Er fasste wie Schopenhauer nie den Mut, mit einer Frau zusammenzuleben. Doch statt in feindseliger Dämonisierung sucht er Trost im unerreichbaren Ideal. Die unauflösbare Ambivalenz zwischen einem schönen, genussvollen und einem sittlichen, entsagenden Leben hält er nur in einer einzigen Lebensform für überwindbar, in der Ehe. Es ist der Mondstrahl der Sehnsucht, der Kierkegaard im zweiten Teil seines philosophischen Hauptwerks *Entweder – Oder* die Feder führt: Mann und Weib als zwei Künstler, vereint im Werk des sittlich-schönen Lebens. Der Ästhet in ihm erschreibt sich die Ehe als Traum mann-weiblicher Ergänzung, der Ethiker lobt sie als »Schule des Charakters«; »denn das Weib ist des Mannes Gewissen. Sie bringt Melodie in die exzentrische Bewegung des Mannes, sie verleiht dem stillen Leben des Weibes Stärke und Bedeutung, jedoch nur insofern, als es diese im Manne sucht, und damit wird diese Stärke nicht zu einer unweiblichen Männlichkeit.«

Was fehlt diesem himmlischen Hymnus der Ehe noch, um als Vollendung männlicher Vernunft gefeiert zu werden? Natürlich, der passende Mann. Kierkegaard war überzeugt, es könne nur am Mann liegen, wenn Ehen nicht gelingen, »denn der Mann ist stolz, er will alles sein, will nichts über sich haben«. Keine Frau werde etwas gegen die Ehe haben, wenn »die Männer sie nicht selbst verderben; denn eine emanzipierte Frau könnte wohl schon auf dergleichen verfallen« (*Entweder – Oder*). Und so streiten der Verführer und der Erlöser, Donjuanismus und Messianismus lebenslang um Kierkegaards Männerseele, ohne dass er die Weiblichkeit, wie Schopenhauer und Nietzsche, darum je denunziert hätte. Er erfindet sich als Ehemann, der er nie zu werden wagte. *Dixi et animam meam liberavi.* (Ich habe gesprochen und meine Seele gerettet) Die ästhetische, die imaginäre Ehe mit seiner ersten und einzigen Liebe, Regine Olsen, blieb der ideale Bund bis zum Tod, selbst noch, nachdem Regine einen anderen geheiratet hatte.

Auch Nietzsche, der Dritte im Bund der ehelosen Existenzphilosophen, hielt die Ehe, rein philosophisch betrachtet, erst einmal für eine gute Sache. »Nicht nur fort sollst du dich pflanzen, sondern hinauf! Dazu helfe dir der Garten der Ehe!« Aber er wusste so gut wie seine Vordenker, dass derlei Sublimierungsstrategien oft schon an der Objektwahl scheitern. Weder Gutes noch Schönes komme dabei heraus, wenn sich ein Heiliger mit einer Gans paare. Dem Übermenschen fehlte die passende Frau, dem Skeptiker der Glauben. »Ehe nennen sie dies Alles; und sie sagen, ihre Ehen seien im Himmel geschlossen. Nun, ich mag ihn nicht, diesen Himmel der Überflüssigen! Nein, ich mag sie nicht, diese im himmlischen Netz verschlungenen Thiere! Ferne bleibe mir auch der Gott, der heranhinkt, zu segnen, was er nicht zusammenfügte!« (*Also sprach Zarathustra*) Seinen weiblichen Verwandten fühlte sich Nietzsche dermaßen unverwandt, dass er sich, genau wie Schopenhauer, gewissermaßen postnatal zum Vatersohn deklarierte. Er fühle in sich den »tiefsten Gegensatz« zu Mutter Franziska und Schwester Elisabeth, dieser

»Höllenmaschine«, deren unaussprechlichen Schikanen er sich ohnmächtig ausgeliefert sah. So bekannte er auf einem von den ersten Editoren unterdrückten Blatt zu *Ecce homo*, notiert in den letzten Dezembertagen 1888 in Turin; »mit solcher Canaille mich verwandt zu glauben wäre eine Lästerung auf meine Göttlichkeit«. Doch höhere Naturen »haben ihren Ursprung unendlich weiter zurück«, und so schien ihm einiges dafür zu sprechen, dass nicht der sächsische Landpfarrer Carl Ludwig Nietzsche, sondern Julius Cäsar oder Alexander der Große sein wahrer Vater war, was ihn mit einem Schlag von dem »giftig[en]Gewürm« daheim befreien würde.

### Götterdämmerung

»Lew Nikolajewitsch spricht und schreibt immer und überall über die Liebe, man müsse Gott und den Menschen dienen. Das lese und höre ich stets mit Verwunderung«, notiert Sofja Andrejewna Tolstaja am 4. September 1897 über ihren Ehemann. »Von morgens bis in die Nacht hinein verbringt Lew Nikolajewitsch sein Leben, ohne auch nur im geringsten an den Menschen persönlichen Anteil zu nehmen. Er steht auf, trinkt Kaffee, geht früh spazieren oder baden, noch bevor er jemanden gesehen hat, und setzt sich an den Schreibtisch; dann fährt er Fahrrad, entweder wieder zum Baden oder einfach so; dann ißt er zu Mittag, geht nach unten zum Lesen oder zum Lawn-Tennis. Den Abend verbringt er in seinem Zimmer, nur nach dem Abendessen sitzt er ein wenig bei uns, liest Zeitung oder schaut sich Illustrationen an. Und so Tag um Tag, ein geregeltes, egoistisches Leben ohne Liebe, ohne Anteilnahme an der Familie, an den Interessen, Freuden und Leiden der ihm nahestehenden Menschen.«

Wie anders ist da Sofjas Leben. Die halbwüchsigen Kinder, die unterrichtet und erzogen werden müssen, die vielen Gäste in Jasnaja Poljana, die Kinderfrauen, die Hauslehrer, die Bauern, das Abschreiben seiner Manuskripte, die Nachtwachen, wenn er krank ist, die Fahrten nach Moskau, die Hypotheken: Das alles lastet auf ihr. Dreizehn Kinder hat sie geboren, sechzehnmal war sie schwanger. Statt sich um seine eigenen Kinder zu kümmern, beschäftigt Tolstoi in den Neunzigerjahren des 19. Jahrhunderts die Gründung einer Dorfschule für die Kinder seiner Pächter und Knechte, die er sogar selbst unterrichtet. Während sie sich als Unternehmerin in Buchhaltung und Management bewährt, kümmert er sich um »die Menschheit«, »die Zivilisation«, »die Völker«, »die Religion«. Ihr hat er alle Besitzrechte überschrieben an dem Gut, an Druckrechten und Tantiemen.

Aber Sofja Andrejewna genügt das nicht. An der eigenen Vervollkommnung arbeiten, der »höheren Seele« des Selbst, wie ihr Mann es seit seinem 14. Lebensjahr in seinen Tagebüchern protokolliert: Genau das will sie auch. Sein völliges Unverständnis macht beiden das Leben zur Hölle. Wie war es möglich, dass ein Mann so blind für die Frau an seiner Seite war, der als Schriftsteller die feinsten seelischen Vibrationen seiner Heldinnen schildern konnte? Mit Tolstois Wendung zu tätigem Christentum fing der Streit an; er wollte allen Besitz verschenken an die Armen. Sofja fand, dass ihr Leben ohne Christentum besser war.

Zwar weiß er: »Mann und Frau sind (wenn sie geistig leben) nicht zwei, sondern ein Wesen.« Seine eigene Frau aber bleibt ihm immer das geschlechtliche Tier, dessen Anblick ihn an seine Eifersucht, seine unbeherrschbare Lüsternheit erinnert. Die Notizen führen gnadenlos Buch über die Paradoxien dieser Liebe zweier gleich starker, besitzergreifender Charaktere. 1889 macht sich Tolstoi wegen seiner sexuellen Gier selbst den Prozess: Er verfasst die *Kreutzersonate*, ein Eifersuchtsdrama, das auf den Höhepunkt eines imaginierten Gattenmords zusteuert. Sofja glaubt sich als Gattin gedemütigt vor den Augen aller Welt. Doch als die zaristische Zensur die Veröffentlichung verbietet, verschafft sie sich eine Audienz beim Zaren persönlich und erwirkt die Freigabe. In ihrem Tagebuch gesteht sie sich erbittert ein: »Wenn nur die Leute, die die Kreutzersonate mit solcher Hochachtung lesen, einen Augenblick das erotische Leben sehen würden, das er führt – und das allein ihn glücklich und heiter macht – sie würden diesen kleinen Gott von dem Sockel herunterholen, auf den sie ihn gestellt haben ... es ist nicht schön, ein Tier zu sein, aber es ist auch nicht gut, ein Prediger von Prinzipien zu sein, die man selbst nicht imstande ist durchzuführen.« Zwei Jahre später setzt sie sich an den Tisch und schreibt eine literarische »Gegendarstellung«, die Novelle *Eine Frage der Schuld*. Damit begeht sie ein schweres Sakrileg. Erstens, weil sie überhaupt schrieb, und zweitens, weil sie den weltberühmten Autor an seiner verwundbarsten Stelle angriff, seiner Selbstvergötterung.

Für ein paar Monate findet sie bei dem Komponisten Sergej Tanejew, was Tolstoi ihr verweigert: geistige Liebe, intellektuelle Wahlverwandtschaft, seelischen Einklang. Tanejew war ein vorzüglicher Pianist, Schüler von Nikolai Rubinstein und Pjotr Tschaikowski und Direktor des Moskauer Konservatoriums. Sofja und ihr Moskauer Gast spielen gemeinsam Klavier, sie lesen und diskutieren. Sie harmonieren. Das entfacht erneut Tolstois Wut. Vermutlich wusste er nicht, dass Tanejew homosexuellen Kreisen um Alexander Tschaikowski und dessen Bruder nahestand. Später verheiratete er sich zum Schein, was ihn nach wenigen Wochen in einen Nervenzusammenbruch und außer Landes trieb.

Am 4. April 1907 hält Lew Nikolajewitsch zum wiederholten Mal fest: »Die Frau leistet etwas Großes: sie gebiert Kinder, aber sie gebiert keine Gedanken, das tut der Mann. Die Frau folgt immer nur dem, was der Mann in die Wege geleitet hat und was schon verbreitet ist, und sie verbreitet es weiter.« In dieser Hinsicht denkt Tolstoi so unoriginell wie jeder Mann. Doch sein moralischer Rigorismus ist auch das Fallbeil, mit dem er Leiblichkeit und Intellekt im Namen einer höheren Wahrheit entschlossen trennt; eine Operation am eigenen Körper. »Alle Welt verurteilt den Egoismus. Egoismus aber ist das Grundgesetz des Lebens. Es kommt nur darauf an, was man als sein Ego anerkennt: sein Bewusstsein oder seinen Körper, richtiger gesagt, sein geistiges oder sein körperliches Bewusstsein.« (30. April 1907) Ein andermal betrachtet er die alternde, immer noch schöne und stolze Sofja und denkt: »Wie sehr ist an ihr die ganze Abscheulichkeit der Körperliebe zu erkennen, einer Selbstliebe, die bis zum Verlust des unabdingbar Geistigen ausgeartet ist. Entsetzlich für die anderen wie für sie selbst. Sie verdient Mitleid.« Doch was er empfindet, ist nicht Mitleid, sondern eben Abscheu: Abscheu vor seiner erloschenen Mannheit, diesem achtzigjährigen Körper, der, »sobald man den geistigen Deckel ein wenig anhebt«, ihn ekelt »wie ein stinkender Nachttopf«.

Die Eheturbulenzen auf Jasnaja Poljana hielten fast ein halbes Jahrhundert. Man kann nicht sagen, dass sie entschieden worden wären. Einige Monate vor seinem Tod trägt Tolstoi in sein Tagebuch, das er vor ihr versteckt, die Klage ein:»Mit Sofija Andrejewna wird es immer unerträglicher ... Ja, Egoismus ist Wahnsinn. Ihre Rettung waren die Kinder – die animalische, aber dennoch selbstlose Liebe. Und als das zu Ende war, blieb nur entsetzlicher Egoismus zurück. Doch Egoismus ist der unnormalste Zustand – ist Wahnsinn.« Er hält sie für geisteskrank, sie ihn für altersdebil. Keine Versöhnung ist mehr möglich, nicht einmal im Tod. Die letzte Station seiner lebenslangen Flucht vor dem »Tier« in ihm war Astapovo, ein armseliger Dorfbahnhof zwischen Moskau und Kursk, rund 200 Kilometer von Jasnaja Poljana entfernt.

Tolstois Kreuzzug gegen die eigene Sexualität war das authentische Spiegelbild der heraufziehenden Krise des Mannes. Es war Margarete Susman (*Wandlungen der Frau nach 1933*), die dem »Zeitalter des Mannes« ein verheerendes Zeugnis ausstellte, nachdem die erste politische Frauenrechtsbewegung im Sumpf des Faschismus gescheitert war:»Es zeigte sich: der Mann hatte der Frau gar keine Welt mehr anzubieten, all seine Ordnungen und Gesetze waren zerfallen.«

Genau so war es. Die Entzauberung des großen Mannes war nur die Ouvertüre zur Götterdämmerung der von ihm geschaffenen Ordnung. Schelling, Hebbel, Grillparzer, Schopenhauer, Kierkegaard, Nietzsche, Tolstoi – die tiefsinnigsten Archäologen männlicher Existenz waren einsame, beziehungsunfähige Menschen, deren Denken um ihre »unmögliche Existenz« kreiste, wie es Albert Camus einmal nannte. Was Karl Jaspers über Schellings Ehe mit Caroline Böhmer geschrieben hat, traf den Kern des Problems. »Er sah die undurchschaubare Frau, die, in ihrer Souveränität ungreifbar wie eine Undine, in ihrer Nüchternheit gefährlich wie eine Sirene, in ihrer sich selbst nicht durchschauenden Fülle ihres Herzens, geheimnisvoll wie gebunden und verborgen anmutete.« Jaspers selbst führt über fünfzig Jahre eine glückliche Ehe mit Gertrud Mayer-Jaspers. Als Redakteurin, Koautorin und Beraterin war ihr Einfluss auf sein Denken unbestreitbar. Man sieht förmlich aus Jaspers' Schelling-Portrait als egomanem Neurotiker Gertrud Jaspers' nachsichtiges Lächeln hervorscheinen. »Er nimmt die Gebärde an, ein ganz einziges Wissen zu besitzen, das gerade ihm zuteil geworden ist. Etwas Weltwerdendes steht bevor. In kurzem wird es erscheinen. Er erweckt die Erwartung von etwas Außerordentlichem. Er lenkt die Aufmerksamkeit auf sich ebensosehr durch das Wort wie durch das Schweigen. In diesen Gebärden, ohne Plan, bei instinktiver Sicherheit des Verhaltens im Bodenlosen, gibt er sich selber eine zentrale, eine fast übermenschliche Bedeutung, Gefolgschaft fordernd, die einzige wahre Autorität von dieser Zeit in Anspruch nehmend.« (*Schelling, Größe und Verhängnis*)

Die großen tragischen Heldinnen des 19. Jahrhunderts – Tolstois Anna Karenina, Flauberts Emma Bovary, Fontanes Effi Briest – waren von ganz anderer Art als Caroline, Sofja und Gertrud. Sie mussten mit ihrem Leben für den geschlechtlichen Egoismus der Männer bezahlen, denn sie waren nichts als Fiktionen männlicher Hirne. Sie scheiterten nicht an ihrem Liebesbegehren oder an ihrem Ego, sondern an der Krise des klassischen cartesianischen Vernunftbegriffs, dem in seiner Hybris jedes Maß für die eigenen Grenzen, die eigene Weltbezogenheit verlorengegangen war. Was hatte weibliches Denken, sofern es sich überhaupt in künstlerischer oder philosophischer Form äußerte, aber aufzubieten gegen misogyne Mythomanen, schlechtgelaunte Nihilosophen, Apokalyptiker und Weltgeistdompteure, die das abendländische Denken in düstere Klostermauern gesperrt, das entkörperte Cogito in freudlosen Exerzitien zu Tode philosophiert und die dämonische Natur im Glassarg der Objektivität konserviert hatten?

# Nr. 6
# Frauen, die denken, denken anders

*Ihre Exzellenz, die Autorin*

Vor Jahren gab der deutsche »Literaturpapst« Marcel Reich-Ranicki seiner Anthologie deutschsprachiger Dichterinnen den Titel *Frauen schreiben anders*. »Da Frauen die Welt anders empfinden und anders erfassen«, erklärte der Literaturkritiker im *Spiegel*, »müssen sie auch anders als die Männer lesen. Wenn aber Frauen anders lesen, dann liegt es doch auf der Hand, daß sie auch anders schreiben, anders dichten.« Zum Beweis schüttelte er eine gute Handvoll Dichterinnen aus dem Handgelenk: Else Lasker-Schüler, Agnes Miegel, Nelly Sachs, Gertrud Kolmar, Ina Seidel, Elisabeth Langgässer, Christine Lavant – allesamt dem jüdischen oder christlichen Glauben verhaftete Autorinnen der ersten Jahrhunderthälfte, die den zwingenden Schluss nahelegen sollten: »Nicht das Intellektuelle steht also im Vordergrund ihrer Bücher, sondern das Emotionale, das Gemüt. Und das Fundament ist meist die metaphysische Weltsicht.« Freilich gebe es, so Reich-Ranicki, auch ganz andere »Andere«, beispielsweise Aichinger und Bachmann, »die scheuen und schüchternen Österreicherinnen, die verwirrt und hilfsbedürftig durchs Leben gehen und stets Ausschau halten nach männlichem Schutz«. Und schließlich werden Ricarda Huch, Marie Luise Kaschnitz, Hilde Domin, Sarah Kirsch – die erste Liga der deutschen Nachkriegsliteratur – mit flinkem Federzug unter *einen* Damenhut gezaubert. Denn »Frauen dichten anders, zumal deutsche Frauen«. Und wenn sie anders dichten, dann denken sie auch anders. Der Verdacht, die den Schriftstellerinnen hier nachgesagte Empfindsamkeit könnte ein aufpoliertes Ressentiment, eine höfliche Umschreibung für literarische

Minderwertigkeit gewesen sein, ist sicher nicht von der Hand zu weisen. Der Begriff »Frauenliteratur« war seit der Kaiserzeit umflossen von dem zarten Fluidum poetischer Kaffeekränzchen; ein Massenphänomen. Sophie Patakys Autorinnenlexikon zählt um 1900 rund sechstausend Namen auf, unter denen nur einzelne wie Gabriele Reuter oder Friederike Kempner sich literarisch profilieren konnten. Die meisten hat der Wind der Geschichte davongeweht. Die Ausschussquote bei den »Frauen der Feder« lag um ein Vielfaches höher, der Professionalisierungsgrad um dasselbe Maß niedriger als bei Männern. Ob sich daraus ein Qualitätsurteil ableiten lässt, müssen Literaturhistoriker entscheiden. Schlecht zu schreiben war jedenfalls nie ein männliches Privileg.

Von den 27 französischen Schriftstellerinnen des 17. Jahrhunderts, die ein zeitgenössisches Lexikon nannte, haben nur vier Namen in Literaturgeschichten überlebt: Marie-Catherine de Villedieu, deren Gesamtwerk zehn Bände mit idyllischen Romanen, Theatertexten und Novellen umfasst, Madeleine de Scudéry und Marie-Madeleine de La Fayette, Verfasserinnen historischer Romane und Novellen, und Marie de Gournay. Zu wenig, um daraus eine zweite literarische Nation, eine Republik der Autorinnen zu machen. Unter den Vergessenen ist auch die Nichte eines Philosophen, Marie Catherine Descartes. Ihr bekanntestes Werk, *L'ombre de Descartes à Mademoiselle de la Vigne* (*Descartes Schatten*, 1676) ist eine vertrackte Hommage an den berühmten Onkel in der Form einer poetischen Hochzeit: weibliche Liebe trifft männliche Gedankenschärfe. Man weiß nicht recht: verspottete oder bewunderte Mademoiselle Descartes den kühnen Ritter des unumschränkten Ich. Im Übrigen glänzten Frauen meist als Brief- oder Memoirenschreiberinnen. In geschriebenen Texten »Ich« zu sagen, galt häufig schon als Beweis literarischer Originalität. »Ihre Exzellenz, die Autorin« (Margaret Cavendish) neigte dazu, sich naiver zu stellen und zugleich überlegener zu fühlen, als ihr zumute war. Nicht jede verfügte dabei über das entwaffnende Selbstvertrauen der Herzogin von Newcastle. Auf die provozierende Männerfrage: »warum hat diese Dame ihr eigenes Leben niedergeschrieben«, schlug diese die Antwort vor, dass es vielleicht »dem Leser nichts bringt, aber wohl der Autorin, denn ich schreibe um meinetwillen, und nicht um ihretwillen« (*Die gleissende Welt*).

Die Gretchenfrage, ob es so etwas wie eine weibliche Ästhetik, *écriture féminine* oder »Frauenliteratur« überhaupt geben könne, ist deutlich jüngeren Datums. Sie kam erst mit der anderen Frage auf, wie sich weibliche Identität in Stil und Sujet ausdrücken ließe. Verena Stefans Gedichtband *Häutungen* lösten 1975 geradezu einen Boom weiblicher Ich-Literatur aus. »Natürliches« Sprechen wurde als Protest gegen den Terror des männlichen Logos eingeübt. Lustvolles Schreiben hieß »mit dem Körper schreiben«, seinen Bauchgefühlen freien Lauf in die Tastatur oder auf das geduldige Papier lassen und Formlosigkeit zum Programm erheben. Diese verheißungsvolle *écriture féminine*, für die postmoderne Avantgardistinnen wie Hélène Cixous so leidenschaftlich streiten, sucht nach einer ganz anderen, neuen Sprache, ganz offensichtlich einer Sprache, wie sie ein paar Sekunden vor dem Urknall erklungen sein könnte, im Urchaos galaktischer Staubwolken und taumelnder Planeten, als die Welt noch wüst und formlos war und weit und breit keine männliche Ordnung in Sicht. »Das Sprechen ist vielleicht dieses Chaos«, erklärte Elfriede Jelinek im Sprachkostüm einer Wiener Eurydike kürzlich vor dem Burgtheaterensemble, »aus dem ich mit meiner Charon-Stange, mit der ich das Totenfloß voranstake (denn Sprechen ist für mich: dem Tod für eine Weile entkommen oder wenigstens ein paar dorthin mitnehmen), ein paar Fetzen Sprechen herausfische, hervorstoße, Fetzen, die immer Teil eines in größten Teilen unsichtbaren, ungeordneten Ganzen sind, das nie ein Ganzes wird, denn das Ganze würde Ordnung ja voraussetzen. Es ist nie alles, es ist nicht einmal etwas. Ich hätte auch ganz andre Fetzen, andre Sätze, andre Worte nehmen können. Ich hätte immer etwas anderes nehmen können«.

Das weibliche Ingenium, um Freuds unsterblichen Kalauer über die Genitalkulturtechniken mit Verlaub noch einmal zu bemühen, scheint sich mit Vorliebe in feminalen Schreibtechniken des Verwirrens, Verwebens, Verknotens, Verwickelns heterogener Textebenen zu entäußern. Was in der Bildenden Kunst längst alltäglich ist, wie

Judith Chicago oder Niki de Saint Phalle beweisen, setzte sich in der Literaturszene nur zögerlich durch: die rücksichtslose Demontage männlicher Mythen mittels raffinierter poetischer Gegenstrategien. Nie wieder Eurydike, nie wieder mutloses Anschreiben gegen das ästhetische Diktum des Apollinischen, sondern »Tod durch Musen«, wie Friederike Mayröcker ihren lyrischen Debütband betitelte. Indem sich Mayröckers sprachzertrümmernde Texte als kunstvoll »gemachte« zu erkennen geben, entlarven sie den männlichen Dichter- und Geniekult als Redundanz, Konvention und Bluff.

### Montaigne geht spazieren

Hingerissen von der Lektüre seiner *Essais*, die gerade in einer Neuedition erschienen waren, schrieb die 23-jährige Marie le Jars dem 55-jährigen Michel Eyquem de Montaigne im Winter 1588 einen schmeichelnden Brief und lud ihn in das Château ihrer Eltern nach Gournay-sur-Aronde in der Picardie ein. Montaigne kam – und blieb drei Monate. Montaignes britische Biografin Sarah Bakewell schildert die Episode so: Ein schwärmerisches Landmädchen, dem zu viel Bücherleserei den Kopf verdreht hat, fällt »mit einem wirren Redeschwall« über den großen Montaigne her. Doch erklärt das, warum die beiden drei arbeitsreiche Monate zusammen verbrachten, in denen nicht nur eine gründliche Durchsicht und Ergänzung der Essays vorgenommen, sondern auch die offizielle Adoption Maries als *Fille d'alliance* beschlossen wurde, als geistige Tochter und Seelenverwandte. Warum sollte Montaigne sein Lebenswerk in die Hände eines verliebten Huhns legen, das er nach diesen drei Monaten nie wiedersah?

Andersherum klingt die Sache schon plausibler: Montaigne war verliebt. Doch Marie le Jars war ein kluges Mädchen und bei aller Bewunderung nicht bereit, ihre eigenen literarischen Ambitionen einer aussichtslosen *liaison dangereuse* mit einem älteren, verheirateten Herrn zu opfern, was sie in ihrem Roman *Le Promenoir de Monsieur de Montaigne* (*Der Spaziergang des Monsieur de Montaigne*) dann auch in kunstvoll verschlüsselter und übrigens sehr moderner Form alle Welt wissen ließ. Der Roman wurde in fünf Jahren sechsmal neu aufgelegt. Montaignes Name im Titel öffnete ihr die Türen zu einer beachtlichen Karriere. Sie nannte sich nun le Jars de Gournay. Nach seinem Tod übergab ihr Montaignes Witwe das Exemplar der *Essais* mit den gemeinsamen Überarbeitungen und autorisierte sie 1593 als Alleinerbin des literarischen Nachlasses. Gournays Neuedition der *Essais*, deren letzte Fassung 1635 in Druck ging, gilt unter Experten als vorbildlich. Niemand wird behaupten können, sie hätte das Vermächtnis ihres literarischen Vaters nicht bis zum letzten Satzzeichen erfüllt. Trotzdem wird ihr umfangreiches Vorwort in den meisten modernen Ausgaben unterdrückt. Auch Mrs. Bakewell kann ihre Abneigung gegen Gournays »Maßlosigkeit« kaum verbergen. Den forcierten Stil empfindet sie als emotional und schrill und behauptet unverfroren, »Gournays Feminismus [sei] von ihrem ›Montaignismus‹ nicht zu trennen« (*Wie soll ich leben oder das Leben Montaignes in einer Frage und zwanzig Antworten*). Vielleicht, um dem möglichen Vorwurf weiblicher Parteinahme zu entgehen, lässt sie sich dazu verleiten, Mademoiselle Gournay zu einer verzickten Feministin umzudeuten. Ihr eigentliches Verdienst, Montaignes Erbe im Sprachenstreit zwischen den puristischen Vertretern des Klassizismus und den Verteidigern der alten französischen Volkssprachen glänzend verfochten zu haben, kommt dabei überhaupt nicht zur Sprache.

Dieser Streit, als *querelle d'Allemand* bekannt geworden, war eines der Vorgefechte im Zusammenhang mit der 1635 gegründeten Académie française. Sie sollte, gemäß dem Edikt von 1539, den Grundstein der zentralistischen Sprachpolitik des französischen Klassizismus legen. François de Malherbe, seit 1605 Hofdichter von Henri II., war bis zu seinem Tod Wortführer einer Gruppe von Gelehrten und Dichtern, die das Französische von volkstümlichen Idiomen aus den Regionaldialekten reinigen, vom umgangssprachlichen Stil eines Montaigne befreien und die Grammatik einer strengen, normativen Reform unterziehen wollten. Die zehn, später vierzig Gründungsmitglieder nannten sich selbst »Die Unsterblichen«.

So war der Akademiestuhl das sichere Abonnement auf einen Platz im Pantheon der großen Männer Frankreichs. Mit ihren Übersetzungen der römischen Klassiker Vergil und Tacitus bezog Marie de Gournay 1622 eindeutig Stellung gegen die Sprachreform. Sie bediente sich eines flüssigen, ungekünstelten, auf Ausdrücke der Volkssprache zurückgreifenden Französisch, wie es Montaigne geschaffen hat. Als Sprachkritikerin und Essayistin war sie in Paris bald eine umstrittene Autorität. Hauptquartier der Puristen war das Haus des jungen Literaten Valentin Conrart. Hier saßen die Männer zusammen, die Gournay bis zu ihrem Tod mit Verleumdungen und gehässigen Karikaturen verfolgen werden, während sich die Gegenpartei bei Madeleine de Scudéry und Madame de Sablé sammelte. Einer ihrer gemeinsten Widersacher, Jean-Louis Guez de Balzac, regte an, »diese geistigen Transvestiten, die Bücher schreiben, polizeilich zum Spinnen [zu] verurteilen«. Als die persönlichen Anfeindungen immer unverschämter wurden, schlug Gournay mit einem Traktat über »Égalité des Hommes et des Femmes« (»Zur Gleichheit von Männern und Frauen«, 1622) zurück.

Es ging also in erster Linie um einen Intellektuellenstreit, der vonseiten der Männer nach bewährtem Muster mit sexistischen Schmähungen ausgetragen wurde. Erst als die Schriftstellerin Madeleine de Scudéry und Gelehrte wie Jacques du Bosc, Jean Chapelain, François Poulain de la Barre, bestärkt durch die von Italien ausgehende *Querelle des femmes*, Stellung bezogen und Bücher über die »große Frau«, die »höfische Frau«, die »heroische Frau« herausbrachten, nahm der Sprachenstreit die Schärfe eines regelrechten *gender trouble* an. Bald nach Erscheinen ihres Gleichheitsappells ließ sich Gournay in einen kontroversen, aber durchaus paritätischen Briefwechsel mit ihrem Gegner Guez de Balzac ein. 1626 gab sie eine Sammlung ihrer sprachkritischen Essais unter dem schönen Titel *L'ombre de la damoiselle de Gournay* (*Der Schatten des Fräulein de Gournay*) heraus. Ein langer, geduldiger Schatten: Auf eine französische Gesamtausgabe ihrer Werke musste Gournay noch 376 Jahre warten.

Will man den Propheten des Bauchgefühls glauben, dann sehnt sich das schöne, das andere, das weibliche Denken nur nach einem: der Vereinigung von Körper, Geist und Seele. Als Kind der deutschen Wirtschaftswunderzeit war ich eigentlich als Klon meiner Großmütter vorgesehen, hübsch hergerichtet zum sonntäglichen Kirchgang mit Spitzenhandschuhen und Gesangbuch. Meine Mutter fand es nötig, möglichst früh mit weiblicher Erziehung zu beginnen, und drückte mir nach der Schule Stickrahmen oder Häkelhaken in die Hand. Erwischte mich mein Vater mit einem Buch, wurde ich zum Schuheputzen oder Staubwischen abkommandiert. Lesen war in seinen Augen eine besonders impertinente Form von Faulheit. Mit elf durfte ich zum ersten Mal allein ins Kino. Der Film hieß *König der Könige* und zeigte in Cinemascope und Farbe die Lebensgeschichte des Jesus von Nazareth. Früher hatte ich mir beim Abendgebet manchmal das nackte Christkind vorgestellt; von nun an sah ich vor meinen geschlossenen Augen einen großen, schlanken Mann, Jeffrey Hunter. Nie betete ich inniger. Ich liebte Gott aus tiefster Seele; die schulterlangen blonden Haare, das weiße Gewand, die kräftigen Schultern (Gott durfte nur von hinten und als kopfloser Torso gezeigt werden – es waren die Sechzigerjahre). Der Eros des Heiligen Geistes hatte zugleich mit der Pubertät von mir Besitz ergriffen. Wäre ich dreihundert Jahre früher geboren worden, ich hätte mein Leben freudig als Braut Christi der göttlichen Liebe geweiht.

Das Leben ging weiter, und ich verlor unterwegs, irgendwo zwischen Helmstedt und Dreilinden, meinen Glauben und meine Kindheit. Die erste Frauenrechtsbewegung der Bundesrepublik feierte ohne mich die Wiederentdeckung weiblicher Spiritualität. Die Esoterik blühte auf. Mondkalender und Kräuterbücher bekamen Aufwind. Die Mystikerinnen, fromme Frauen des Hochmittelalters wie Hildegard von Bingen, Mechthild von Magdeburg, Teresa von Ávila wurden als esoterische Madonnen *in spirito santo*, Marguerite Porete als feministische Freiheitstheologin wiederentdeckt. Ihr Buch *Der*

*Spiegel der einfachen Seele* inspirierte die feministische Psychoanalytikerin Luce Irigaray 1974 zu ihrem Freiheitsevangelium *Speculum. Spiegel des anderen Geschlechts.* Die alte *unio mystica* von Mensch und Gott wurde aktualisiert als ganzheitliche Medizin und weiblicher Lebensstil. Yogasüchtige, Gesundheitsjüngerinnen, Auraleserinnen, Kräuterköniginnen belagerten die Volkshochschulen. Alternative Medizin, Meditation und Selbstoptimierung, von weiblichen Kunden bevorzugt, von den Krankenkassen bezahlt, eroberten den weiblichen Zeitgeist. Sogar Peter Sloterdijk, aufgestiegen vom Prediger der zynischen Vernunft zum Metasphärologen, sprach Marguerite Porete einige Jahre später seinen Respekt aus: »Margarete Porete gehört zu den mystischen Müttern der Liberalität.« Allerdings scheint auch der Philosoph der Globen und Blasen die Gefühlschristin mehr zu schätzen als die Protoexistenzialistin. »So wäre die Mystik die Matrix der Performance-Künste? Performance wäre die Regung, die das Subjekt freisetzt? Das Subjekt wäre die manifeste Seite zwei-einiger Ergriffenheit? Die Ergriffenheit wäre ein Hervorgang aus dem Gemeinsamen? Und Gott wäre Expressionist durch die Frau?« (*Sphären I*)

War Sloterdijk, ansonsten ein Musterexemplar des männlichen Cogito, dem Charme des (Butler'schen) Feminismus oder nur den metaphysischen Globuli der Postmoderne erlegen? War Poretes »Theologie in der Muttersprache« (Louisa Murano) wirklich Ausdruck weiblicher Irrationalität? Warum soll der spirituelle Koitus mit dem Absoluten typisch weiblich sein? Wer evangelikale Prediger in den USA im Fernsehen anschaut, wird sich der Vermutung nicht verschließen können, Gott sei Expressionist genauso gut durch den Mann. Der pseudobuddhistische Guru Bhagwan alias Osho vermochte fünftausend Menschen in konvulsivische Zuckungen spiritueller Ekstase zu versetzen. Männliche Mystik von Abraham a Sancta Clara bis Rudolf Steiner offenbarte sich stets in demselben performativen Modus der Ergriffenheit wie die Selbstfindungsexzesse moderner Mystikerinnen. Der Barockdichter und homoerotische Mystiker Friedrich von Spee bekämpfte den Päderasten in sich und die Hexenjäger der Kirche Jesu, indem er sich, nach seinen eigenen Worten, an Gottes Wort besoff, während er den Leib durch Hunger und Durst kasteite. Unterdrückte sexuelle Obsessionen schafften sich wahlweise stets durch genuss- und körperfeindliche Askese oder spirituelle Fress- und Trunksucht Erleichterung. Also sprach Rudolf Steiner:»Wer hinaufkommen will in die höheren Gebiete des Daseins, der muß sich jeden Tropfens Alkohol enthalten.«

Die Damenriege nahm sich da vergleichsweise genussfreudiger aus. Eva Margaretha von Buttlar, ein Eisenacher Edelfräulein des 18. Jahrhunderts, ließ sich von den Adamiten des 14. Jahrhunderts 1702 zur Gründung einer philadelphischen (weisheitsliebenden) Sekte inspirieren, in der Nacktheit und freie Liebe als Gottesdienst praktiziert wurden. Zusammen mit ihren beiden Geliebten verklärte sie das Liebestrio zur göttlichen Trinität, in der sie die »himmlische Sophia« verkörperte. Elisa von der Recke, die Begleiterin des Magiers und Hochstaplers Cagliostro, und zahllose pietistische Schwärmerinnen des 18. Jahrhunderts betätigten sich hingebungsvoll als »Musen« windiger Möchtegernphilosophen und Geisterseher, da Frauen zu den Brutnestern des Mystizismus – Swedenborgische Geheimgesellschaften, Freimaurer- und Illuminatenlogen – offiziell keinen Zutritt hatten.

Mochten auch der alte Kant und ein Trüppchen aufgeklärter Köpfe die abergläubischen Halluzinisten für ein, zwei Jahrzehnte mit dem harten Besen des Kritizismus aus dem Haus des Denkens verjagt haben: Die Neoromantiker des 19. Jahrhunderts, ermüdet von dem trockenen hegelianischen Denken der Welt als Idee, begehrten auf gegen so viel fleischlose Kost. In der Welt der Mythen und Mysten fanden sie reichen Stoff für transzendentale Höhenflüge, beflügelt von Schellings mythogener Geschichtsätiologie, Bachofens Forschungen über Urreligionen und Nietzsches dionysischer Geschichtsverachtung. »Ersatzreligionen« (Hans-Georg Gadamer) überfluteten Europa und Nordamerika. Mit glühender Fantasie verschmolz Helena Blavatsky, die Mutter aller Esoteriker, Buddhismus, Zoroastrismus, Hinduismus und Hermetik zu ihrer ganz persönlichen Welterlösungsidee, gewürzt mit Kabbalistik und Parapsychologie: die Theosophie. 1875 gründete die gebürtige Deutschrussin in

New York die erste Theosophische Gesellschaft. Ihre Offenbarungs-
bücher *Isis entschleiert* (1877) und *Geheimlehre* (1888) verschafften
ihr in kürzester Zeit Anhänger in aller Welt. Ihre Propheten hießen
in Österreich Friedrich Eckstein, in Deutschland Franz Hartmann
und Houston Stewart Chamberlain, einer der Hauptdarsteller im
Bayreuther Wahnfried-Kreis um Cosima Wagner und Verfasser der
antisemitischen Programmschrift *Die Grundlagen des neunzehnten
Jahrhunderts* (sein Haus in Bayreuth ist heute Jean-Paul-Museum).

Aus Blavatskys Panoptikum sammelte Rudolf Steiner die Bausteine seiner eklektischen Privatreligion. Statt Buddha und Isis ver-
buk er Christus und Goethe zur ultimativen Erlösergestalt. Schwan-
kend zwischen *décadence* und Größenwahn, durch und durch ein
Kind seiner Zeit, verfasste er eigens rituelle Einweihungsmysterien-
spiele für den Prunktempel, den er auf einer Anhöhe über dem
schweizerischen Dorf Dornach in organizistischer Naturbauweise
errichten ließ. Das Hauptquartier der Anthroposophie war zugleich
Kirche, Propaganda- und Erziehungsministerium. Als Prophet des
»Bewusstseinszeitalters« sah sich der überkandidelte Goetheliebe-
haber berufen, Leib und Seele der »abgelebten« Menschheit im
»Astralleib« messianisch zu vereinigen. Die Ausarbeitung eines eigenen pädagogischen und Schulsystems (aktuell gibt es in Deutschland 235 Steinerschulen, benannt nach seinem Hauptsponsor, dem
Zigarettenfabrikanten Waldorf) brachte seiner Lehre gewaltigen
Zulauf. Der Zarathustra von Dornach war als Weltenbauer so maß-
los wie als lebende »Enzyklopädie der Konfusion« (Ernst Bloch).
Abgelebt wie der materialistisch entseelte Mensch war aus Steiners
Sicht auch die Natur. »Sie ist nur noch dasjenige, was die Götter-
wesen im Laufe der Entwickelung abgesondert haben, wie die Auster
ihre Schale absondert. Aber die Götter, die geistigen Wesen, sind
nicht mehr darinnen, so wenig wie die Auster oder die Schnecke in
ihren abgesonderten Schalen sind.« (*Heilfaktoren für den sozialen
Organismus*)

Unnötig zu sagen, dass das geheimnisvolle Wesen, auf das sich
Bauchpriesterinnen und Astralmystiker gleichermaßen berufen,
heutzutage längst als kulturelles Konstrukt entlarvt ist. Was wir Na-

tur nennen, ist schon lange nicht mehr grün, nach Frühling duftend und silberhell plätschernd. Oder sind hochveredelte Strauchtomaten mit europäischem Patentschutz Natur? Die Entmachtung des weiblichen Denkens, die vor dreitausend Jahren mit der Ablösung weiblicher Naturgottheiten durch die monotheistischen Religionen angefangen hat, setzt sich im 21. Jahrhundert mit der Entmachtung des biologischen Körpers fort; »der klassische Körper – der Embryologie und sogar des materiellen Universums – löste sich aus seiner Verankerung« (Evelyn Fox Keller). Künstliche Befruchtung, die Pille danach und davor, Eizellen in Trockeneis, serielle Kaiserschnittentbindungen haben auch den weiblichen Körper und seine Fertilität ökonomischem Zeitmanagement und Produktdesign überlassen. Lebendgeburten mit einem Geburtsgewicht von 300 Gramm sind nicht Natur, sondern medizinische Hochtechnologie. Millionen Retortenbabys sind seit der ersten In-vitro-Fertilisation 1978 zur Welt gekommen. Forscher arbeiten seit Jahren an der Entwicklung der künstlichen Gebärmutter. Aus Großbritannien kam 2002 die Meldung, dass an der Züchtung des künstlichen Endometriums gearbeitet werde, in dem menschliche Eizellen außerhalb des Körpers reifen, was den Vorteil habe, dass der Embryo besser geschützt sei vor Schadstoffen wie Alkohol und Medikamenten, soll heißen: vor den Lebensgewohnheiten und Charakterschwächen seiner Mutter. Eine wissenschaftliche Konferenz über »the end of natural motherhood« erörterte ethische und medizinische Aspekte. Im Januar 2015 wurde ARTUS der Öffentlichkeit vorgestellt, der erste (männliche) Prototyp des *artificial uterus*, eine Weiterentwicklung des herkömmlichen Brutkastens für Frühgeburten.

Im Zeitalter der technologischen Revolution ist der weibliche Körper nicht mystischer als ein Cheeseburger und nicht natürlicher als ein Maisfeld. Obwohl uns ein entwickelteres Bewusstsein für Umwelt- und Tierschutzprobleme nachgesagt wird, sind nur ein Drittel der Aktiven in Umweltverbänden Frauen. Mutter Natur ist umgezogen in klinische und pharmazeutische Forschungslabore. Der neue Mensch ist der alte Homunculus, die männliche Kopfgeburt aus dem Reagenzglas. »Der Körper der modernen Biologie ist, wie das DNA-Molekül [...], einfach zu einem weiteren Teil eines Informationsnetzwerks geworden, jetzt Maschine, dann Botschaft« (Fox Keller). Wer in sich Natur wiederfinden will, sollte wohl besser eine Fördermitgliedschaft bei Greenpeace oder Robin Wood in Erwägung ziehen. Ein Meditationskurs mit ganztätigem Heilsteineseminar erscheint etwa so sinnvoll, wie die Schlacht im Teutoburger Wald mit Steinschleudern und Lanzen nachzustellen. Statt tief in den Bauch zu atmen und die Chakren leuchten zu lassen, ist es vermutlich gesünder, zehnmal am Tag das erste Gebot des kantischen Imperativs aufzusagen: »Aufklärung ist der Ausgang des Menschen aus seiner selbstverschuldeten Unmündigkeit.«

## Metaphysik des Mitleids

Ungeachtet der technologischen Revolution fordern feministische Philosophinnen seit Jahrzehnten die moralische Wende von der alten Metaphysik der Geschlechter zu einer Einkörperung des (weiblichen) Denkens in die physische Realität. »Die Geschlechterdifferenz«, klärte uns Judith Butler auf, »ist eher so etwas wie ein notwendiger Hintergrund für die Möglichkeit des Denkens, der Sprache und der Existenz als Körper in der Welt.« (*Die Macht der Geschlechternormen und die Grenzen des Menschlichen*) Dabei hat man schon bei Marguerite Porete gesehen, wie tödlich verkörpertes Denken für eine Frau des 14. Jahrhunderts ausgehen konnte, wie viel Hohn die Selbstfiktionen der Herzogin von Newcastle ernteten, und man sah es wieder bei einer Denkerin des 20. Jahrhunderts. Bei den Herbstprüfungen 1928 an der Sorbonne wurde der 21-jährigen Simone Weil vor Simone de Beauvoir und Maurice Merleau-Ponty der erste Preis in Philosophie zugesprochen. Der Ruf ihrer Gescheitheit wurde von ihrer bizarren Erscheinung noch übertroffen. Schon als Schülerin des Lycée Henri IV kannte man sie in unkleidsamen grauen Jacken mit großen Taschen, aus denen Bücher quollen, rauchend und diskutierend in den Pariser Studentencafés sitzen. Als Sartre an seiner *Transzendenz des Ego* arbeitet und Merleau-Ponty und Beauvoir in den Schuldienst treten, ist Simone Weil aus den heiligen Hallen des Denkens übergetreten in die Gewölbe der romanischen Kapelle Santa Maria von den Engeln, wo fünfhundert Jahre zuvor der Heilige Franz gebetet hatte. Im Jahr darauf, zu Ostern 1938, widerfährt ihr in der Kirche zu Solemnes das mystische Erlebnis der Passion Christi. »Man muß katholisch sein«, meint sie nun, »das heißt durch keinen Faden an irgend etwas Erschaffenes gebunden sein, außer an die Gesamtheit der Schöpfung«.

Der philosophischen Ökumene gilt Weil unisono als Mystikerin, weil sie einem Denken in politischen und epistemologischen Kategorien (Nation, Staat, Klasse, Natur, Religion, Logos) zutiefst misstraute, das nach Ansicht vieler linker Intellektueller mitverantwortlich dafür war, dass Europa in einem Inferno von Krieg, Faschismus, Bürgerkriegen und Völkermord unterging. Sie wählte ein tätiges (physisches) Leben als Arbeiterin in Fabriken, als Kämpferin in den Internationalen Brigaden gegen die spanische Franco-Diktatur. Und sie wurde »katholisch«. Jenseits der intellektualistischen Denkmoden – wie Existentialismus, Phänomenologie, Strukturalismus – suchte sie in der begrifflichen Synthese von Gott, Natur und Mensch nach einer praktischen Ethik, einer Philosophie der sozialen Verantwortung. Genauso radikal, wie Czesław Miłosz in der apokalyptischen Vision *Das Land Ulro* vor den Gefährdungen der Vernunft durch totalitäres Denken warnt, wie William Blake Gott aus dem Gefängnis der Religionen befreien wollte, bestand Simone Weil auf der Freiheit zu moralischem Widerstand. Ihre Passion war das Denkenmüssen des Undenkbaren. Ihre Ethik war der beherzte Sprung in den Abgrund zwischen Körper und Vernunft oder, existentialistisch gesprochen, zwischen Sein und Nichts. Erst Michel Foucault hat mit seiner »archäologischen« Methode die Perspektive auf eine soziale Ethik eröffnet, die sich aus dem Gebiet der reinen Ideen vorwagt in die politische Praxis: in geschlossenen Psychiatrien und Gefängnissen, in denen Wahnsinn, Kriminalität und Hospitalismus verwaltet werden. Doch Foucault war zu der Zeit, als Simone in Assisi betete, noch ein kleiner Junge.

Zwei Jahre vor Kriegsende starb Simone Weil mit 34 Jahren in einem Londoner Hospital an Lungentuberkulose. Sie hatte sich geweigert, die zur Wiederherstellung ihrer Gesundheit erforderliche Nahrungsmenge zu sich zu nehmen. Stand dahinter ein intellektuelles Kalkül, nach Montaignes hochherzigem Lebensmotto: »Philosophieren lernen heißt sterben lernen« oder ein »weiblicher Tod« im Dienst christlicher Barmherzigkeit, um als Genie des Leidens am Ende zu triumphieren über das Genie Archimedes', das Genie Pascals?

Als Philosophin hat Weil der Vernunft alle Hoffnung genommen. Das cartesianische Ego hat sie zugunsten des geschundenen Körpers entthront. Was bleibt aber noch, wenn wir die Hoffnung auf die Macht der Vernunft aufgeben? Es bleibt der Mythos des Mannes Sisyphos, Camus' »absurder Mensch«, der Widersinn einer Existenz ohne Trost und ohne Morgen. Als Simone de Beauvoir in den letzten Kriegsjahren an ihrer Geschichte des »anderen Geschlechts« schrieb, dachte sie da noch an Simone Weil, diese durch katholische Mystik verunreinigte Substanz eines Denkens, das auf dem Weg durch das Medium des Körpers ankommen wollte bei einem radikalen, ethischen Humanismus?

*Den Körper denken*

Der Durchschnittsmann denkt in drei Situationen an seinen Körper: im Fitnessstudio, beim Sex und wenn er krank ist. »Der Mann ist nur in gewissen Augenblicken Mann, die Frau ist ihr ganzes Leben lang Frau«, beteuerte Rousseau. Der Körper, in dem und durch den wir leben und denken, ist der archimedische Punkt postmoderner Geschlechtertheorien. Das »Mysterium der Weiblichkeit« entzaubert und als analytische Kategorie in die Wissenschaftsgeschichte eingeführt zu haben, war das große Projekt feministischer Theorie. Wissenschaftlerinnen durchkämmten die Ideengeschichte nach geschlechtlichen Differenzen, Dichotomien und Identitäten und entdeckten überall fatale Diskrepanzen zwischen Subjekten und Objekten, Körpern und Ideen. Auf der Suche nach einer »Psychosoziologie der wissenschaftlichen Erkenntnis« wurde »der weitverbreitete und tief verwurzelte Aberglaube, der Objektivität, Verstand und Geist als männlich, Subjektivität, Gefühl und Natur als weiblich darstellt«, infrage gestellt (Sandra Harding).

Um politische Macht und Wissensmacht vom Körper aus zusammenzudenken, schlugen einige Wissenschaftshistorikerinnen vor, »für das Verständnis von Wissenschaft und Gesellschaft die gleichen analytischen Kriterien« anzuwenden, sodass beispielsweise »die von Physik und Chemie produzierten Behauptungen und Überzeugungen auf die gleiche Art erklärt werden wie jene, die aus anthropologischer, soziologischer, psychologischer, ökonomischer, politischer und historischer Forschung resultieren« (Sandra Harding in *Feministische Wissenschaftstheorie*). Andere wiesen darauf hin, dass Wissenschaft ja nicht nur Erkenntnisse und Methodologien, sondern auch die politischen, sozialen und institutionellen Bedingungen umfasst, unter denen sie zustande kommen.

Damit kamen sogleich die Machtverhältnisse in den Blick: die gleißende Welt der Labore, Universitäten, Verlage, Akademien und Forschungsministerien. Als Pierre Bourdieus Studie über *Männliche Herrschaft* erschien, zeigten sich deutsche Rezensentinnen zunächst geschmeichelt, dass der »große« Bourdieu, der »große Entzauberer«, kurz: ein Mann, sich überhaupt der weiblichen Perspektive angenommen hatte, und enttäuscht, dass dabei nicht mehr herausgekommen zu sein schien als eine anthropologische Feldstudie aus der atavistischen Männerwelt der Kabylei. Die provokative Brisanz seiner Thesen wurde weder in Frankreich noch in Deutschland gewürdigt. Anstelle von Butlers sozial konstruiertem Geschlecht (*gender*) schlug Bourdieu vor, von einer anthropologischen Konstante auszugehen. Ursache und Folge der Unterdrückung und kulturellen Marginalisierung von Frauen sind demnach im Laufe der Geschichte vertauscht worden. Wir sind gefangen in einem Teufelskreis, einer Rückkopplung, einer Zeitschleife: Wer wie eine Frau aussieht, wird behandelt wie eine Frau und verhält sich wie eine. Frausein wird als an körperliche Distinktionsmerkmale gebundener sozialer Habitus der Unterwerfung wahrgenommen, Mannsein als eine Art naturrechtlicher

Adel, der nicht verliehen und nicht verdient werden muss. Wenn aber die »symbolische Herrschaft« des Mannes sich gleichsam naturgeschichtlich unverändert durch sämtliche Epochen und Gesellschaftsformationen seit der Bronzezeit zieht, dann liegt der Schluss nahe, dass sie auch tief in die Inhalte und Strukturen dessen eingedrungen ist, was wir über Natur, Gesellschaft und Geschlecht zu wissen meinen.

Mit dem Begriff des »Wissenskapitals« führte Bourdieu eine neue soziologische Kategorie in die *gender theory* ein, durch die sich gut erklären lässt, warum weibliches Denken im Kreislauf des »symbolischen Kapitals« von je her unter pejorativen Vorzeichen erscheint, warum Frauenberufe schlechter bezahlt werden (eben weil sie von Frauen ausgeübt werden), warum technische Erfindungen, wissenschaftliche Entdeckungen, Kunstwerke auf dem »Markt der symbolischen Güter« unterbewertet sind: Einfach weil sie von Frauen gemacht sind. Wie durch Zauberhand nehmen die Produkte die »somatisierten« Distinktionsmerkmale des Weiblich-Zweitrangigen ihrer Produzentinnen an; sie werden marginalisiert. Jeder Journalist kennt das. Wer über Frauenthemen schreibt oder forscht, schreibt sich ins öffentliche Abseits oder gilt schon als Feminist. Wie sich an der Geschichte des Romans, der Portraitkunst oder der Installations- und Konzeptkunst des späten 20. Jahrhunderts zeigen ließe, treten Frauen als Protagonistinnen immer erst dann in die Kulturgeschichte ein, wenn Kunstströmungen oder Leitmedien ihren rezeptiven Kulminationspunkt überschritten haben und an kultureller Wertschätzung verlieren.

Kurz gesagt: Liebgewordene Vorurteile und Gewohnheiten im Umgang der Geschlechter lassen sich nach Bourdieus Analyse nicht ohne Weiteres durch die intellektuelle Revolte einer Handvoll Feministinnen abschaffen. Geschlechtliche Identität entsteht im Spiegel des anderen Geschlechts und reproduziert sich über Körpergestalt und -merkmale quer durch die Menschheitsgeschichte als stabiler Mechanismus von Herrschaft und Unterordnung.

Zwei besonders anschauliche Beispiele, wie Versklavung und Ausbeutung von Frauen und Mädchen (wie bei Bourdieus Kabylen des 20. Jahrhunderts) von den Wissenschaftlern als vorgefundene Realität erkannt, beschrieben und zugleich als anthropologische Konstante anerkannt wurden, bestätigen Bourdieus These. Das eine lieferte der Tübinger Anthropologe Christoph Meiners in seiner *Geschichte des weiblichen Geschlechts* (1788), das andere der späte Kant in seiner *Anthropologie in pragmatischer Hinsicht*. Weibliche Unterwerfung wird als »natürliches« Verhalten ausdrücklich gelobt. Nach demselben Grundsatz registrierten die weltreisenden Naturforscher Alexander von Humboldt und Georg Forster während ihrer ethnologisch-anthropologischen Beobachtungen unter Naturvölkern die deutlich wahrnehmbare Hierarchie zwischen Männern, Frauen und Kindern als naturgegeben.

Das Dilemma erscheint unlösbar. Feministisches Denken erhebt selbstbewusst Anspruch auf den von männlichen Subjekten über Jahrhunderte ausformulierten universalen Vernunftbegriff. Dieser wiederum hat sich paradoxerweise als schärfster Antagonist der geschlechtlichen Gleichstellung bewährt. Aus feministischer Perspektive stellt sich also die Machtfrage keineswegs nur symbolisch, sondern ganz praktisch. Es geht darum, den männlichen Wissens- und Erkenntnisbegriff kritisch auseinanderzunehmen und zu fragen: »In welchem Maße ist die Beschaffenheit der Wissenschaft mit der Vorstellung von Männlichkeit verknüpft, und was würde es für die Wissenschaft bedeuten, wenn es anders wäre.«(Fox Keller) Wissenschaftshistorikerinnen machten sich in den Siebzigerjahren auf die Suche nach einer spezifischen weiblichen Rationalität. Frauen in den Naturwissenschaften schlossen Bündnisse mit Gender-Theoretikerinnen. Das gesellschaftliche Konstrukt aus Geschlecht, Wissen und Macht sollte erkannt und aus den Angeln gehoben werden. Auf der Anklagebank saßen zunächst die üblichen Verdächtigen: Platon, Aristoteles, Bacon, Descartes als Gründerfiguren des abendländischen Logozentrismus. In Mailand übte eine Damenband unter dem Namen »Diotima« die Verweiblichung des philosophischen Kanons ein. Adriana Cavarero entdeckte *Platon zum Trotz* erhebliche männliche Retuschen an den antiken Heldinnen Antigone, Demeter & Co. Luce Irigaray stürmte die phallischen Festungen der

Psychoanalyse. Donna Haraway stellte der Biologie unbequeme Fragen, Evelyn Fox Keller der Physik, Sandra Harding und Ellen Longino der Epistemologie und Erkenntnistheorie.

Es war Evelyn Fox Keller, die zuerst vorschlug, die neuzeitliche Trennung von Subjekt und Objekt, Beobachter und Beobachtetem durch eine neue philosophische Sichtweise zu ersetzen. Das geht nur, wenn der im 17. Jahrhundert eingeführte »objektive« Wahrheitsbegriff durch andere, flexiblere Paradigmen ersetzt wird. »Dynamische Objektivität ist das Streben nach einem Wissen, das sich der subjektiven Erfahrung bedient, um größere Objektivität zu erlangen. [...] Es ist eine Form der Beachtung und Achtung der Welt der Natur, die der (idealen) Achtung für die menschliche Welt entspricht, sie ist eine Form der Liebe.« (*Liebe, Macht und Erkenntnis*) Fox Keller regte an, aus dem heuristisch starren Forschungsobjekt »Natur« einen komplexen Lebensraumbegriff zu generieren, der den Forschenden organisch einschließt. Andere Theoretikerinnen, wie Helen Longino und Sandra Harding, folgten ihr darin und unterzogen den Begriff der wissenschaftlichen Objektivität, zunächst für den Bereich der Naturwissenschaften, genauerer Betrachtung.

Die von Judith Butler, Evelyn Fox Keller, Donna Haraway, Sandra Harding und vielen anderen vorgetragenen Schlussfolgerungen, wonach es »die« Wissenschaft so wenig gebe wie »die« Natur oder »das« Geschlecht, haben mittlerweile Eingang in viele politische Theorien und Forschungsbereiche gefunden. Gibt es also neben der Vernunft, die uns die logischen Regeln des Denkens liefert, noch eine »andere Vernunft«? Wie aber könnte die aussehen?

Auf einmal ging es wieder um Visionen. Es ging darum, die androzentrische Welt und ihre »objektive« Wissenskultur vor ererbten Irrtümern zu befreien, oder, Donna Haraway zufolge, wenigstens die Menschenaffen zu retten. In der Primatologie bot sich ein ideales Modell für den vermuteten Zusammenhang zwischen wissenschaftlichen Aussagen und Geschlecht. Weibliche Tiere wurden in der Biologie bis dahin nicht besonders beachtet. Primatologie war aus feministischer Sicht demnach »auf Affen bezogener Orientalismus«

(Haraway). Mit ihren verhaltensbiologischen Studien an familiären Verbänden und Mutter-Kind-Beziehungen gelang es erst Primatenforscherinnen wie der Havard-Dozentin Sarah Blaffer Hrdy und Jane Goodall, bekannt geworden durch ihre Arbeit im GombeStrom-Nationalpark von Tansania, den Blickwinkel von der klassifizierenden Zoologie auf Ethologie, die Lehre von den angeborenen Instinkten, zu verschieben. Verhaltensforschung war der Missing Link zwischen der Erforschung sozialer Gruppen und biologischer Arten, zwischen Natur und Gesellschaft. In den darauffolgenden Jahrzehnten betrat eine neue Forschungsdisziplin die Wissenschaftsszene, die Soziobiologie. Primatologin und Primatin erkannten einander durch die Gitterstäbe ihrer ontologischen Käfige als Geschöpfe derselben soziobiologischen Ordnung: weibliche Tiere. Das Drama von Geist und Geschlecht wurde von der Universität in den Dschungel verlegt. Nicht nur die Natur hatte auf einmal wieder ein Geschlecht (besser gesagt zwei), auch die Wissenschaft, die sie erforscht. »Die Primatologie ist Schauplatz einer feministischen wissenschaftlichen Revolution«, triumphierte Donna Haraway. Einmal als Geschöpfe derselben sozialen Hierarchiestufe erkannt, wandten sich weibliche Wissenssubjekte (Primatologinnen) ihren gleichgeschlechtlichen Wissensobjekten (Primatinnen) mit emphathischer Liebe zu, schwärmten in die Nationalparks von Ostafrika und Asien aus und stießen eine weltweite Bewegung zum Schutz der dramatisch bedrohten Großaffenpopulationen an. Der Weiblichkeitswahn war nicht geheilt, aber vorläufig umgelenkt in feministische Wissenschaftsnarrative.

Feministische Wissenschaftstheorie bezeichnet demnach eine erkenntniskritische Methode, durch die der Universalitätsanspruch des »objektiven« Wissensbegriffs aus geschlechterpolitischer Sicht infrage gestellt wird. Fast beiläufig zogen die genannten Forscherinnen, indem sie überall nach Differenzen und Spaltungen suchten, die anderen klassischen Universalien – Natur, Kultur, Geschichte – mit in Zweifel. Sie griffen die ältesten Festungen der Wissenschaft an, die Ordnungen des Wissens (*episteme*). »Vor dem Aufkommen des

Feminismus«, hat der französische Soziologe Bruno Latour mit einiger Verspätung 2001 bemerkt, »hatte das Wort ›homme‹ (Mensch, Mann) den Charakter einer uncodierten Kategorie und das Wort ›femme‹ (Frau) den einer codierten. Sagte man ›homme‹, so bezog man sich, ohne darüber nachzudenken, auf die Gesamtheit der denkenden Wesen; sagte man ›femme‹, so markierte man das ›Weibliche‹ neben den denkenden Wesen.« (*Das Parlament der Dinge*)

## Kleine Dämonen

Wenn Frauen schon nicht sonderlich glanzvoll in der geistigen Evolution des *Homo sapiens* in Erscheinung getreten sind, dann sollte man doch wenigstens annehmen, dass sie sich ganz am Anfang der biologischen Reproduktionskette behauptet haben, am allerersten Anfang alles Lebens: in der Eizelle. Doch wer wartet dort schon, wie in der Fabel vom Wettlauf zwischen Hase und Igel? Der kleine Dämon des Patriarchats, der uns einreden will, nicht die mütterliche Eizelle, sondern der männliche Samen sei das entscheidende Movens der Menschheitsgeschichte.

Wenn sich ein Mann und eine Frau zusammentun, überlegte Arthur Schopenhauer, wirkt zwischen ihnen ein metaphysischer Wille. Das ist die elementare Macht, die zur Paarung drängt (später von Freud als Geschlechtstrieb bezeichnet). Diese Macht ist geistig; sie dient der Hervorbringung eines neuen Menschen. »Dies neue Individuum ist gewissermaßen eine neue (platonische) Idee: wie nun alle Ideen mit der größten Heftigkeit in die Erscheinung zu treten streben, mit Gier die Materie hiezu ergreifend, welche das Gesetz der Kausalität unter sie alle austeilt: so strebt eben auch diese besondere Idee einer menschlichen Individualität mit der größten Gier und Heftigkeit nach ihrer Realisation in der Erscheinung. Diese Gier und Heftigkeit eben ist die Leidenschaft der beiden künftigen Eltern zueinander.« (*Die Welt als Wille und Vorstellung*)

Gleicht dieser metaphysische »Wille« nicht aufs Haar dem Traum Anselms, des Bischofs von Canterbury, dass sich aus Adam die Menschheit durch geistige Zeugung fortpflanzen und erneuern müsse? Als Oswald Avery 1944 die Desoxyribonukleinsäure (DNS) als Träger der biologischen Erbinformationen identifiziert hatte, war die wissenschaftliche Welt begeistert. Der Quantenphysiker Erwin Schrödinger, zu jener Zeit Gastlektor am Trinity College in Oxford, verglich den in den Erbmolekülen gespeicherten Code aus sequenzierten Aminosäuren mit dem sogenannten Laplaceschen Dämon, der Vorstellung von einer allumfassenden kosmischen Intelligenz, und war überzeugt, man müsse die Frage: »Was ist Leben?« fortan ganz neu stellen.

Alles sah danach aus, als sei endlich das Geheimnis allen Lebens aufgedeckt: »ein alles durchdringender Geist«, ein göttlicher Mathematiker wacht über das Schicksal unserer Gattung. »Die Auffassung, Gene agierten selbständig und seien mit der Macht und Befähigung ausgestattet, die zukünftige Entwicklung eines Organismus zu steuern« (Fox Keller), setzte sich schnell durch. Sie griff auf ein altes alchemistisches Gedankenmodell zurück, den Homunculus. Jedes Genom enthält demnach den kompletten kleinen Menschen als Blaupause des künftigen Individuums. Die Entstehung von Leben wird ursächlich aus der intelligiblen Energie der Samenzelle und der in ihr wirkenden DNS-Moleküle erklärt. Eizelle und Zytoplasma haben in diesem deterministischen Modell, wie schon bei Aischylos, Aristoteles, Galen und Anselm von Canterbury, lediglich die passive Funktion der Ackerfurche, der empfangenden Nährsubstanz, während sich die formenden, aktiven Prozesse erst nach der Befruchtung im Innern der Zellkerne vollziehen. Das mechanistisch-deterministische Modell des Genoms und damit das »zentrale Dogma« der Molekulargenetik wurde erst in den letzten dreißig, vierzig Jahren widerlegt, als sich beweisen ließ, dass die Eizelle bereits vor der Befruchtung die authentische Einschreibung des kompletten Genoms enthält, bevor der männliche Samenkern hinzutritt und es zur Verschmelzung der Zellkerne kommt.

Der britischen Chemikerin Rosalind Elsie Franklin gelang in ihrem Labor am Londoner Kings College im Spätwinter 1953 zum ersten Mal die bildliche Darstellung von DNS-Molekülen in einem sogenannten Röntgenbeugungsdiagramm. Dass diese Riesenmoleküle lange Ketten bilden, war den beiden jungen Forschern, die zur selben Zeit in Cambridge an demselben Problem arbeiteten, bereits bekannt. Doch erst durch Franklins Entdeckung zeigte sich, dass diese Ketten oder Stränge sich aufgrund spezifischer chemischer Reaktionen an ihren Innen- und Außenseiten spiralförmig umeinanderwinden und eine Doppelhelix bilden. Im April wollte Doktor Franklin ihre Entdeckung in einem Wissenschaftsjournal veröffentlichen. Doch bevor es dazu kam, verriet einer ihrer engsten Mitarbeiter sie an die Kollegen in Cambridge. Im April 1953 verkündeten J. D. Watson und Francis Crick, ein Physiker und ein Biologe, der Wissenschaftswelt sie als ihre eigene Entdeckung: die DNS-Doppelhelix als Trägersubstanz der Erbinformation. Seine Londoner Kollegin »Rosy«, die Frau mit der komischen Brille und Frisur, bedachte Watson in seinem Buch *Die Doppelhelix* 1968 mit äußerst herablassenden Bemerkungen – die sie glücklicherweise nicht mehr lesen musste, weil sie zehn Jahre zuvor gestorben war. Rund dreißig Jahre nach Franklins Tod wurde das Internationale Genomprojekt gegründet. Forscher aus vierzig Ländern wirkten daran mit, um die Abfolge der vier zu Paaren geordneten Basen in jedem der schätzungsweise einhunderttausend menschlichen Gene zu ermitteln. 2003 war die Entschlüsselung des menschlichen Genoms offiziell abgeschlossen. Einer der ersten Leiter des Projekts war Doktor Watson, der für die Entdeckung der Doppelhelix 1962 den Nobelpreis für Chemie entgegennehmen durfte.

Eine Büste im Garten des Newnham College in Cambridge, ihres letzten Arbeitsplatzes, ist das Einzige, was in der *scientific community* an Rosalind Franklin erinnert. Wer von denen, die daran vorbeigehen, wird sich erinnern, dass an dieser Stelle ein Märchen endete, das siebenhundert Jahre zuvor nicht weit von hier angefangen hat, das Märchen vom Triumph der Vernunft über die Natur? Denn die Vernunft gibt sich längst nicht mehr damit zufrieden, der Natur zu gehorchen, um sie zu beherrschen. Sie erschafft sie neu – nach ihren eigenen Regeln.

Logisch betrachtet ist die Unterscheidung weiblicher und männlicher Subjekte in der Forschung natürlich Unsinn. Es gibt so wenig eine männliche Wissenschaft, wie es weibliches Wetter gibt. Weder die Kernspaltung noch das Genomprojekt können im Ernst als männliche Entdeckungen bezeichnet werden. Also ändert es auch nichts an der Doppelhelix, ob eine Frau und/oder zwei Männer sie zuerst entdeckt haben. Wohl aber ändert es etwas an der Erzählung – oder im Wissenschaftsjargon: dem Narrativ von Wissenschaft. Möglich gemacht hatte die Entdeckung der molekularen Strukturen der Desoxyribonukleinsäure erst die Zusammenführung chemisch-physikalischer und molekularbiologischer Erkenntnisse; geradezu ein Musterbeispiel »dynamischer Objektivität«. Franklin forschte in der Tradition der baconistischen Experimentalwissenschaften. Sie stieß auf die Struktur der Erbmoleküle ohne jede theoretische Hypothese, auf rein empirischem Weg aufgrund ihrer langen Erfahrung als Kristallografin an Kohlenstoffmolekülen. Dagegen stützten sich Watson und Crick auf ein mathematisch-physikalisches Grundmodell des Lebens, wie es zu ihrer Zeit in Cambridge durch die Arbeiten von Oswald Avery kanonisiert war. Sie gingen logisch vor, ohne zu ahnen, wie sich die Basenpaare mittels Zucker und Phosphor miteinander zu dreidimensionalen Molekülketten verbinden. Indem sie nachträglich Franklins Beitrag an der Entdeckung der Doppelhelix leugneten, fälschten sie also die Wissenschaftsgeschichte des 20. Jahrhunderts. Mit erheblichen Folgen: Ihr eigenes logisch-abstraktes Verfahren wird der technologischen Revolution des 21. Jahrhunderts als favorisiertes Modell der Grundlagenforschung den Weg bahnen.

Logisch-mathematisch gesehen, können komplexe biologische Organismen wie das Genom nach denselben Kriterien wie soziale und technische »Systeme« und diese, wie Großrechner oder hochorganisierte Wirtschaftsstrukturen, wie Organismen erforscht werden. Zwischen der »Erbinformation« eines menschlichen Chromosomensatzes und der Zielsteuerung einer Langstreckenrakete besteht programmiertechnisch kein grundsätzlicher Unterschied. Hier wie dort spielt »Information« eine zentrale Rolle. Hinter Begriffen wie Information, Programm, Steuerung oder Gedächtnis (der Zelle wie des Arbeitsspeichers älterer Computergenerationen, *Bios* genannt) verbergen sich aber lediglich bildhafte Ausdrücke für ungeheuer komplexe biologische oder technisch-kybernetische Prozesse – Metaphern einer abstrakten, technizistischen Vernunft. »Da die unpersönliche Vernunft außer sich weder einen Boden hat, auf den sie sich stellen kann, noch ein Objekt, dem sie sich entgegenstellen kann, noch ein Subjekt, mit dem sie sich verbinden kann, sieht sie sich gezwungen, einen Purzelbaum zu schlagen und sich selbst zu ponieren, zu opponieren und zu komponieren – Position, Opposition, Komposition.« (Karl Marx, *Das Elend der Philosophie*) Die nach rein logischen Regeln komponierte Welt der Zukunft schließt auch die genetische Optimierung von Menschenmaterial längst nicht mehr aus. Unsterblichkeit bleibt nicht länger eine Marge metaphysischer Träumer und Möchtegerngenies, sondern pentagonfinanzierter Technologieforschung. Der *point of singularity*, an dem Maschinen die Intelligenz der Hominiden überflügelt haben werden, wird nicht nur das Jenseits der Religionen ultimativ zum Verschwinden bringen. Menschliches Bewusstsein und Vernunft werden nicht länger die Krone der Schöpfung tragen. Der Ursprung des Menschen wird aus der mütterlichen Bruthöhle in die Prozessoren intelligenter Maschinen verlegt. Die Monster der Zukunft sind selbstzeugende technische Systeme. Schon jetzt sehen wir die Vorzeichen. Der Erdkörper ist vernarbt von den Spuren dieser bodenlosen, unpersönlichen, grenzenlos »komponierenden« Vernunft. Der menschliche Fußabdruck dreitausendjähriger Kulturgeschichte überformt den Planeten mit einer zweiten, anthropogenen Schöpfung, einer »Technosphäre«, die von den Schrottwolken im Orbit und der Vermüllung der Ozeane bis in die biochemische Eugenik an Nutztieren und Pflanzen reicht. Manche behaupten, wir leben bereits in einem neuen Erdzeitalter, dem Anthropozän. Haben Männer eigentlich noch Grund, stolz zu sein auf ihre Schöpfung? Ein Alptraum scheint wahr geworden zu sein. Der Mensch ist Gott geworden durch den Mann.

Nr. 7
# Frauen, die denken, retten die Welt

## *Die Träume der Vernunft*

Julia Kristeva prophezeite 1999: »Das nächste Jahrhundert wird
weiblich sein, zum Besten oder Schlimmsten.« (*Das weibliche Genie 1*)
Haben wir uns da nicht ein bisschen viel vorgenommen? Oder gilt
das auch für Männer? Gut, Frauen haben das Wahlrecht. Frauen
sind in den letzten sechzig Jahren in die Parlamente, Forschungslabore und Universitäten eingezogen. Frauen regieren. Frauen sind
ein beträchtlicher Kaufkraftfaktor und intellektuell auf der Überhol-
spur. Wo sind ihre Visionen für die Lösung der Hungerkrisen, der
Klimakrisen, der Energie- und Bankkrisen des 21. Jahrhunderts? Ist
die Welt überhaupt noch durch Vernunft zu retten?

Die globale Misere der Gegenwart bezeugt das Scheitern eines
jahrtausendalten Projekts. Die aufgeklärte Vernunft versinkt im
Sumpf religiöser Fundamentalismen. Zerstörte Biotope, erschöpfte
Landschaften, Zeltstädte für Millionen gestrandeter Migranten, apo-
kalyptische Waffenarsenale hinterlassen den nächsten Generationen
eine Welt, die nur noch zusammengehalten wird von globalen Wa-
ren- und Kapitalströmen. Ökonomischer Totalitarismus (Serge La-
touche) hat längst alle Bereiche des Alltags erfasst. Wir essen dasselbe, wir kaufen dasselbe bei denselben Supermarktketten, wir
sehen dieselben Filme, hören dieselbe Musik und denken dasselbe
von Kapstadt bis Reykjavik, New Delhi bis Toronto. Und während
die Meeresspiegel steigen, die fossilen Energiequellen zur Neige gehen und die Atmosphäre sich aufheizt, wiegen wir uns in der Illusion individueller Work-Life-Balance.

Rationale Weltbeschreibungen enthalten immer auch ein utopisches Moment. Das haben sie mit Ideologien und Religionen gemeinsam. Hier wie dort ist die Frage, wie Projekte, Theorien und Ideen ihr visionäres Potenzial entfalten und Mehrheiten auf gemeinsame Ziele und Erlösungsvisionen einschwören können.

Es ist gerade mal ein Vierteljahrhundert her, dass sich nach dem Zusammenbruch der sozialistischen Regime des Ostblocks der Begriff »Postmoderne« zur Beschreibung der Jahrtausendwende eingebürgert hat. Jean-François Lyotard bescheinigte der Epoche, »daß man den Metaerzählungen keinen Glauben mehr schenkt«, und versprach das alsbaldige Ende der »Ära der Professoren« in einer neuen großen Erzählung. Kybernetik, Linguistik, mathematische Spieltheorie, Natur- und Sozialwissenschaften waren aufgefordert, sich im postmodernen Sprachspiel auf neue »Wissenschaftsnarrative« zu verständigen.

Auch Simone de Beauvoirs Kulturgeschichte des anderen Geschlechts wanderte als »Emanzipationserzählung« auf den Berg der historischen Altlasten – zumindest was ihre Hoffnung auf die befreite Frau in einer sozialistischen Gesellschaft anging. Die großen Sinnbögen, die die abendländische Zivilisationsgeschichte überspannen – Antike, Aufklärung, Humanismus, Historismus, Feminismus –, verloren gleichsam in der Nacht des Mauerfalls ihre akademische Reputation. Francis Fukuyamas griffige These vom »Ende der Geschichte« sprach sich wie ein Lauffeuer durch die Feuilletons. Der österreichische Physiker und Philosoph Fritjof Capra warnte vor dem ökologisch-sozialen Kollaps der westlichen Gesellschaften und forderte ein Umdenken vom mechanistischen Wissenschaftsbegriff der frühen Neuzeit zum »Tao der Physik«, der Verschmelzung von östlich-meditativem und abendländisch-rationalistischem Denken (*Wendezeit*).

Nie war weniger Zukunft und mehr Prophetie. Utopisten und Dystopiker wetteifern schon lange um die drastischsten Szenarien einer neuen Weltordnung. Es ist die Zeit der Manifeste. Utopieforen und alternative Lebenskonzepte kreisen um die Frage, wie persönliches Glück, Gemeinwohl und Schutz natürlicher Ressourcen politisch durchzusetzen wären. 2009 brachte eine Gruppe deutscher

Wissenschaftler unter dem Titel *Commons. Für eine neue Politik jenseits von Markt und Staat* den alten deutschen Begriff der Allmende wieder ins Gespräch, vereint in der Hoffnung, damit eine gesellschaftliche Bewegung gegen rücksichtsloses Wirtschaftswachstum anzustoßen. Andere suchen ihr Glück in einem *Manifest für das Anthropozän* (Andreas Weber) und fordern eine »Politik des Lebens« statt Kapitalismus, Lebendigkeit statt ökonomischem Kalkül, Solidarität statt Konkurrenzdenken, Liebe zur statt Beherrschung der Natur. Die internationale »Degrowth«-Bewegung, das britische Projekt REconomy, lokal-konviviale Versorgungswirtschaft, Pionierprojekte wie die deutsche Regionalwert-AG in der Region Freiburg und Bürgerenergiegenossenschaften arbeiten an Konzepten, wie wir vom regionalen Supermarkt zurück zum genossenschaftlichen Dorfladen kommen. Bürgerengagement, Direktvermarktung und direkte Demokratie, Transition-Netzwerke zur Resozialisierung ökonomischer Kreisläufe sollen mehr lokale Autonomie, mehr Eigenverantwortung statt zentralistischer Kontrolle durchsetzen.

Die Commons-Bewegung, die sich auf die von Elinor Ostrom, Nobelpreisträgerin für Wirtschaftswissenschaften des Jahres 2009, entwickelte Theorie »polyzentrischer Systeme« stützt, setzt alle Hoffnung auf zivilgesellschaftliche Kooperation bei der Produktion und Verteilung von Waren und Wissen, gemeinfreie *knowledge commons*, Wissensallmenden wie *Wikipedia*. Nicht mehr repräsentative Gipfeldiplomatie, sondern breiter demokratischer Dialog und Vernetzung sollen die Welt vor ökologischen Katastrophen und sozialer Spaltung in Superreiche und Massenarmut retten. Die Menschheit soll eine transglobale, große Familie werden, die gemeinsam die geschaffenen Werte – Wissen, Kunst, Geschichte, Kultur – und die natürlichen Ressourcen des Planeten – Fischbestände, fossile Energiequellen, Saatgut, Luft und Wasser – nach gemeinschaftlichen Grundsätzen nutzt.

»Der ökologische Zustand des Planeten macht es erforderlich, alle nur möglichen Formen des Wohlstands ohne Wachstum zu erforschen.« In Frankreich schlossen sich 2012 Intellektuelle und Wissenschaftler aus vielen Ländern unter einem *Konvivialistischen*

*Manifest* zusammen, verfasst von 22 Frauen und 42 Männern. Es warnt vor »mächtigen und furchterregenden Kräften«, die unsere Welt bedrohen. Übergroßer Reichtum sei eine »Schande«. Kein Reicher soll sich mehr selbstsüchtig seiner Milliarden erfreuen dürfen. Die Konvivialisten fordern von den Regierungen eine Politik, die nicht mehr nur dem Schutz der globalen Märkte, sondern der Zivilgesellschaft dient. »Im Sinne einer pluralen Ökonomie ist es daher notwendig, zu einem Gleichgewicht zwischen Markt, öffentlichem Sektor und einer Ökonomie assoziativen (sozialen oder solidarischen) Typs zu gelangen.«

Nach Ansicht des Sozialwissenschaftlers Alain Caillé, des führenden Kopfs der Gruppe, war der Postmodernismus der Neunzigerjahre eine »intellektuelle Konterrevolution«, mit der die Ära der globalen Ökonomisierung eingeleitet wurde. Die Doktrin, wachsender Wohlstand sei nur möglich durch stetiges Wirtschaftswachstum, habe zu eklatanter Ungleichheit der Lebensbedingungen geführt – sowohl innerhalb nationaler Gemeinschaften als auch zwischen Kontinenten und Staaten. Die Differenz zwischen Wirtschaftskraft und persönlicher Zufriedenheit der Bürger wachse proportional zu der Differenz zwischen wachsenden Bruttoinlandsprodukten und stetig sinkenden Reallöhnen. Anstelle der unvorstellbaren Konzentration von Reichtum und Macht in Form von multinationalem Finanzkapital fordern die Konvivialisten »eine Alternative, die nicht länger glauben oder uns einreden will, dass ein unendliches Wirtschaftswachstum noch immer die einzige Antwort auf alle unsere Probleme sein könnte«.

In diesem Sinn setzt auch die Strategie der Commons auf verschiebliche, resiliente Sozial- und Wirtschaftsstrukturen, die den natürlichen Bedürfnissen unserer Spezies angepasst sind. Alle diese Denkmodelle sind Teil einer transnationalen Demokratisierungsbewegung, die von Basisprotestgruppen wie Occupy und Attac angestoßen wurde und beflügelt ist von einer gemeinsamen Vision. »Das Ende des Kolonialzeitalters und der Rückgang des Eurozentrismus öffnen den Weg zu einem wirklichen Dialog der Zivilisationen, der wiederum das Entstehen eines neuen Universalismus ermöglicht, eines mehrstimmigen Universalismus, eines Pluriversalismus. Dieser plurale Universalismus entsteht dank der Zuerkennung gleicher Rechte und einer endlich erreichten Gleichstellung von Mann und Frau.« (*Konvivialistisches Manifest*) Maßstab des sozialen Handelns zum Nutzen aller ist also, modern ausgedrückt, die artspezifische Lebensweise des Menschen in seiner natürlichen häuslichen Umwelt (*oikos*), kurz gesagt das, was Konvivialisten wie Caillé und Claus Leggewie, kommunitaristische Ethiker wie der Havard-Philosoph Michael Sandel und Anhänger der Commons-Theorie wie Silke Helfrich und Ivan Illich als Ablösung des *homo oeconomicus* durch ein neues Narrativ ökonomischer Vernunft bezeichnen, den *homo cooperativus*: transparente, transpersonale Strukturen statt komplexer, vergesellschafteter Kreisläufe.

Die Weltrettungs-Selbst- und Sinnsucherbranche ist ein sozialer Seismograf: Sie floriert in Krisenzeiten. Bemerkenswert einig sind sich all diese Denkmodelle und Projekte in einem Punkt: Alle appellieren an soziale Tugenden und menschliche Eigenschaften – Empathie, Fantasie, Güte, Familiensinn, Liebe, Häuslichkeit, Anpassungsfähigkeit, Mitleid –, die gemeinhin dem weiblichen Geschlechtscharakter zugeschrieben werden und als solche lange aus der öffentlichen Politik ausgeschlossen waren. Männliche Typisierungen wie Aggression, Durchsetzungsvermögen, Gewaltbereitschaft, Expansion, Autorität erfahren dagegen eine deutliche Abwertung.

Was ist los mit der männlichen Herrschaft? Rousseauistisches Denken, Remythisierung und Verweiblichung der Natur scheinen den von Eintönigkeit und Kulturrelativismus erschöpften postmodernen Zeitgeist zu hypnotisieren. Sind Ökodörfer und Gemeinschaften des guten Lebens, Visionssuche, SoLaWi (= solidarische Landwirtschaft), Körper- und Energietherapien inklusive veganer Vollverpflegung, Workshops über die »Kunst, mit dem Herzen zu führen«, Lebenszeitmanagement durch Jahreszeitenrituale oder weiblicher Schamanismus wirklich die Lösung? Das spiritualistische Schweizer Netzwerk Women and earth ist nur eines von vielen, das weibliche Wege aus der industrialisierten und ökonomisierten Gesellschaft jenseits rationalistischer Kalküle und aggressiver Ausbeutungsstrategien anbietet: zurück zu Mutter Natur, der Geberin und Führerin, Inbegriff der Lebendigkeit und Fruchtbarkeit. Bolivien hat 2012 ein »Rahmengesetz der Mutter Erde und ganzheitlicher Entwicklung zum guten Leben« eingeführt, das indigene Traditionen der Göttin Pachamama, der Mutter des Lebens, in umweltpolitische Maßnahmen zum Schutz der Andenregion übersetzen soll. In Kathmandu fand im März 2016 die 2. Weltfrauenkonferenz basisdemokratischer Frauengruppen statt. Ihr Motto: »Frauen erklimmen die höchsten Berge«. Das erinnert an die alte feministische Trotzrhetorik der 1970er Jahre, ist aber deutlich klassenkämpferischer gemeint. Nach dem Abbruch der UN-Weltfrauenkonferenzen versteht sich die eher marginale Splittergruppe als Weltforum des sozialistischen Feminismus unter dem Schirm der kommunistischen Internationale (ICOR). Und während die gute alte Erde, als wäre sie eine geschändete Lukrezia, zwischen Selbstmord und Klimagipfeldiplomatie gefährlich schwankt, weht von weither das Knistern von Seidenkleidern herüber ins digitale Zeitalter und vermischt sich mit dem sanften Klappern von Plastiktastaturen. Alles schon mal dagewesen.

### Vorschläge und Rückschläge

Im Mai 1937 – Hannah Arendt hat im Pariser Exil gerade ihre Biografie der Rahel Varnhagen Levin abgeschlossen – gibt sich die Wiener Frauenorganisation WOWO, Women's Organisation for World Order, in Bratislava ihr Programm. Ihre dreihundert Mitglieder waren vereint in der Utopie einer neuen, matriarchalen, antimilitaristischen Gesellschaft. In der neuen Weltordnung sollte es biologische Landwirtschaft, keine Todesstrafe, Trennung von Kirche und Staat und völlige Gleichberechtigung von Männern und Frauen geben. Der Vortrag der Schweizer Bio-Landwirtin Mina Hofstetter erregte einstimmige Begeisterung. Eine Teilnehmerin berichtete, viele hätten in dem schönen, verwitterten Gesicht das Antlitz von Gaia gesehen, der Urmutter Erde. Drei Monate nach der WOWO, im Juli 1937, trat in Luhačovice der neunte Kongress der Internationalen Frauenliga für Frieden und Freiheit zusammen (WILPF/IFFF), gegründet mitten im Ersten Weltkrieg von Anita Augspurg. Die Teilnehmerinnen sprachen sich – als einzige politische Organisation in Europa – für totale Abrüstung, gegen den unübersehbar erstarkenden Antisemitismus, gegen die faschistische Franco-Diktatur in Spanien aus und verurteilten die militärischen Interventionen in Indochina. Mit der letzten Konferenz der WOWO zerschlug sich das Projekt. Viele Akteurinnen mussten Europa auf der Flucht vor den Nationalsozialisten verlassen. Nach dem Einmarsch der Deutschen in Österreich und der faschistischen Besetzung von Polen und Tschechien lösten sich beide Organisationen auf.

Im August 1940 sitzt eine Engländerin nachts in ihrem Haus und macht sich Gedanken über den Krieg. Am Morgen hat sie in der *Times* folgenden Satz gelesen: »Fähige Frauen werden unterdrückt wegen eines unbewußten Hitlerismus in den Herzen der Männer«. Und während deutsche Bomber und britische Abfangjäger sich am Nachthimmel donnernde Gefechte liefern, kommt sie zu dem Schluss: »Gewiß werden wir unterdrückt. Wir sind gleichermaßen Gefangene heute nacht – die Engländer in ihren Flugzeugen, die Engländerinnen in ihren Betten. Aber wenn einer von ihnen aufhört zu denken, kann er getötet werden; und wir auch. Laßt uns also für ihn denken. Laßt uns versuchen, den unbewußten Hitlerismus, der uns unterdrückt, ins Bewußtsein heraufzuholen.« Im Fortgang ihrer Gedanken ärgert sie sich über die folgenlosen Friedenskonferenzen, entdeckt Parallelen zwischen dem männlichen Instinkt zu kämpfen und dem mütterlichen Instinkt zum Gebären und kommt zu demselben Schluss wie schon 1913 die französischen und deutschen Frauen: Frauen müssen ihre Bäuche als Waffe gebrauchen, sie müssen in den Gebärstreik treten.

Keine britische Bürgerin scheint ihrer Aufforderung ernsthaft gefolgt zu sein. Und doch traf dieser moralische Pazifismus den Nerv der Zeit. Aus dem Protest gegen politische Entmündigung erwuchs den Frauen ein neues Bewusstsein für die Macht ihrer Körper. Was bedeutete aber dieser »Hitlerismus in den Herzen«? Er bezeichnet dasselbe Symptom einer kranken Gesellschaft, das Hannah Arendt nach dem Krieg als totalitäre Gesinnung analysieren wird. »Er ist der Wunsch nach Aggression; der Wunsch zu beherrschen und zu versklaven. Sogar in der Dunkelheit können wir das sichtbar machen. Wir können Schaufenster strahlen sehen; und Frauen starren; geschminkte Frauen; herausgeputzte Frauen; Frauen mit hochroten Lippen und hochroten Fingernägeln. Sie sind Sklavinnen, die zu versklaven trachten. Wenn wir uns von der Sklaverei befreien könnten, würden wir die Menschen von der Tyrannei befreien. Hitlers werden von Sklaven hervorgebracht.« (*Gedanken über den Frieden bei einem Luftangriff*) Dieselbe Dialektik der totalitären Indoktrination fasste Bourdieu später in den Begriff der »symbolischen Herrschaft« des Mannes. »Von symbolischer Herrschaft sprechen heißt davon sprechen, daß der Beherrschte [...] dazu tendiert, sich selbst gegenüber den herrschenden Standpunkt einzunehmen.« (*Die männliche Herrschaft*)

Gesetzt, die sexuelle Herrschaft jener geschminkten Frauen folge derselben makabren Logik wie der aggressive Machttrieb von Männern, dann hätten Feministinnen allerdings schlechte Karten. Der »Mythos Frau« als besserer Mensch, Heilige und Ritterin der vollen Humanität demaskiert sich als subtile Strategie, um politische Ohnmacht durch geschlechtliche Intriganz zu kompensieren. Die weibliche »Politik der Herzen«, an die Margarete Susman nach dem Ersten Weltkrieg noch so fest glaubte, lässt sich mit etwas Boshaftigkeit ohne Weiteres als uterine Allmachtsfantasie oder schlicht als Gefühlsduselei durchschauen. Zuzugeben, dass es so etwas wie weiblichen Machttrieb überhaupt geben könne, wäre den Feministinnen des Kaiserreichs allerdings schlecht bekommen. Solange sie kein Stimmrecht besaßen, konnten sie die politische Verantwortung für die Weltkriegskatastrophe guten Gewissens den Männern zuschieben. »Wie oft hatte man während des Krieges das – vielleicht damals noch täuschende – Gefühl: Hätten die Frauen in aller Welt Stimme gehabt, so hätten sie dies Unmenschliche verhindert. Und es schien einem, als müßten sich alle diese unterdrückten Stimmen zu einem gewaltigen, lang anhaltenden Schrei über die ganze Erde hin vereinigen. Dieser Schrei einer lebendig ausbrechenden Liebe, eines ins Herz getroffenen Menschentums fehlte bis heute in unserer Welt. Die Frauen waren stumme, willenlose Handlangerinnen des männlichen Willens. Jetzt aber gilt es, eine menschliche Welt zu schaffen und dazu auch die Frauen frei zu machen zu dem, was sie ihrem Wesen nach sind.« (*Die Revolution und die Frau*, 1918)

Fünfzig Millionen Tote, Krieg und Völkermord an Juden, Slawen, Sinti und Roma, totalitäre Gehirnwäsche und Kalter Krieg zweier verfeindeter ideologischer Systeme mussten »die Welt von Gestern« (Stefan Zweig) erst zerstören, damit sich die Völker der Vereinten Nationen am 10. Dezember 1948 zu einer »Allgemeinen Erklärung der Menschenrechte« zusammenschlossen, um in dreißig Grundsätzen ein gemeinsames Ideal zu formulieren. Gemäß dieser Resolution stehen die Rechte des einzelnen Menschen als höchstes Gut über den politischen Gesetzen von Staaten, »ohne irgendeinen Unterschied, etwa nach Rasse, Hautfarbe, Geschlecht, Sprache, Religion, politischer oder sonstiger Anschauung, nationaler oder sozialer Herkunft, Vermögen, Geburt oder sonstigem Stand«.

Voraussetzung für die weltweite Durchsetzung demokratischer Frauenrechte, wie es in der UN-Charta heißt, ist die Verwirklichung der allgemeinen Menschenrechte, und nicht etwa umgekehrt. Frauenrechte sind keine Separatrechte, sondern Bestandteil der universellen Menschenrechte. 1979 wurde, als eines der neun grundlegenden Vertragsinstrumente zur Durchsetzung der Menschenrechtskonvention, das »Übereinkommen zur Beseitigung jeder Form von Diskriminierung der Frau« (CEDAW) von der Generalversammlung der Vereinten Nationen verabschiedet. Alle vier Jahre müssen die Mitgliedsstaaten, die die Konvention unterschrieben haben, ihre Berichte vorlegen. Auf der vorläufig letzten Frauenrechtskonferenz der Vereinten Nationen wurde 1995 in Peking Gender-Mainstreaming als verbindlicher Rechtsstandard beschlossen, um sexuellen Minderheiten und heterosexuellen Frauen und Männern gleiche Recht zu garantieren. Im Rahmen der UN hat sich Deutschland auf die politische Umsetzung der Beschlüsse der Aktionsplattform nach der Pekinger Frauenkonferenz verpflichtet und ist (bis 2017) eines von 45 Mitgliedern der UN-Frauenrechtskommission. Auf EU-Ebene sind das Europäische Institut für Gleichstellungsfragen (EIGE) und die Gender Equality Commission des Europarats zuständig. Ein nationales Komitee, zur UN Women gehörend, soll die Vernetzung nationaler und internationaler Gleichstellungsmaßnahmen überwachen. Damit sind altfeministische Forderungen zu einem »Teil institutioneller Vorgaben und institutionellen Handelns geworden – und damit Teil dessen, wie wir regiert werden. Feminismus ist in bestimmter Gestalt Teil gouvernementalen Regierungshandelns geworden.« (Sabine Hark). Es gibt zum Beispiel einen gesetzlichen Rechtsanspruch auf Kinderbetreuung ab dem ersten Lebensjahr und seit 2016 die 30-prozentige Frauenquote in Vorständen von börsennotierten und Wirtschaftsunternehmen mit mehr als 2000 Beschäftigten (2012 waren es 4 Prozent). Der Corporate Governance Kodex (DCGK) für Aktiengesellschaften kontrolliert deren Einhaltung.

Doch was ist damit mehr gewonnen als wiederum ein Paradox? Frauen haben teil an der demokratischen Macht; als Stimmbürgerinnen stellen sie die statistische Hälfte des Demos. Sie müssen nicht mehr auf die Macht ihrer Bäuche pochen. Im Rahmen neoliberaler Wirtschaftspolitik präsentiert sich weibliche Macht vorwiegend als wachsendes ökonomisches *female empowerment*, das den kritischen Feminismus nicht mehr braucht. »Was also ist geworden aus den feministischen Visionen einer anderen Gesellschaft?«, fragte kürzlich Sabine Hark, Professorin an der Technischen Universität Berlin und Leiterin des Zentrums für Interdisziplinäre Frauen- und Geschlechterforschung ebendort. Nichts. Die feministische Revolte einer kritischen, politisierten Minderheit von Frauen ist abgebrochen. »Übrig bleibt hier nur das Zerrbild eines lustfeindlichen, sklerotischen, männerhassenden und notorisch zensierenden Feminismus.« (Hark) Übrig bleibt zudem die ernüchternde Feststellung, dass die Polarisierung der Geschlechter in den letzten hundert Jahren eher zu- als abgenommen hat. »Die Macht ist noch immer männlich«, bilanzierte Benoîte Groult 1998 die hundertjährige Geschichte des europäischen Feminismus. Wo ist sie geblieben, die bessere, die schönere, die weibliche Humanität?

## Vater Staat und Mutterkult

Zum Jahrtausendwechsel machte der *Spiegel* mit einer apokalyptischen Meldung auf. »Die Deutschen sterben aus«. 1,35 Kinder pro deutscher Frau würden in die demografische Katastrophe führen. Die Frauenzeitschrift *Emma* jubelte. »Die Frauen sind in einen Gebärstreik getreten.« Knapp zehn Jahre danach erhob ein ehemaliges Vorstandsmitglied der Deutschen Bundesbank dramatisch die Stimme gegen den drohenden nationalen Kollaps. »Deutschland schafft sich ab«. Der besorgten Nation erklärte der Wirtschaftspolitiker nicht nur, wie sich das Problem aus der Welt schaffen ließe. Die Frauen selbst seien das Problem. Genauer gesagt nicht die Frauen, sondern ihre Gene. »Mehr Kinder von den Klugen«, und die Welt, oder wenigstens Deutschland, wäre gerettet. Fertilität und Intelligenz muslimischer Einwanderer, behauptete er, stehen in umgekehrt proportionalem Verhältnis. Fazit: Die falschen Mütter kriegen die falschen Kinder.

Um seiner schlichten These Nachdruck zu verleihen, mühte sich der Hobbydenker, seiner rassisch-völkischen Mutterschaftsdoktrin mittels soziologischer »Daten« und »Fakten« – ein bisschen Goethe, Genetik und Sozialdarwinismus – einen pseudowissenschaftlichen Anstrich zu geben. Der »physiologische Schwachsinn des Weibes« war endlich kein deutsches Thema mehr, sondern das Randproblem kultureller Minderheiten. Xenophobe Hysterie war im Anmarsch. Kinderkriegen sollte (wieder) zur patriotischen Pflicht jeder deutschen Frau werden. Als die Zustimmung, insbesondere unter kinderlosen deutschen Akademikerinnen, nicht ganz einhellig ausfiel, fühlte sich der tapfere Sarazene im nationalen Gebärkampf unverstanden. »Ich hätte eine Staatskrise auslösen können.«

Feministinnen konstatierten immerhin einen Backlash zum Mutterkult und warnten vor gesellschaftlicher »Übermutterung«, die

Kinder verblöde und Frauen versklave. Doch gleich darauf erschüttert schon wieder ein weiblicher Aufschrei die Nation. Nun ist es *Die Abschaffung der Mutter* (Alina Bronsky und Denise Wilk) durch Vater Staat, der sich mit Kitazwang, Abstillterror und der Pflicht zu regelmäßiger medizinischer Schwangerschaftsüberwachung zum Vormund »natürlicher« Gebärkraft ernannt habe.

Es sieht ganz danach aus, als gingen Feminismus und Frauen hinsichtlich staatlicher Bevölkerungs- und Sozialpolitik auch künftig getrennte Wege. Mütter haben im 21. Jahrhundert einfach keine Zeit mehr für Gleichstellung, sie müssen sich um die Kinder kümmern. Sie wollen keine Quoten in Aufsichtsräten und DAX-Vorständen, sondern das Naturrecht auf Mutterglück zurückhaben. Die amerikanische Juristin Catharine McKinnon hatte schon in den Achtzigerjahren eine Frauenquote für den Arbeitsmarkt vorgeschlagen, um berufstätigen Frauen den Zugriff auf politische und wirtschaftliche Ressourcen zu erleichtern. Doch immer mehr Frauen wehren sich gegen ihre Zwangsbefreiung und fordern für Mütter, die »durch Politik und Justiz systematisch entrechtet werden«, die Rückkehr zu naturbelassener Mutter-Kind-Welt. Die staatlich alimentierte Kinderbetreuung, einst schwer erkämpft, wird als Konkurrenzmodell zur biopatentierten Mutterschaft beargwöhnt. Kinderlosigkeit gilt im neuen Frauenland als suspekt. Politischer Feminismus wird ersetzt durch Familiarismus. Kinder werden berechenbar als Effizienzfaktoren des politisch aushandelbaren Kompromisses zwischen Identitätsfalle und Selbstbestimmung, Erziehungsgeld und Elternzeit, Betreuungsgeld und Ehegattensplitting, Ganztagsschulen und Teilzeitkarrieren. Die Machtbereiche der Geschlechter bleiben dabei klar geschieden. Ökonomische Vernunft, wie sie Christine Lagarde an der Spitze des Internationalen Währungsfonds vertritt, oder staatsmännische Vernunft vom Zuschnitt einer Margaret Thatcher oder Angela Merkel werden als eminent männliche Machtpolitik wahrgenommen, während sich weibliche Vernunft öffentlich nur noch dann zu Wort meldet, wenn sich Frauen in ihren partikularen Interessen als geschlechtliche Wesen benachteiligt oder missachtet sehen.

Als sich die Hausfrau Elizabeth Magie Phillips 1904 ein Brettspiel ausdachte, das sie »The Landlords Game« nannte, ahnte noch niemand, dass sie ohne die geringste universitäre Bildung die grundlegenden Strategien der ökonomischen Vernunft des Wallstreet-Kapitalismus durchschaut und in einfachen Spielregeln für jedermann formalisiert hatte, heute bekannt unter dem Namen »Monopoly«. Dabei war die fromme Quäkerin aus dem amerikanischen Mittelwesten angesichts der rasant wachsenden Wirtschaftskraft der USA einfach nur besorgt um die christliche Moral und wollte zeigen, wie unter den Bedingungen gewissenloser Finanz- und Bodenspekulationen abstrakte Geldvermehrung ohne soziale Verantwortung als eine Art sportlicher Wettkampf betrieben wird.

Welche Frau, die es im persönlichen Monopoly ganz nach oben geschafft hat, ob mit oder ohne Kinder oder Quote, wird sich noch fragen, nach welchen ökonomischen Regeln der Wohlstand erarbeitet wird, an dem sie partizipiert, oder das politische System infrage stellen, dessen Hierarchien sie erfolgreich durchlaufen hat? Der »kleine Unterschied«, ein winziger Ast an einem der beiden menschlichen Geschlechtschromosomen oder, biblisch gesprochen, Adams Rippe, steht mittlerweile unter dem strengen Schutz des deutschen Grundgesetzes. Auf dem Jahreskongress 2015 der International Association for Feminist Economics (IAFFE) wurde *womenomics* als wirtschaftspolitische Strategie abgesegnet, um mehr Frauen in den Arbeitsmarkt zu schleusen. Das amerikanische Bankhaus Goldman Sachs lobte *female economy* lange vor der Bankenkrise von 2008 als Investmentthema mit höchster nationaler Priorität in Ländern mit stagnierenden Wachstumsraten. Niemand könne mehr auf weibliche Produktivkräfte verzichten. Zur Erhöhung nationaler Fertilitätsraten wurde *womenomics* als ultimativer Rettungsring in dem zu erwartenden demografischen Tsunami geburtsschwacher Generationen angepriesen. *Female economy* mittels Arbeitszeitmanagement und Ganztagskinderbetreuung versprach renditestarke Portfolios.

*Women's economic empowerment* empfiehlt sich mittlerweile als

Generallösung für alle: Frauen in unterbezahlten Pflegeberufen, hochqualifizierte Akademikerinnen, unbezahlte Hausfrauen, bildungsschwache Migrantinnen im Mindestlohnbereich. Vor allem traditionell weiblich besetzte Dienstleistungs- und Fürsorgeberufe, die angeblich den natürlichen Vorzügen von Frauen entgegenkommen, rücken ins Zentrum des neuen ökonomischen Denkens. *Care economy* soll dem liberalen Marktkapitalismus ein freundliches Gesicht verpassen, damit »Politik und Wirtschaft nicht von Wachstumsraten, Profitsicherung und Gewinnmaximierung aus denkt, sondern von den menschlichen Bedürfnissen, also zentral auch von Sorgen und Versorgt-Werden« (Ina Praetorius).

Fromme Wünsche, deren Erfüllung von ganz profanen ökonomischen Kalkülen gesteuert wird. Am Leipziger Max-Planck-Institut für Kognitions- und Neurowissenschaften erforscht die Arbeitsgruppe ReSource unter der Leitung von Tania Singer »Humankapitale«. Einfacher gesagt, soll ReSource meditative Methoden zur ethischen Einübung von Humanität entwickeln und als Unterrichtsfach an Schulen und Universitäten und im *new management* großer Wirtschaftsunternehmen verbreiten. Damit sind psychische Ressourcen gemeint, die Menschen beiderlei Geschlechts effektiver in die Wirtschaftskreisläufe einspeisen sollen: ethische Tugenden wie Mitleid, Mitgefühl, Solidarität, Fantasie, Achtsamkeit, die seit Jahrtausenden als weibliche Eigenschaften gelten.

Sind Frauen also doch die besseren Menschen? Muss der *homo oeconomicus* nur weiblicher werden, um den aggressiven Wirtschaftsliberalismus abzubremsen? Aber wer ist er, der wirtschaftende Mensch? Wer erfand ihn? Was bedeutet er? Zunächst einmal ein gedankliches Modell: der an spätkapitalistische Wirtschaftsstrukturen perfekt angepasste Mensch. Als Teilnehmer an komplexen Produktions-, Distributions- und Konsumtionsprozessen hat der *homo oeconomicus* die ökonomischen Gesetze verinnerlicht und in sein persönliches Verhalten eingebaut. Ende des 19. Jahrhunderts als mathematisiertes Modell des »Agenten« in die Wirtschaftswissenschaften eingewandert, verkörpert der *homo oeconomicus* die kapitalistische Grundidee von Gewinn- und Nutzenmaximierung aller Teilnehmer ökonomischer Transaktionsketten aufgrund rationaler Entscheidungen. Der Vertreter eines Versicherungskonzerns kann aufgrund bestimmter Transparenzkriterien als »ökonomischer Agent« effizient handeln. Der Versicherungskunde daheim auf seinem Sofa kann es im Allgemeinen schon weniger, da ihm nicht dieselben internen Transparenzkriterien zur Verfügung stehen. Und doch steckt dieser ominöse Spieler im alltäglichen Monopoly, dieser »zeitkonsistente Erwartungsnutzenmaximierer« in uns allen. Er steuert unsere Entscheidungen, wenn wir Aktionspreise und Schnäppchenjagden gehorsam in unser Konsumverhalten integrieren. Denn Nutzenmaximierung bedeutet im Alltagsdeutsch, jemand anderem etwas wegzunehmen. Eigennutz wird, im globalen Marktgeschehen wie im Alltag, nicht bestraft, sondern belohnt. Die konformistische Zwangsumarmung des Feminismus durch die Ökonomie ist also nur Egalitarismus mit anderen Mitteln: das Ende aller Träume von einer besseren, gerechteren Welt. Die Unterwerfung unter die männliche Herrschaft ist abgelöst worden durch die Unterwerfung unter die allmächtigen Gesetze des Marktes. Das utopische Potenzial der Frauenbewegung ist aufgebraucht, so warnen Kritikerinnen, absorbiert vom ökonomischen Kalkül des parlamentarischen »Staatsfeminismus«.

## Humankapital

Die weibliche Version des modernen *homo oeconomicus* hat die Wirtschaftsprofessorin Catherine Hakim 2011 als Eigentümern von »erotischem Kapital« identifiziert. Dieser perfekt geschminkte Typus akzeptiert problemlos den Dresscode von Vorstandsetagen, Ministerien und Wirtschaftslobbys, zwängt sich in Outfits, die den grauen Mittelweg zwischen Hosenanzug und Seidenstrümpfen vermeiden, und nutzt Chirurgen, Reproduktionsmedizin und Geburtenkontrolle für sein virtuelles Lebensdesign. Während in den Büros der Wallstreet, in den Banketagen der Londoner City und im Europäischen Parlament in Brüssel und Strasbourg die Anzugträger weiterhin das Gruppenbild dominieren, marschiert diese Protagonistin des Postfeminismus auf High Heels geradewegs nach oben. Im *big business* wie im Regierungsviertel, *im bedroom* wie im *boardroom* wird der kleine »Fehler«, eine Frau zu sein, 24 Stunden hindurch, bis zum Abschminken vor dem Spiegel, zum entscheidenden Surplus umgerechnet. Erfolgreiche Frauen genießen ihre Attraktivität nicht mehr als Geschenk der Natur oder günstiger Gene, sondern als hart zu erarbeitendes *self-marketing*.

Gebieterisch spricht aus dem neuen Körperbewusstsein der alte Zeitgeist: Eine Frau ist eine Frau ist eine Frau, ob als Quotenmanagerin oder Regierungschefin. Sie ist es durch den begehrenden Blick des Mannes. Weiblich sein heißt wahrgenommen werden (Bourdieu). Männer schaffen Werke, Frauen arbeiten an sich. So war es immer, und so ist es noch heute. Sie modellieren sich nach dem Bild des Herrn, wie es schon in der Bibel steht. Attraktivität ist ihre erste Pflicht und ihr exklusives Recht. Ihr »symbolisches Kapital« (Bourdieu) zahlt sich mit etwas Glück aus in wertäquivalenten Geldleistungen und vorzeigbaren Karrierebiografien.

»Pulchrinomics« (von engl. *pulchritude* = Schönheit) nannte Daniel S. Hamermesh das Phänomen, dass schöne Menschen im Erwerbsleben nachweislich erfolgreicher sind als weniger schöne. Schönheit ist weibliches »Humankapital«; doch ihr symbolischer Tauschwert wird nicht von den Frauen bestimmt, sondern von den Männern. Eine ganze Industrie ist damit beschäftigt, die Zeitspanne des lustvollen Begehrtwerdens bis ins Greisinnenalter zu erhalten. Die Werbeausgaben in Deutschland allein für Gesichtspflegeprodukte stiegen in den letzten fünfzehn Jahren um 100 Prozent auf 330 Millionen, der Umsatz an chemischen Körperpflegemitteln betrug 2011 rund 15 Milliarden Dollar (Quelle: statista.com), weltweit etwa 111 Milliarden. Der Wirtschaftsfaktor Frau setzt aber längst nicht mehr nur auf konservative Werte. Baumärkte und Autohersteller bieten marktkonforme »Tussi-Technik« an: Akkuschrauber in Pink und Kleinwagen in Rosa. Bedrohliche Szenarien einer künftigen »Tussikratie« machen die Runde. Die »Ware Frau«, seit viertausend Jahren hoch gehandelt, hat einen entscheidenden Schritt in ihrer Evolution gemacht: den Schritt zur selbstvermarktenden Ware.

Auf dem »Markt der symbolischen Güter« wird die traditionelle Geschlechterpolarität – Mann bleibt Mann und Frau bleibt Frau – permanent als Wachstumsbeschleuniger reproduziert. Margaret Gallagher hat dieses Phänomen in einem internen Papier für die Vereinten Nationen 1995 als »Lippenstiftimperialismus« bezeichnet: die kommerzielle Ausbeutung weiblicher Identitätsklischees auf dem internationalen »Frauenmarkt«. Der Chef des Kosmetikkonzerns Esteé Lauder erläuterte Anfang der Neunzigerjahre seine Strategie der Ostexpansion in die ehedem sozialistischen Länder. Dort sei der Nachholbedarf an TV-Unterhaltungsserien, Telenovelas, Shoppingportalen und Fashion-Frauenmagazinen so enorm, dass die Massenmedien, als perfekte Werbeträger, genau die Bedürfnisse und Märkte schaffen, deren Befriedigung seiner Branche ungeahnte Umsätze einbringt. Zwanzig Jahre später hat sich daran nichts geändert. Die »Lippenstiftimperialisten« setzen auf die neuen digitalen Kommunikationsformen, soziale Netzwerke und Online-Unterhaltungsportale der Massenkultur wie *Netflix* und *Youtube*, die überwiegend von Frauen unter dreißig genutzt werden.

Mittlerweile holen die Männer zwar auf; der Marktanteil von Männerkosmetik stieg um rund 2 Prozent. Aber natürlicherweise haben Frauen einen Attraktivitätsvorsprung zu verteidigen. Frauen sehen nicht nur besser aus, sie besitzen nachweislich mehr »soziale Kompetenz«, denken und sprechen schneller, kaufen mehr Bücher, gehen öfter ins Kino, haben den günstigeren ökologischen Fußabdruck, leben umweltbewusster und gesünder, verzichten öfter auf ihr Auto, fahren Fahrrad und essen Bio. Geschlechterpolitisch betrachtet ist das Weltklima überwiegend eine männliche Problemzone. Männer fahren nun einmal gern Dieselautos, essen Rib-Eye-Steaks, gehen auf Safaris und grillen Fische über offenem Feuer. Wer wollte auch so humorlos sein, bei dem Wort Humankapital an moderne Sklaverei auf südeuropäischen Gemüseplantagen, an afrikanische Baumwollfelder, chinesische Bergwerke, an asiatische Hausangestellte und Textilarbeiterinnen, saudi-arabische Zweitfrauen und tschechische Prostituierte zu denken?

»In unserer Zeit, im späten 20. Jahrhundert, einer mythischen Zeit, haben wir uns alle in Chimären, theoretisierte und fabrizierte Hybride aus Maschine und Organismus verwandelt, kurz, wir sind Cyborgs.« Donna Haraways »Manifest für Cyborgs« entwarf 1985 eine andere Welt, eine Welt ohne Weibchen, Muttertiere und Primaten, ohne *gender* und ohne Natur, eine postmoderne Dystopie aus sozialistisch-feministischer Sicht. Die Natur wird abgeschafft, die Jahrtausende hindurch Frauen im ontologischen Griff der Körperlichkeit gefangen hielt. »Die Cyborg überspringt die Stufe ursprünglicher Einheit, den Naturzustand im westlichen Sinne.« Die künstliche Frau, das intelligible Monster, ist »oppositionell, utopisch und ohne jede Unschuld«. Die Cyborg befreit Frauen von ihrem biologischen Schicksal. Da sie reine kybernetische Intelligenz in Gestalt integrierter Schaltkreise ist, ist Sex und Fertilität für sie kein Thema. Ihre Welt sind Data Highway und Cyberspace.

»Die« Cyborg ist insofern ein klassischer Widerspruch in sich selbst, denn Maschinen haben kein Geschlecht. Ist das der Ausweg aus dem phallisch-ödipalen Minderwertigkeitskomplex, den Psychoanalytiker der weiblichen Psyche bescheinigt haben? Wir verkörpern uns einfach in Form von Datenmengen, wir werden postmoderne, digitale Cogitos. Einziger Makel: Die Cyborg hat keinerlei kritisches Potenzial. Sie ist nicht subversiv. Wie alle Hochtechnologien ist sie ein Abkömmling der militärischen Forschung, des Aufrüstungswettlaufs zwischen Staatskapitalismus und Staatssozialismus. Sie verkörpert das definitive Ende der Geschichte, also auch der Geschichte des Feminismus. Denn Cyborgs haben keine Geschichte, es sei denn in Form ihrer Obsoleszenz. Sie sind Maschinen, die sich von ihren Konstrukteuren emanzipiert haben. Ihre Ähnlichkeit mit Supermarktkassiererinnen, südostasiatischen Arbeiterinnen in Elektronikkonzernen und Textilfabriken, Programmiererinnen im Silicon Valley, Callcenteragenten in Versicherungsagenturen ist alles andere als zufällig.

Haraway erlag der Faszination des Siliziumchips und der ihm

innewohnenden utopischen Strahlkraft zu einer Zeit, als das Internet noch unerfunden, digitale Massenspeicher, Clouds und minimalisierte Endgeräte Programmiererträume waren. Die düstere Prophezeiung dieser radikalfeministischen Kassandra aus dem Jahr 13 vor Google hat sich weitgehend erfüllt. Die Umwälzung der Machtverhältnisse beim »Übergang von einer organischen Industriegesellschaft in ein amorphes Informationssystem« ist allgegenwärtige Realität. Je intelligenter unsere Kühlschränke, Heizungen und Wohnzimmerlampen werden, umso effektiver kontrollieren sie uns. »Im Verhältnis von Mensch und Maschine ist nicht klar, wer oder was herstellt und wer oder was hergestellt ist.« In der digitalen *community* ist jeder zugleich Produzent (von Datenmengen) und Konsument, Subjekt und Objekt. Biotechnologie und Informatik erschaffen den neuen Menschen als kybernetischen Schaltkreis.

Google hat 2014 mit der Unterstützung des Einfrierens von Eizellen seiner Mitarbeiter (*social freezing*) schon Pionierarbeit für die Zukunft der *real cyborgs* geleistet. Weibliche Angestellte des Konzerns können ihre unbefruchteten Eier konservieren lassen, um ihre Arbeitsbiografien nicht durch Schwangerschaften abzubremsen. Natürliche Objekte werden durch technische (denn das sind menschliche Eizellen in gefrorenem Zustand) ersetzt. Die schlechte Nachricht: Auch von der schönen neuen Cyberwelt lässt sich intellektueller Sexismus nicht abschrecken. Jeder männliche Gamer, Blogger, Hacker, Nerd und Geek darf sich seiner weiblichen Version haushoch überlegen fühlen, wie die britische Bloggerin Laurie Penny aus eigener Erfahrung berichtet hat. »Der Hass auf weibliche Nerds ist eine eigene Sorte Schwachsinn und Teil der Infrastruktur der Gender-Ordnung.« *Pirate Partys* und Nerd-Kultur, die Kirchtürme der virtuellen *community*, haben mittlerweile die Netze mit sexistischen »Schöpfungsmythen der Geek-Misogynie« geflutet. Erlaubt ist im Netz alles, was Frauen marginalisiert.

Willkommen in der Welt der *digital humans*. Wir betrachten die Welt nicht mehr, um sie zu erkennen, wir codieren sie. Wir steigen in den unablässigen Fluss der Informationen, um uns mit ihm zu vermischen. Nie zuvor ist die Sehnsucht des *Homo sapiens*, sich als reine Intelligenz von Körperlichkeit zu befreien, deutlicher ausgesprochen worden. »Haushalt, Arbeitsplatz, Markt, öffentliche Sphäre, sogar der Körper – alles kann in nahezu unbegrenzter, vielgestaltiger Weise aufgelöst und verschaltet werden.« (Donna Haraway) Wir sind Cyborgs, bevor wir es überhaupt merken – extern programmierte Bioroboter, die ihre Gehirne freiwillig mit technischen Netzwerken verschalten. Die digitale Revolution macht uns alle gleich. Wo Algorithmen und binäre Codes auf Serverfarmen wachsen, ist Natur nur noch eine Frage ausgereifter Simulationstechniken. Der Ingenieur Hiroshi Ishiguro, ein Hephaistos des digitalen Zeitalters, hat von sich einen elektronischen Doppelgänger erschaffen, den Geminoid, und damit selbst die Visionäre des New Age verblüfft: das sich selbst reproduzierende neurotechnologische System Mensch. Wie die fiktiven Borgs in Star Trek, die Hubots in der schwedischen TV-Serie *Real Humans – Echte Menschen* erschafft der Pionier der sensorischen Software Roboter mit lebensechter Silikonhaut, deren Prototypen ins künstliche Licht japanischer oder Schweizer Laboratorien blinzeln. Von Brauenheben bis An-die-eigene-Nase-Fassen beherrschen sie das komplette Reservoir der menschlichen Physiognomik. Männliche Kopfgeburten von ihrer Art werden die Erde bald mit künstlichen Geschöpfen bevölkern, listiger als Athene, gefährlicher als Pandora. Oder sagen wir so: Die technologische Revolution ist die definitive Rache der Männer für die Gebärmacht der Frauen. Wie es aussieht, wird Ray Kurzweils *point of singularity* die Geschlechterfrage ultimativ erledigen. Alle Versuche der *women's science*, »aus der Perspektive einer Hierarchie von Unterdrückungen ein revolutionäres Subjekt und/oder eine darunter verborgene Position von Überlegenheit« (Donna Haraway) zurückzugewinnen, müssen als gescheitert gelten.

Was nun? Vor die Wahl gestellt, mich als Primatenweibchen, Göttin, Hausfrau, Sexobjekt, Blaustrumpf oder Cyborg zu denken, würde ich es vorziehen, lieber noch ein Weilchen ich selbst zu bleiben. Aber die Chancen für mein denkendes Ich scheinen derzeit eher schlecht zu stehen.

Auf Haraways Satire der schönen neuen Cyberwelt antwortete der französische Soziologe Bruno Latour, eine Art postmoderner (oder besser antimoderner) Francis Bacon, 2010 mit seinem »Versuch das ›Kompositionistische Manifest‹ zu schreiben«. Latour ist ein konservativer Revolutionär. Als ehemaliger Linker hat er seinen Marx gelesen und das Elend der Philosophie umgeschrieben zum Elend der Soziologie. Latour nimmt die Postmoderne beim Wort. Mit Klassenkampf und Sitzblockaden, Dialektik und linken Gesellschaftstheorien will er nichts zu tun haben. An die Stelle der alten Kernkategorie des Sozialen setzt er politische Konglomerate aus unverbundenen Teilen ohne Kontinuität, Tradition und Übereinkunft. Latour ist kein Soziologe für Soziologen, er ist ein politischer Alchemist. Er will nicht einreißen, sondern das, was Männer immer wollen: neue Denkgebäude errichten, schöner, größer als die Kathedralen der Wissenschaften in Massachusetts, Oxford oder Paris. Nicht indem er dualistische Denkweisen kritisiert – Latour will überhaupt keine kritische Theorie, denn »was kritisiert werden kann, kann nicht komponiert sein«. Kompositionisten verzichten auf die ontologische Trennung von Subjekten und Objekten. Sie erschaffen eine vierte »Natur«, in der Subjekte und Objekte (Forscher, Politiker, Mikroben, Elefanten, Gene) an einen imaginären Tisch gebeten werden, um eine andere Weltordnung auszuhandeln.

Hatte Bacon gepredigt, man könne die »Natur« nur beherrschen, indem man ihr dient, so möchte Latour sie gleich ganz abschaffen. »Natur wurde erfunden, um Politik impotent zu machen. Es gibt keinen Grund, warum eine Politik der Natur jemals ihre Versprechungen einlösen würde.« Der linken Ökologiebewegung unterstellte er, sie habe genau darum bis heute keine überzeugende politische Philosophie zustande gebracht, weil sie am Naturbegriff des 17. Jahrhunderts festhalte. »Bisher ließen sich schwarze Löcher, Flüsse, genmanipulierter Soja, Landwirte, Klima, menschliche Embryonen, humanisierte Schweine durch nichts in einer Ordnungsbeziehung verbinden. Durch das ökonomische Kalkül werden jedoch alle diese

Entitäten kommensurabel.« Sämtliche Müsliesser, Veganerinnen, Klima-, Wal- und Affenschützer, Biobäuerinnen und Atomkraftgegner sind aus seiner Sicht konservative Fundamentalisten und Naivlinge, die einer nachhaltigen Lösung der Umweltkrisen im Weg stehen. »Kurz gesagt ist Ökologie, oder eher politische Ökologie, das Ende der Natur.« Natur- und Sozialwissenschaften müssten wieder miteinander sprechen, wie zu Beginn des wissenschaftlichen Zeitalters im 16. Jahrhundert, um »die stummen Dinge durch die menschliche Sprache verarbeitbar zu machen«.

Dieses als Akteur-Netzwerk-Theorie bekanntgewordene Denkmodell greift auf den altgriechischen Begriff des *oikos* zurück, den traditionell weiblichen Herrschaftsbereich. »Man hat die ganze Welt gezwungen, in die ›Ökonomie‹ umzuziehen, von der wir inzwischen wissen, daß sie nur eine Utopie ist – oder vielmehr, eine Dystopie –, etwas wie das Opium des Volkes; man verlangt von uns jetzt plötzlich, umzuziehen, mit Sack und Pack, in diese neue Bleibe der ›Ökologie‹, die man uns als wohnlicher und dauerhafter verkauft hat, die aber im Moment nicht mehr Form und Substanz hat als die Ökonomie, die zu verlassen wir es so eilig haben.« (*Das Parlament der Dinge*) Der *oikos* soll mit dem männlich-patriarchalen Machtraum, der *polis*, zu einer neuen öko-politischen Plattform globalen Handelns zusammengeführt werden. Andernfalls, so warnt Latour im Verein mit der wachsenden Zahl der Dystopiker in der Wissenschaftsgemeinde, werde die Erde in absehbarer Zeit ein unbewohnbarer Ort sein.

Aber mal langsam: Den Anbruch des Anthropozäns sah Sophokles in der Tragödie der Antigone schon vor zweieinhalbtausend Jahren voraus. »Schrecken bereitet vieles – nichts/ Tieferen Schrecken als der Mensch«, dieser »Alleskönner«, der die Erde mit seinem »findigen Geist« zerschindet. Latours Modell geht von der Überlegung aus, dass die heute existierenden wissenschaftlichen Autoritäten, politischen Institutionen und sozialen Entscheidungsprozesse angesichts der drohenden ökologischen Katastrophe – Erderwärmung, Erschöpfung der fossilen Rohstoffressourcen, Zerstörung natürlicher Regenerationskreisläufe – versagt haben. Die wissenschaftliche Moderne, deren Anbruch allgemein mit Erscheinen von Bacons *Novum Organum Scientiarum* datiert wird, wischt er vom Tisch. »Wir sind nie modern gewesen«, heißt eines seiner Bücher.

Sein Rezept ist einfach. Der rationalistische Vernunftbegriff muss mitsamt seinem Anspruch auf Objektivität einer homöopathischen Kur unterzogen werden. Was die Katastrophe verursacht hat, soll sie abwenden: globale Ökonomisierung mittels einer neuen politischen Öko-Logik. Latours Bücher entwerfen, mit einem Wort, eine neue Schöpfung, eine anthropogene Komposition und Re-Creation der alten Naturordnung unter dem Primat der Ökonomie. Sein erstes Hilfsprogramm trug den Namen *Die Hoffnung der Pandora*. Was vor 2600 Jahren als Archetypus der bösen Frau, als Grundübel des eisernen Zeitalters der Menschheit erdacht worden war, findet unerwartete Wiederverwendung als »Prinzip Hoffnung«. In James Camerons Drehbuch für das Science-Fiction-Märchen *Avatar. Aufbruch nach Pandora* will Latour die Formel für seine »große Erzählung« von der Vereinigung von Natur, Politik und Ökonomie gefunden haben.


## Gaia reloaded

1991 hat der Naturwissenschaftler James Lovelock einer anderen Dame aus der griechischen Mythologie eine ganze Biografie gewidmet. Mutter Erde persönlich tritt als göttliche *créatrice* und weiblicher Makanthropos auf. Noch mit 86 Jahren prophezeite Lovelock, unser Planet werde maximal noch hundert Jahre durchhalten und mit ihr wir, die Hominiden. Alles Leben werde danach nur noch in den Polregionen möglich sein. Mittlerweile schloss sich der Physiker Stephen Hawking der Liga der Untergangspropheten an. Dystopisten und Utopisten geben sich in der untergehenden Welt die Klinke in die Hand, während durch die Hintertür postmoderner Rhetorik die altbekannten Archetypen weiblicher »Natur« unbemerkt einschlüpfen: archaische Urweibchen mit prächtig geschwellten Bäuchen und klaffenden Vulven, postmoderne Pandoren, Megären, Musen und Monster, furchterregende Symbole männlicher Todeserotik.

Während Donna Haraway freimütig zugab, »lieber eine Cyborg als eine Göttin« sein zu wollen, holt Latour die heidnischen Götzenbilder vom Dachboden der Moderne. Im Unterschied zu den Feministinnen möchte er keinesfalls auf die Göttin verzichten, ganz im Gegenteil. Sein öko-politisches Netzwerkmodell benannte er nach der großen Erdmutter Gaia. Bacons szientistischer Naturbegriff wird reformuliert als säkularer Mythos. »It is a new form of political power that has to be explored through a renewed attempt at political theology composed of those three concepts: demos, theos and nomos.« (Gifford Lectures Edinburgh, 2013) Gaia persönlich soll die alte Feindschaft von Natur und Kultur befrieden. »Von nun an sind wir geladen, vor GAIA zu erscheinen. Gaia, jene merkwürdige Figur, die doppelt buntscheckig ist, da aus Wissenschaft und Mythologie bestehend, dient manchen Spezialisten dazu, die Erde, die uns umfaßt und die wir umfassen, zu bezeichnen, dieses Möbiusband, dessen Inneres und Äußeres wir gleichzeitig bilden, diesen wahrhaft globalen Globus, der uns bedroht, während wir gleichzeitig ihn bedrohen.« (*Existenzweisen*)

Männer lieben Märchen, wie es aussieht. Bei Latour reichen sich Mythos, New-Age-Esoterik und postmoderne Soziologie unter den überlebensgroßen Statuen weiblicher Götter die Hände. Die Geschichte der Erde und der auf ihr lebenden Menschen wird, wieder einmal, vom Ende her gedacht »So spricht alles dafür, den Begriff ›Anthropozän‹ als einen Ausdruck aufzufassen, der nur im Rahmen der apokalyptischen Logik sinnvoll wird.« (Peter Sloterdijk, »Das Anthropozän – ein Prozess-Zustand am Rand der Erdgeschichte?«). Apokalyptik zitiert den *worst case* herbei, um gleich darauf mit Weltrettungsrezepten und imposanten Archen aufwarten zu können.

Wer hätte aber auch gedacht, dass das Zeitalter der »Post-Natur« so bald anbrechen würde, wo wir uns noch kürzlich an Naturlyrik und sonnengesprenkelten Alleen erfreut haben. Post-Subjekte verständigen sich via Podcasting über posthumanistische Naturpolitiken. Nur um mein Ich scheint sich immer noch niemand zu kümmern. Wenn alle Hoffnung in der ökonomischen Vernunft und ihren Netzwerken liegt, wenn »das Soziale« praktisch nicht mehr existiert, rettet es die Welt sicher auch nicht mehr, ob ich im Bioladen oder beim Discounter einkaufe, Fahrrad oder Auto fahre, vegane oder tierische Proteine zu mir nehme oder mein »symbolisches Kapital« mittels kosmetischen Selbstdesigns vermehre. Mein Körper, eingespeist als Datenmenge in globale Netzwerke und Krankenkassendatenbanken, gehört mir sowieso nicht mehr. Die Frage ist nur, wie lange es mir noch gelingt, mein denkendes Ich herauszuhalten aus dem globalen Desaster. Ich muss mich vernetzen, das ist klar. »Die Vernunft ohne ihre Netzwerke – das ist wie eine elektrische Leitung ohne ihren Draht, wie Öl ohne Pipeline, ein Telefongespräch ohne die Kabel der Telekom, ein Wanderer ohne Wanderwege, ein Kläger ohne Recht.« (*Existenzweisen*)

Schöne Aussichten! Weibliches Denken, in digitale Netze eingespeist, wird zum integralen Teil einer unpersönlichen, globalen, geschlechtslosen Vernunft. Pachamama mitsamt ihrem grünen Hofstaat aus Biomüttern, Herzdamen und Vollweibern darf ihren esoterischen Neigungen zur »gelebten Natur« unter dem Schutz sozialer Netzwerke nachgehen: Bäume umarmen, Affen lieben und Igel streicheln, während Google sich um die Netzwerke und Papa Staat um den Rest kümmert.

»Wenn es eine Moderne ohne Grundlegungswahn geben kann«, erklärte Judith Butler 1999, »dann werden in ihr die Schlüsselbegriffe ihres Operierens nicht von vornherein gänzlich gesichert sein können, dann wird sie eine zukünftige Form der Politik annehmen müssen, die nicht gänzlich vorausgesehen werden kann: und das wird eine Politik der Hoffnung wie der Befürchtung sein.« In diesem Sinn argumentiert auch Latour. Aber entgegen Lyotards Prophezeiung, die Postmoderne sei das Ende der großen Metaerzählungen, geht bei Latour alles wieder von vorne los. Die Moderne hat es sowieso nie gegeben, die Postmoderne ist tot. Die Muppetshow der politischen Ökologie – sprechende Gletscher, Eisbären, Göttinnen und Quarks – beerbt die letzten theoretischen »Propositionen« der Aufklärung. Die Welt des post-postmodernen Kompositionisten ist ein kunterbuntes Multiversum aus Bewusstsein und Materie, Geld und Macht, eine gleißende Welt aus blendender Rhetorik, die nur zusammengehalten wird durch die Netzwerke mächtiger Konzerne und Regierungsinstitutionen.

Für den Geschlechterdialog bieten transdisziplinäre Wissenschaftsprojekte wie die derzeit vielbeachtete »Anthropologie der Natur« (Philippe Descola) auf den ersten Blick trotzdem erfreuliche Aussichten. Sozial- und Geisteswissenschaften suchen den Austausch mit Disziplinen der Natur- und Technikforschung. Kapitalismuskritiker bedienen sich feministischer Postulate. Wirtschaftsprofessoren entdecken die mentalen Ressourcen weiblicher Sozialisation. Feministisches Denken ist längst, ohne dass wir es sonderlich merken, in alle Formen des gesellschaftlichen Bewusstseins eingesickert. Aber weit und breit keine »weibliche Vernunft«, die dem Halloween des Patriarchats ein Ende setzen würde. Die Wortführer im politischen Diskurs um die Rettung der Erde sind mit wenigen Ausnahmen, wie die kanadische Globalisierungskritikerin Naomi Klein, Männer.

Seit mehr als zwanzig Jahren verfolgt Latour sein Projekt einer anthropologisch grundierten Öko-Polit-Logik, das viele (sicher mehr als zufällige) Übereinstimmungen mit feministischer Wissenschaftstheorie und *gender studies* aufweist. Beide berufen sich auf rationalisierte Weltmodelle. Beide verstanden sich ursprünglich zugleich als soziale Bewegungen und pluralistische Gesellschaftstheorie. Beide können nicht auf gesicherte wissenschaftliche Traditionen und Konventionen zurückgreifen. Beide zehren von dem Erbe des Konstruktivismus und marxistischer Gesellschaftstheorie, und beide laufen gelegentlich Gefahr, in ideologische Rhetorik zu verfallen. Der Soziologieprofessor hat die Resultate feministischer Wissenskritik, verstreut in einer Unzahl von Einzelbeiträgen, zu einer großen Erzählung von der Rettung der Erde verdichtet und in seinen Büchern und Vorlesungen an der Pariser École des mines popularisiert. Seine Thesen sorgen für ein breites öffentliches Interesse an wissenschaftstheoretischen Thesen der *women in science*, das der Feminismus selbst nie erreicht hat. Warum spricht niemand von der Enteignung feministischer Wissenschaftsnarrative durch plagiierende Rhetoriken à la Latour? Schon die konstruktivistische Grundfrage, von der Latours Akteur-Netzwerk-Modell ausgeht, ist nahezu wörtlich dieselbe wie die von Wissenschaftlerinnen wie Haraway und Fox Keller in den Achtzigerjahren: »Wir wollten verstehen, durch welche Instrumente, welche Maschinerie, welche materiellen, historischen, anthropologischen Bedingungen es möglich ist, Objektivität hervorzubringen.« (*Existenzweisen*)

Um das zu klären, schickt Latour in seinem bislang letzten Buch eine junge Anthropologin auf die Reise durch die gleißende Welt ontologisch-soziologischer »Module« oder Denkräume, um auf der Spur von Forschungsplänen, Forschungsgeldern, Gutachterautoritäten und politischen Entscheidungsgremien (die er »Propositionen« nennt) die Verflechtungsmuster zwischen Wissenschaft, Natur, Ökonomie und Politik sichtbar zu machen. Nicht um weibliches Denken zu integrieren, sondern um »das westliche Wertesystem« performativ aufzuschönen, wird das fiktive weibliche Subjekt als schmückende Redefigur aktiviert, während die Kolleginnen aus der Abteilung *gender studies* und feministische Wissenschaftsgeschichte – in erster Reihe Judith Butler, Evelyn Fox Keller und Donna Haraway – ins Fußnotensouterrain oder Literaturverzeichnis verbannt bleiben.

Was ist also der Weisheit letzter Schluss in dieser Metaphysik eines träumenden Soziologen? Es ist die Ernennung des ökonomischen Kalküls zur neuen Religion, beglaubigt durch die neue »politische Theologie« einer anthropogenen Natur. Sollte sich das »Parlament der Dinge« am Ende als eine Versammlung von menschlichen und nichtmenschlichen Dollarziffern erweisen, die in Gaias Namen vor dem Goldenen Kalb der Ökonomie erscheint? Arme Göttin! Aus ihrem fruchtbaren Schoß schlüpfen Hedgefonds, digitale Clouds und global operierende Wirtschaftsgiganten, die Titanen der post- und transhumanen Ära.


## Schluss


»Die Natur des Menschen scheint mir dem Gesetz und der Gerechtigkeit als Vorbild gedient zu haben, und das sowohl im einzelnen Haus als auch in der Stadt. Wenn man den Spuren in sich selbst folgt und wirklich sucht, wird man eine Entdeckung machen: Das Gesetz und die Gerechtigkeit sind in uns, denn sie sind ordentliche Vorkehrungen der Seele.« Vor rund 2500 Jahren schrieb dies eine Frau, von der wir allenfalls den vagen Namen wissen, die Pythagoreerin Aesara. In ihrer Abhandlung »Über die menschliche Natur«, für deren Existenz es nur einen einzigen antiken Zeugen gibt, formulierte sie lange vor Platon die Idee, dass jeder Staat nur so gerecht, so gut oder so schlecht sein kann wie die Menschen, die unter seinen Gesetzen leben. Nirgendwo sprach Aesara aber davon, ob diese Staatsseele männlich oder weiblich ist.

Wie kommen wir also aus dieser Irrsinnsgeschichte wieder heraus? Vielleicht ist es Zeit, den Blick vom eigenen Bauchnabel zu den unendlich schönen, schweigenden Weltkörpern vor unserer planetaren Haustür zu wenden. Schließlich ist es dem Universum gleich, ob ein männliches oder weibliches Gehirn seinen tiefsten Geheimnissen nachsinnt.

Platon berichtet in einer Anekdote, die in kaum einer feministischen Geschichtschronik fehlt, von der thrakischen Magd, die beim Wasserholen den in tiefe Gedanken versponnenen Thales auslachte, als er den Brunnen vor seiner Nase nicht sah und hineinfiel. Plutarch hat die Geschichte zweihundert Jahre später weitererzählt, dabei aber mehr verschwiegen als gesagt. Denn Thales, der die Sonnenfinsternis vom 28. Mai 585 v. Chr. vorausgesagt haben soll, hatte eine Mitbewerberin um den Ruhm der ersten Eklipsenmessung: die Thessalierin Aglaonike. Die Berechnung von Eklipsen setzte die Kenntnis der Winkelmessung voraus, die zuerst in Ägypten bekannt war. Aglaonike, die Mondfinsternisse berechnet und vorausgesagt haben soll, könnte dieses Wissen vor Thales besessen haben, dem »Vater« der Naturwissenschaften. Auch über ihr Leben ist nichts bekannt. Nur in den Legenden um die thessalischen Hexen, die den Mond vom Himmel zaubern konnten, lebt ihr Geist unerkannt weiter. Platon, der an anderer Stelle den Namen der geheimnisvollen Astronomin erwähnt, hätte wahrscheinlich nur 1 + 1 zusammenzählen müssen, um der Wahrheit auf den Grund zu kommen.

Wie wäre es also, wenn wir die beiden Geschichten nach zwei-einhalb Jahrtausenden wieder zusammenfügten und uns vorzustel-len versuchten, dass der träumende Astronom gar nicht das Kichern einer dümmlichen Sklavin, sondern das spöttische Gelächter einer Fremden gehört hat, die in ihrer Heimat oft von der erstaunlichen Weisheit dieser Aglaonike sprechen gehört hat? Wenn weibliche und männliche Weltbeschreibungen sich ergänzen würden zu einer neuen, komplementären Erzählung? Wenn Männer sich nicht mehr nur mit ihrer Mitte beschäftigen und Feministinnen sich wieder-erkennen würden in Anthropologinnen? Wenn Männer ihre weib-lichen und Frauen ihre männlichen Ichs entdeckten? Wenn Frauen und Männer, die denken, das Gleiche meinen, wenn sie dasselbe denken? Wenn wir den Egoismus des Einzelnen, der Staaten, Reli-gionen, Kontinente hinter uns lassen, auch den Egoismus der Geschlechter, und zusammen eine Zukunft entwerfen würden?

# Die wichtigsten Schriften zum Thema:

Theodor Adorno, Minima Moralia, Reflexionen aus dem beschädigten Leben, Frankfurt am Main 2014

Assmann, Aleida, Erinnerungsräume. Formen und Wandlungen des kulturellen Gedächtnisses, München 2006

Astell, Mary, Reflexionen und Vorschläge. Eine Stimme der englischen Restauration, hg. und übersetzt von Petra Altschuh-Riederer, Aachen 2000

Badinter, Elisabeth, Mutterliebe. Die Geschichte eines Gefühls, a. d. Frz. von Friedrich Griese, München 1981

Badinter, Elisabeth, XY – Die Identität des Mannes, a. d. Frz. von Inge Leipold, München 1993

Bataille, Georges, Das obszöne Werk, dt. von Marion Luckow, Hamburg 1972

Bourdieu, Pierre, Die männliche Herrschaft, a. d. Frz. von Jürgen Bolder, Frankfurt am Main 2005

Blanchot, Maurice, Sade, a. d. Frz. von Johannes Hübner, Berlin 1986

Bakewell, Sarah, Wie soll ich leben oder das Leben Montaignes in einer Frage und zwanzig Antworten, a. d. Engl. von Rita Seuß, München 2012

Bollmann, Stefan, Frauen, die denken, sind gefährlich und stark, München 2012

Bollmann, Stefan, Frauen, die schreiben, leben gefährlich, München 2006

Bollmann, Stefan und Christiane Naumann (Hg.), Kultfrauen. Vierzehn Begegnungen, München 1999

Bovenschen, Silvia, Die imaginierte Weiblichkeit, Exemplarische Untersuchungen zu kulturgeschichtlichen und literarischen Präsentationsformen des Weiblichen, Frankfurt am Main 1979

Bruns, Claudia, »Zum Topos der Weiblichkeit in Feuilletondebatten um den ›neuen Feminismus‹«, in: Auga, Ulrike (Hg.), Das Geschlecht der Wissenschaften: Zur Geschichte von Akademikerinnen im 19. und 20. Jahrhundert, Frankfurt am Main 2010

Broad, Jacqueline, Women Philosophers of the Seventeenth Century, Cambridge University Press 2007

Butler, Judith, Die Macht der Geschlechternormen und die Grenzen des Menschlichen, a. d. Amerik. von Karin Wördemann und Martin Stempfhuber, Frankfurt am Main 2011

Butler, Judith, Das Unbehagen der Geschlechter, a. d. Amerik. von Kathrina Menke, Frankfurt am Main 1991

Capra, Fritjof, Wendezeit, Bausteine für ein neues Weltbild, Bern 1983

Cavarero, Adriana, Platon zum Trotz. Weibliche Gestalten der antiken Philosophie, a. d. Frz. von Gertraude Gassi, Berlin 1992

Cavazza, Marta, »Womens Dialectics and the Thinking Uterus«, in: Daston, Lorraine und Gianna Pomata (Hg.), The Faces of Nature in Enlightenment Europe, Berlin 2003

Cavendish, Margaret, Die gleissende Welt, a. d. Engl. von Virginia Richter, München 2001

Ceranski, Beate, Und sie fürchtet sich vor niemand. Die Physikerin Laura Bassi (1711–1778), Frankfurt am Main 1996

Cixous, Hélène, Der Tag, an dem ich nicht da war, Übersetzung von Esther von der Osten und Elisabeth Güde, Wien 2009

Cixous, Hélène und Jaques Derrida, Voiles. Schleier und Segel, Übersetzung Markus Sedlaczek, Wien 2007

Danzer, Gerhard, Europa, deine Frauen. Beiträge zu einer weiblichen Kulturgeschichte, Berlin 2014

Darnton, Robert, Denkende Wollust. Die sexuelle Aufklärung der Aufklärung, Berlin 1996

Dekker, Rudolf und Lotte van de Pol, Frauen in Männerkleidern, Berlin 1989

Duby Georges und Michelle Perrot (Hg.), Geschichte der Frauen, 5 Bände, Frankfurt am Main/New York 1995

Ernst, Max, Die Nacktheit der Frau, Köln 1970

Foucault, Michel, Die Sorge um sich, Sexualität und Wahrheit 3, übersetzt von Ulrich Raulff und Walter Seitter, Frankfurt am Main 1989

Frei Gerlach, Franziska, Schrift und Geschlecht. Feministische Entwürfe und Lektüren, Berlin 1998

Gallagher, Margaret, »Lipstick Imperialism and the new world order, Women and media at the close« of the twentieth century«, {www.un.org/documents/ecosoc/cn6/1996/media/gallagh.htm}

Green, Karen und Jaqueline Broad, A History of Women's Political Thought in Europe, 1700–1800, New York 2009

Harding, Sandra, Feministische Wissenschaftstheorie. Zum Verhältnis von Wissenschaft und sozialem Geschlecht, Hamburg 1990

Haraway, Donna, »Ein Manifest für Cyborgs«, in: Die Neuerfindung der Natur. Primaten, Cyborgs und Frauen, Dt. von Immanuel Stieß u. a., Frankfurt am Main/New York 1995

Hark, Sabine, »Das Unmögliche wagen. Eröffnungsvortrag auf der Feminismus-Konferenz der Heinrich-Böll-Stiftung 2015«, {www.gwi-boell.de/de/2015/10/20/vom-erfolg-ueberholt-feministische-ambivalenzen-der-gegenwart}

Hassauer, Friederike (Hg.), Heißer Streit und kalte Ordnung. Epochen der Querelle des femmes zwischen Mittelalter und Gegenwart, Göttingen 2008

Helfrich, Silke, Die Welt der Commons. Für eine neue Politik jenseits von Markt und Staat, 2 Bände, Bielefeld 2012/2015

Heller, Àgnes und Ferenc Féher, Biopolitik, a. d. Engl. von Felix Ensslin, Frankfurt am Main/New York 1995

Heller, Àgnes, Die Welt der Vorurteile. Geschichte und Grundlagen für Menschliches und Unmenschliches, Wien 2014

Heller, Deborah (Hg.), Bluestockings now! The evolution of a social role, Farnham (UK) 2015

Hesse, Carla, The other Enlightenment. How French Women became Modern, Princeton 2003

Holmes, Richard, »The Royal Society's lost women scientists«, {www.theguardian.com/science/2010/nov/21/royal-society-lost-women-scientists}

Hustvedt, Siri, Die gleißende Welt, Roman, a. d. Amerik. von Uli Aumüller, München 2015

Irigaray, Luce, Waren, Körper, Sprache. Der ver-rückte Diskurs der Frauen, a. d. Frz. von Eva Meyer und Heidi Paris, Hamburg 1976

Irigaray, Luce, Speculum, Spiegel des anderen Geschlechts, a. d. Frz. von Xenia Rajewsky u. a., Frankfurt am Main 1980

Jaspers, Karl, Schelling, Größe und Verhängnis, München 1956

Jelinek, Elfriede, »Grußbotschaft zum Jubiläumskongress 125 Jahre Burgtheater (11.–13.10.2013)« {www.burgtheater.at/Content.Node2/home/spielplan/Jelinek-Elfriede_Es-ist-sprechen-und-aus_Grussbotschaft_FIN.pdf}

Keller, Evelyn Fox, Das Leben neu denken. Metaphern der Biologie im 20. Jahrhundert, München 1998

Keller, Evelyn Fox, Liebe, Macht und Erkenntnis. Männliche oder weibliche Wissenschaft? München 1986

Kristeva, Julia, Das weibliche Genie. Hannah Arendt, a. d. Frz. von Vincent von Wroblewsky, Berlin 2001

Latour, Bruno, Die Hoffnung der Pandora. Untersuchungen zur Wirklichkeit der Wissenschaft, a. d. Frz. von Gustav Roßler, Frankfurt am Main 2002

Latour, Bruno, Das Parlament der Dinge. Für eine politische Ökologie, a. d. Frz. von Gustav Roßler, Frankfurt am Main 2009

Latour, Bruno, Existenzweisen. Eine Anthropologie der Modernen, a. d. Frz. von Gustav Roßler, Berlin 2014

Latour, Bruno »Versuch das ›Kompositionistische Manifest‹ zu schreiben«, {www.heise.de/tp/features/Ein-Versuch-das-Kompositionistische-Manifest-zu-schreiben-3384467.html}

Laqueur, Thomas, Auf den Leib geschrieben. Die Inszenierung der Geschlechter von der Antike bis Freud, Frankfurt am Main/New York 1992

LeBrun, Annie, Lasst alles fahren/Lachez tout, dt. von Marik Kawabi, Berlin 1982

Levsen, Sonja, Elite, Männlichkeit und Krieg. Tübinger und Cambridger Studenten 1900–1929, Göttingen 2006

Lyotard, Jean-François, Das postmoderne Wissen, dt. von Otto Pfersmann, Wien 1986

Machiavelli, Niccolò, Discorsi. Gedanken über Politik und Staatsführung, übersetzt u. hg. von Rudolf Zorn, Stuttgart 1977

McAlmon, Robert (mit Kay Boyle) Being Geniuses Together. An Autobiography, New York 1968

Marko, Gerda, Schreibende Paare, Liebe, Freundschaft, Konkurrenz, Frankfurt am Main 1998

Mazzotti, Massimo, The World of Maria Gaetana Agnesi, Mathematician of God, Baltimore 2012

Meyer, Ursula I., Die andere Philosophiegeschichte, Aachen 2007

Millett, Kate, Sexus und Herrschaft. Die Tyrannei des Mannes in unserer Gesellschaft, dt. von Ernestine Schlant, München 1974

Pernoud, Regine und Christine de Pizan. Das Leben einer außergewöhnlichen Frau und Schriftstellerin im Mittelalter, a. d. Frz. von Sibylle A. Rott-Illfeld, München 1998

Penny, Laurie, Unsagbare Dinge. Sex, Lügen und Revolution, a. d. Engl. von Anne Emmert, Hamburg 2015

Poestion, Josef Calasanz, Griechische Philosophinnen. Zur Geschichte des weiblichen Geschlechts, Bremen 1882

Praetorius, Ina, Wirtschaft ist Care oder Die Wiederentdeckung des Selbstverständlichen, Berlin 2015

Raulff, Ulrich, Kreis ohne Meister. Stefan Georges Nachleben, München 2009

Reinhard, Rebekka, Kleine Philosophie der Macht (nur für Frauen), München 2015

Renger, Almuth Barbara, Mythos Pandora. Texte von Hesiod bis Sloterdijk, Reclam 2002

Sloterdijk, Peter, »Das Anthropozän – ein Prozess-Zustand am Rand der

Erdgeschichte?«, in: Renn, Jürgen und Bernd Scherer (Hg.), Anthropozän. Zum Stand der Dinge, Berlin 2015

Sloterdijk, Peter, Sphären, Mikrosphärologie, Teil I (Blasen), Frankfurt am
Main 1998

Schabert, Ina, »Der gesellschaftliche Ort weiblicher Gelehrsamkeit. Aka-
demieprojekte, utopische Visionen und praktizierte Formen gelehrter
Frauengemeinschaft in England 1660–1800«, in: Garber, Klaus und
Heinz Wismann, Europäische Sozietätsbewegung und demokratische
Tradition, Bd. 1, Tübingen 1996

Schmid, Wilhelm, Die Geburt der Tragödie im Garten der Lüste. Michel
Foucaults Archäologie des platonischen Eros, Frankfurt am Main 1990

Schrupp, Antje, Nicht Marxistin und auch nicht Anarchistin. Frauen in der
Ersten Internationale, Königstein/Taunus 1999

Solnit, Rebecca, Wenn Männer mir die Welt erklären, Hamburg 2015

Spengler, Oswald, Der Untergang des Abendlandes. Umrisse einer Mor-
phologie der Weltgeschichte, München 1923

Steiner, Rudolf, Heilfaktoren für den sozialen Organismus, in: ders., Werke.
Gesamtausgabe (GA 198) Dornach 1984

Stöcker, Mirja, Das F-Wort. Feminismus ist sexy, Königstein/Taunus
2007

Rullmann, Marit und Werner Schlegel (Hg.), Frauen denken anders, Philo-
Sophias 1x1, Frankfurt am Main 2000

Rauschenbach, Brigitte: Der Traum und sein Schatten. Frühfeministin und
geistige Verbündete Montaignes. Marie de Gournay und ihre Zeit,
Königstein/Taunus 2000

Riepe, Manfred, Der große Andere und der kleine Unterschied. Freud,
Lacan, Saussure und die Metapher des Geschlechts, Wien/Berlin 2014

Sitwell, Edith, Englische Exzentriker. Eine Galerie höchst merkwürdiger
und bemerkenswerter Damen und Herren, a. d. Engl. von Kyra Strom-
berg, Berlin 1991

Schopenhauer, Arthur, Die Welt als Wille und Vorstellung, hg. von Ludger
Lütkehaus, München 2008

Simmel, Georg, »Weibliche Kultur«, https://ricalb.files.wordpress.com/2011/
07/weibliche-kultur.pdf

Thiemann, Susanne, Vom Glück der Gelehrsamkeit. Luisa Sigea, Humanistin im 16. Jahrhundert, Göttingen 2006

Tolstoi, Lew, Tagebücher, 3 Bände, a. d. Russ. von Günter Dalitz, Berlin 1978

Tolstaja, Sofja Andrejewna, Tagebücher, 2 Bände, dt. von Johanna Renate
Döring-Smirnov und Rosemarie Tietze, Berlin 1988

Vinken, Barbara, Die nackte Wahrheit. Zur Pornographie und zur Rolle des
Obszönen in der Gegenwart, München 1997

Weiss, Andrea, Paris war eine Frau. Die Frauen von der left bank, Djuna Barnes, Janet Flanner, Gertrude Stein & Co, Dortmund 1996

Wertheim, Margaret, Die Hosen des Pythagoras, Physik, Gott und die Frauen, aus dem Engl. von Karin Schuler, Karin Miedler und Silke Egelhof, Zürich 1998

Woolf, Virginia, Granit und Regenbogen, Essays II, a. d. Engl. von Brigitte Walitzek und Heidi Zerning, Frankfurt am Main 2014

Woolf, Leonard, Mein Leben mit Virginia, Erinnerungen, a. d. Engl. von Ilse Strasmann, Frankfurt am Main 1991

Zimmermann, Margarete, Salon der Autorinnen. Französische dames de lettres vom Mittelalter bis zum 17. Jahrhundert, Berlin 2005

Erste Auflage Berlin 2017
Copyright © 2017
MSB Matthes & Seitz Berlin Verlagsgesellschaft mbH
Göhrener Str. 7 | 10437 Berlin
info@matthes-seitz-berlin.de
Alle Rechte vorbehalten
Umschlaggestaltung: Dirk Lebahn, Berlin
Satz: psb, Berlin
Druck und Bindung: Pustet, Regensburg
Printed in Germany
ISBN 978-3-95757-337-7

www.matthes-seitz-berlin.de